多视角行为投资管理研究

詹泽雄　吴宗法　著

同济大学出版社
TONGJI UNIVERSITY PRESS

内 容 提 要

行为金融是一个新兴、交叉和发展迅速的研究领域，主要以个体认知和微观行为的视角来解释、研究和预测金融市场的发展，已成为现代金融学的重要理论之一。

本书基于前景理论从损失厌恶、多重参照、心理账户和投资者情绪等视角切入，构建行为投资组合模型和资产定价模型，运用中国市场数据实证研究投资者的资产配置行为和投资者情绪对资产价格的影响机制，对行为金融理论从多视角进行了探索性研究。本书可供行为金融理论研究者和投资管理从业者参考使用。

图书在版编目(CIP)数据

多视角行为投资管理研究 / 詹泽雄，吴宗法著. —上海：同济大学出版社，2019.12

ISBN 978-7-5608-8864-4

Ⅰ. ①多… Ⅱ. ①詹… ②吴… Ⅲ. ①投资管理—研究 Ⅳ. ①F830.593

中国版本图书馆 CIP 数据核字(2019)第 273513 号

本书由同济大学"国家创新发展"交叉学科领域一流学科建设、同济大学经济与管理学院资助出版

多视角行为投资管理研究

詹泽雄　吴宗法　**著**

责任编辑　陆克丽霞　　**责任校对**　徐春莲　　**封面设计**　陈益平

出版发行　同济大学出版社　　www.tongjipress.com.cn

(地址:上海市四平路 1239 号　邮编:200092　电话:021-65985622)

经　　销　全国各地新华书店

排　　版　南京文脉图文设计制作有限公司

印　　刷　启东市人民印刷有限公司

开　　本　710 mm×1000 mm　1/16

印　　张　13.25

字　　数　265 000

版　　次　2019 年 12 月第 1 版　　2019 年 12 月第 1 次印刷

书　　号　ISBN 978-7-5608-8864-4

定　　价　80.00 元

作者简介

詹泽雄

(1989.6—　),男,管理学博士,讲师。研究方向:行为决策与投资管理。曾在核心期刊发表多篇学术论文,主持和参与多个研究项目。2017年作为福建省政府引进人才入闽工作,现为福建工程学院管理学院教师。

吴宗法

(1963.3—　),男,管理学博士,同济大学经济与管理学院教授。研究方向:技术经济的理论与方法;投资项目评估。

序

我们从不否认资产基础价值对市场价格的决定作用，但也必须承认投资者偏好、信念和行为对价格的影响。

正如始终坚持价值投资的巴菲特所说的："当别人恐惧的时候我们要贪婪，当别人贪婪的时候我们要恐惧。"资本市场是人性的角斗场，欲望和意志支配着投资行为，贪婪与恐惧左右着竞争与博弈。

本书选取了行为金融若干研究视角，对投资组合管理和资本市场定价问题做了些许学术探索，希望对该领域的理论研究和管理实践有所助益。限于个人研究水平和实践经验，本书尚有很多不足之处，有待日后进一步深化。正如芒格所言，"如果不终身学习，你们将不会取得很高的成就。光靠已有的知识，你们在生活中走不了多远。离开这里以后，你们还得继续学习，这样才能在生活中走得更远"，学术研究无止境，只有不断学习，才能更好地指导管理实践。

本书基于作者在同济大学攻读博士学位的研究成果而成书，在此衷心感谢母校的培养，感谢同济大学"国家创新发展"交叉学科领域一流学科建设资金、同济大学经济与管理学院资助本书出版。

2019 年 3 月 17 日

前　言

以“理性预期”和“有效市场假说”为基石的标准金融学派，将具有高度复杂思维活动的投资者抽象成遵循贝叶斯法则进行信念更新并追求期望效用最大化的理性经济人，承袭新古典经济学的理性预期研究范式和数理分析技术，建立起近乎完美的标准金融理论体系。然而，标准金融理论对金融市场上的诸多“异象”缺乏足够的解释效力，使得标准金融理论如空中楼阁得不到现实经验支撑，这也限制了其在现实金融决策中的应用。行为金融理论基于“有限理性”和“有限套利”，将投资者异质偏好和认知不足等非理性因素导致的行为偏差纳入研究范畴，针对一些“金融异象”提出了行为金融的理论解释，拓宽了现代金融研究的视角，并在金融研究的核心议题——投资组合和资产定价研究方面取得丰硕成果。

前景理论作为行为金融理论的经典学说之一，其所揭示的损失厌恶行为特征是投资者最典型的行为偏差之一，已被诸多证据所证实，并在理论研究中得到广泛应用。但是，当前研究中对损失厌恶的应用多拘泥于前景理论所提出的损失厌恶形式，而对损失厌恶与其他行为偏差如何共同影响投资者的决策探讨不足。鉴于此，本书重点研究了具有损失厌恶偏好的行为投资者的资产配置策略和投资者带有损失厌恶信念会对资产定价起到的作用。具体而言，本书的研究是围绕投资者损失厌恶行为特征，分别构建基于损失厌恶的行为投资组合模型、基于心理账户与损失厌恶的行为投资组合模型和基于前景价值与下偏二阶矩的行为投资组合模型，从而研究投资者的行为资产配置策略与投资绩效；同时，构建情绪投资组合模型来研究投资者的资产配置，设计基于损失厌恶的投资者情绪指标，实证研究投资者损失厌恶情绪对资产定价的作用。

首先，本书基于不同形式动态损失厌恶偏好来研究行为投资组合模型和行为资产配置策略。从行为金融学的角度考虑投资者损失厌恶的心理特征，构建了基于线性损失厌恶和非线性损失厌恶的行为投资组合模型。利用中国市场数据，模拟了一种静态情景和四种动态情景，实证研究不同损失厌恶投资组合模型在不同情景下不同损失厌恶程度的最优资产配置策略和投资绩效表现，并将结果与均值方差模型等传统的投资组合模型进行比较。研究发现，损失厌恶投资组合模型优于传统投资组合模型，不同情景下不同损失厌恶程度的投资者具有不同的资产配置策略，其投资绩效表现也不尽相同。

其次，本书基于心理账户框架来研究多重参照损失厌恶偏好的行为投资组合模型和行为资产配置策略。基于前景理论和三参照点理论，建立了单心理账户和三心理账户下的线性前景理论行为投资组合模型，并利用中证基金指数数据构建了不同市场状态下的行为投资组合模型，实证研究了在不同损失厌恶系数、不同参照点、不同心理账户资金配置条件下各模型的最优资产配置策略和投资组合绩效。通过与传统投资组合模型进行比较，发现线性前景理论模型更加关注下侧损失风险，对于具有多心理账户的行为投资者而言，既关注潜力寻求和抱负实现，还更注重投资的安全性。

再次，本书基于前景理论偏好和下偏二阶矩风险测度研究了行为投资组合模型和行为资产配置。基于前景价值与下偏二阶矩的投资组合模型兼顾投资者的价值与风险感知，在行为投资组合框架下，以区间数的方式将三参照点理论与前景理论参照效应相结合，用基于前景价值的下偏二阶矩计量风险，建立投资组合优化模型，并利用有序加权平均算子求解。实证研究发现，基于前景价值和下偏二阶矩的投资组合模型与传统投资组合模型相比，具有相似的有效前沿及更优的性质，并且拓展和丰富了投资组合理论。

最后，本书研究了基于投资者情绪的行为投资组合模型和投资者损失厌恶情绪对资产定价的作用。第一步，在均值方差模型框架下，设计情绪影响函数并构建情绪投资组合模型，研究行为资产配置策略；第二步，基于损失厌恶特征设计投资者情绪，通过计量经济学模型研究投资者非理性因素对资产定价的作用。实证研究利用开放式股票型基金的收益数据，构建了基于三参照点理论的损失厌恶情绪，并利用上证指数收益和股票组合收益数据研究损失厌恶情绪对股票收益的总体效应和横截面效应。实证研究结果表明，损失厌恶情绪对股票收益具有显著的总体效应和横截面效应；损失厌恶情绪与股票收益高度相关并存在反转效应，同时影响股票市场条件波动，存在创造空间效应；损失厌恶情绪对股票收益的影响具有一定的持续性和衰减性，长期情绪对股票收益具有一定的正向预测作用；损失厌恶情绪是股票定价不可忽略的因子之一，中、小盘股和成长股的收益更容易受到损失厌恶情绪的影响。此外，基于不同参照的损失厌恶情绪会不同程度地影响股票收益。

不同于既往研究，本书对基于损失厌恶的行为投资组合和资产定价进行了较为全面的研究，并进行了一系列新的尝试：第一，建立了基于动态参照点的损失厌恶行为投资组合模型，改变了过往研究中单一不变的参照点形式，并考虑线性损失厌恶和非线性损失厌恶等多种形式；第二，首次将三参照点理论引入行为资产组合和定价研究中，设计了具有可操作性的三参照点，通过将三参照点理论与心理账户理论相结合，建立多心理账户损失厌恶行为投资组合模型；第三，建立了基于前景理论价值函数及其下偏二阶矩的行为投资组合模型，并以区间数形式度量行为投资者对价值与风险感知的模糊性，对前景理论与经典均值方差模型的结合进行了尝试性研究；第四，建立了均值方差框架下的情绪投资组合模型，设计了基于多重参照的投资者损失厌恶情绪指标，利用投资者损失厌恶情绪进行资产定价实证研究，全面考察了投资者损失厌恶情绪对资产收益的总体效应和横截面效应。

行为金融学源于对“人性”的洞察，在标准金融理论之外自成一脉，对现实世界的非理性现象具有一定的解释效力。虽然行为金融学尚未形成如标准金融学一样严密而完整的理论体系，且研究方向和重点各异，但损失厌恶作为投资者的典型行为特征，其对投资者决策行为的影响始终备受关注。本书将参照点理论、心理账户理论、投资者情绪等相关行为科学理论与前景理论的损失厌恶相结合，多角度、较全面地考察损失厌恶在行为资产配置和行为资产定价中的作用，不仅拓展了损失厌恶的研究视角，还丰富了投资组合理论中关于损失厌恶的研究成果，对于完善行为金融理论体系具有一定的学术意义；同时也为后续深入研究损失厌恶形式、心理账户、多重参照点、异质性偏好、情绪指标改进等问题提供借鉴，并为基于损失厌恶的多期行为投资组合研究奠定了理论基础。此外，本书有助于深化投资者对损失厌恶及相关理论的认知，避免或纠正因非理性偏差导致的投资决策失误，从而提高投资效率，对投资组合管理实践具有一定的现实意义。

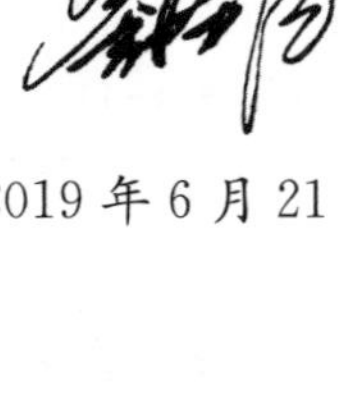

2019 年 6 月 21 日

目　录

第1章　绪　　论

本章主要介绍研究背景与意义，提出研究的核心问题与主要内容，阐述研究的基本思路、所用方法和技术路线，归纳研究的主要创新点及其贡献之处，并对本书框架结构与内容安排进行说明。

1.1　研究背景与意义

1.1.1　研究背景

现代经济学因其严谨的逻辑与数学推理而有别于其他社会科学，被誉为社会科学的皇冠。20世纪50年代，Von Neumann和Morgenstern基于一系列公理化的理性偏好假定出发，运用逻辑工具和数学方法，建立了期望效用理论；在此基础上，Arrow和Debreu将其纳入瓦尔拉斯均衡的框架中，构建了不确定性决策问题的分析范式，从而奠定了宏伟而优美的现代经济理论大厦的基础。作为经济学这顶皇冠上一颗璀璨的明珠——金融学，其研究思想与经典经济学一脉相承，期望效用理论与理性经济人假设等一系列思想深刻影响现代金融投资学的发展。从Markowtiz的均值方差(Mean-Variance)投资组合选择理论到Sharpe，Lintner，Treynor和Mossin的资本资产定价模型(Capital Asset Pricing Model，CAPM)、Fama的有效市场假说(Efficient Market Hypothesis，EMH)、Ross的套利定价理论(Arbitrage Pricing Theory，APT)、Black-Scholes的期权定价模型(Option Pricing Model，OPM)再到多期动态资产配置模型等，这些经典的金融学理论从理性经济人假设出发，以期望效用理论为决策准则，利用一般均衡分析和无套利分析演绎出一套近乎完美的金融学理论，筑起现代标准金融学华美的理论殿堂，取得了丰硕的成果并成功推动了现代金融学的长足发展。标准金融理论及其模型深刻揭示了金融市场的内在规律和运行机制，对资本市场完善与发展以及现代投资管理实务均产生了深刻而长远的影响。

然而,伴随着金融市场的发展与金融理论研究的深入,金融市场涌现出诸如弗里德曼-萨维奇困惑(Friedman-Savage Puzzle)、股票溢价之谜(Premium Puzzle)、波动率之谜(Volatility Puzzle)、封闭式基金折价之谜(Close-end Fund Puzzle)、规模效应(Size Effect)、账面市值比效应(Book-to-Market Effect)、日历效应(Calendar Effect)、羊群效应(Herd Effect)等很多标准金融理论无法解释的"金融异象",它们的出现对标准金融理论及模型提出了挑战,虽然标准金融理论的忠实拥护者认为这些异象都是偶然现象,并试图在不违背理性人和有效市场理论的前提下,通过局部放松理论假设或修正既有经典模型的方式,对这些"金融异象"进行尝试性解释,但始终无法取得令人信服的结果,这迫使人们不得不重新审视标准金融的理论根基和基本假设。现代实验心理科学和行为科学的发展,对社会人心理认知与行为偏好特征进行了科学研究,为传统的金融研究提供了崭新的视角和有益的借鉴,金融研究者与投资实践者逐渐对金融市场参与者的"人性"予以思考,并意识到建构在完全理性人假设和有效市场假设基础上的近乎完美的标准金融理论无法切实解释金融市场的投资者行为和资产价格现象。在此背景下,越来越多的研究者开始尝试从实验心理学的角度研究金融投资者行为,试图以此修正和弥补标准金融理论的缺陷和不足。由此,行为金融学应运而生并渐成风气。

行为金融学最早可追溯到 20 世纪 50 年代,美国经济学家 O. K. Burrell[1] 发表的一篇题为"*Possibility of an Experimental Approach to Investment Strategies*"的文章,认为金融研究和实践不仅需要建立和应用量化的投资模型,而且还应该对投资者的行为模式进行研究,该文首次提出以实验方法讨论、验证理论的必要性,主张将心理学与经济学相结合来分析和解释现实金融现象,这篇文章标志着行为金融学的诞生。20 世纪 80 年代,一些金融学家对金融市场进行大量实证研究,逐渐发现许多经典金融学无法解释的异象,于是这些研究者在经济学分析中融入心理学的研究成果,以对金融市场现象和投资者行为进行分析,并因此涌现了大量理论模型和实证文献,逐渐成为越来越有活力的行为金融学派,这一领域国外称之为"Behavioral Finance",国内称之为"行为经济学"或"行为金融学"。作为一个新兴且在不断发展的研究领域,学术界对于行为金融学尚无公认的严格定义,此处列举几个常见的代表性定义:

R. H. Thaler[2] 认为,行为金融学是研究人类理解信息,并随之做出投资决策的科学。大量心理学研究表明,投资者并非总是理性、可预测和公正的,实际上投资者经常会犯错,而有偏地理解信息将导致投资者的不理性决策。

R. J. Shiller[3]认为，行为金融学是从对投资者决策的实际心理特征研究入手探讨投资者的投资决策行为问题，其投资决策模型是建立在合理的投资者心理假设的基础上。

Lintner 把行为金融学研究定义为“研究人类如何解释信息以及如何根据信息做出决策”。Olsen 声称：“行为金融学并不是试图去定义‘理性’的行为或者把决策打上偏差或错误的标记；行为金融学是寻求理解并预测市场心理决策过程的系统含义”。[4]

饶育蕾[5]认为，行为金融学是基于心理学的实验结果来分析投资者的各种心理特征，并在此类分析结果的基础上研究投资者的决策行为及其对资产定价影响的一门学科。投资者是非理性或有限理性的人，非理性行为导致了市场的非有效性，进而使资产价格偏离其基本价值。

李心丹[6]认为，行为金融学是行为经济学的一个分支，它主要是研究人们在投资决策过程中的认知、感情、态度等心理特征及其引起的市场非有效性的一系列问题。

上述定义见解独到，各有侧重。大体可以分成两类：一类是从人类心理偏好的角度出发，认为人类心理本身是复杂多变的，同时具有风险偏好、风险中性和风险厌恶的特征，投资者的决策并非单纯追求经济上的利益，投资者的效用函数可能还包含价值观判断、心理满足感以及诸如损失厌恶（Loss Aversion）的行为偏好等因素；另一类是从人类认知信息的角度出发，投资者的决策依赖于投资者对信息的认知，信息是投资者认识的对象，从本原上说更符合唯物主义认识论的观点，但市场上信息来源纷繁复杂、信息传播渠道多样，导致信息的及时性、客观性、准确性并非时时刻刻保持完美，而人类的认知能力相对有限，这就导致人们对大量复杂信息的收集、加工和处理存在不对称现象，于是产生信念偏差影响投资者理性决策。这就是现代行为金融研究的两大主线——偏好与信念。

尽管关于行为金融的各种定义的出发点有所差异，但从本质上而言，行为金融学研究的是金融市场参与者表现出的真实情况，以及利用金融市场参与者所表现出来的行为特性来建构模型，从而解释金融市场现象并发现金融市场运行规律。行为金融对主流的标准金融理论提出挑战和系统性批判，并在一定程度上有效解释了“金融异象”，行为金融突破了标准金融理论研究的窠臼，借鉴应用心理学的有益成果，着眼于投资者的决策心理和投资行为，重新审视主宰金融市场的“人”的因素对金融市场的影响。行为金融理论（Behavioral Finance Theory）使人们对投资者行为的研究由“应该怎么做决策”转变到“实际是怎样做决策”，突出揭示了投资者的心理因素在投资者决策行为以及资产市场价格决定中的地位和作用，从而使其研究更加契合实际和具有解释效力。由于行为金融学的发展时间相对较短，体系尚未成熟，且行为金融研究依赖于对人类心理和行为的研究，许多潜在的心理因素复杂易变、难以捕捉，即使一些显性的行为特征也难以被量化，无法与金融理论模型较好地融合，这就导致行为金融研究困难重重。虽然行为金融研究受到一定局限，但随着相关学科的发展，行为金融也处于不断发展和完善之中，并与标准金融理论从曾经的相互对垒，到如今的逐步融合。行为金融与标准金融的根本区别在于，行为金融认为：投资者是有限理性的，投资者是会犯错的；市场并非完全有效的，市场中理性和有限理性的投资者都是起作用的。无论是行为金融还是标准金融，虽然理论出发点不同，研究方法与路线有所差别，但二者殊途同归，其目标都是为了揭示金融市场的作用机制和运行规律，从而更好地指导资本市场实践。

1.1.2 问题提出

自20世纪80年代至今，是行为金融学获得突破性进展的黄金期，其中代表性成果有D. Kahneman和A. Tversky[7]的前景理论(Prospect Theory)，R. H. Thaler[2]的心理账户理论(Mental Accounting Theory)，F. Black[8]的噪声交易研究，H. Shefrin和M. Statman[9]的行为资产定价理论(Behavioral Asset Pricing Theory)与行为资产组合理论(Behavioral Portfolio Theory)以及一系列关于金融市场现象、投资者认知偏差和投资者行为偏好与信念的研究，这些研究奠定了行为金融理论的基础，推动了行为金融学取得长足进步[10]。

在硕果累累的行为金融研究中，最具影响力的当属美国心理学家D. Kahneman和A. Tversky[7]所提出的前景理论，这一理论至今仍是行为金融理论的基础理论和经典代表性学说。前景理论及累积前景理论第一次真正意义上把非理性结合到经济学研究中，D. Kahneman和A. Tversky[7]通过一系列精巧的实验设计，从主观价值评估和客观概率扭曲两个方面对人们的选择判断的行为进行探究，揭示了人们在不确定性决策环境中存在着确定性效应(Certainty Effect)、隔离效应(Isolation Effect)、反射性效应(Reflection Effect)、框定效应(Framing Effect)和锚定(Anchoring)等非理性特征，以及人们决策时所遵循的代表性法则(Representativeness)、易得性法则(Availability)和锚定与调整法则(Anchoring and Adjustment)等，对不确定性决策环境下人们的判断、选择和决策偏差进行深刻剖析，并利用价值函数和权重函数建构起一个数学理论框架，使其得以应用和推广。前景理论价值函数呈S形曲线，刻画了人们在不确定性决策中的三个典型行为特征：第一，收益和损失的相对性，即价值的载体是财富的改变而不是财富的最终状态，收益和损失不是绝对意义上的数值，而是相对于参照点的偏离程度；第二，风险偏好的不一致，表现为人们在收益域内的风险规避和损失域内的风险寻求；第三，损失厌恶（Loss Aversion），即人们对于等量级的损失比等量级的收益更加敏感。

前景理论价值函数所刻画的损失厌恶行为特征已被大量事实所证实，是金融市场上投资者最典型的行为特征，在理论界和实务界都得到普遍接受。当前诸多行为金融研究相关文献均涉及投资者损失厌恶的行为特征，这些研究大体可以概括为两类：一类是关于损失厌恶行为特征的理论研究，包括损失厌恶系数、前景理论价值函数参数、基于不同参照点的损失厌恶形式以及损失厌恶与其他行为偏好相结合的研究，这类研究多采用实验心理学的方法，试图通过精巧的实验设计捕捉到损失厌恶特征的规律；另一类是关于损失厌恶的应用研究，投资组合与资产定价作为现代金融学研究的核心议题，众多研究者试图引入损失厌恶或利用前景理论来建立具有损失厌恶（前景理论）特征的投资组合模型和资产定价模型，以研究投资者的资产配置策略和投资者信念对风险资产定价的影响。

但前景理论一方面提出人们对于某一客观结果的心理价值评估依赖于相对参照点偏离程度的收益和损失；另一方面对于价值评估所依赖的参照点却未提出明确的选择标准，只是将参照点设定成单一不变的0点，虽有助于研究问题的简化，但难免显得狭隘和有失偏颇。事实上，近来关于参照点的实验研究表明，人们的参照点并非单一、不变的，人们在决策中存在多重、变化的参照点，那么按照前景理论的逻辑，参照点的选择和设定将直接影响收益和损失的划分，因此探究多重动态的参照点影响下的损失厌恶的具体形式就有其必要性和现实意义。

投资组合管理与资产定价是现代金融学研究的主题和热点，标准金融学在这一领域建树颇丰，占据着主流地位；行为金融学虽肇始于心理学研究，但在诸多学者的努力下正逐渐在这一领域大放异彩。行为金融学对现实世界的深刻揭露，迫使主流金融学逐渐接受行为金融学的主张，而行为金融学也开始借鉴标准金融理论严谨的数理和逻辑思维，二者渐趋融合并交相辉映。既然损失厌恶作为投资者典型的行为特征已经受到大众的认可，那么损失厌恶是否影响投资者的投资决策行为和资产的市场价格行为？是否可以在标准金融理论框架下纳入损失厌恶特征，建立恰当的理论模型对资产的市场价格进行合理解释，并对投资者的资产配置策略产生科学指导？

鉴于此,本书所研究的核心问题可以概括为:以行为金融理论为指导,借鉴标准金融的思路,设计基于不同参照点的损失厌恶模型,研究具有损失厌恶偏好的行为投资者的资产配置策略和带有损失厌恶的投资者信念对资产市场价格的作用机制。

1.1.3 研究意义

1. 理论意义

行为金融学源于对“人性”的洞察,在主流金融学之外自成一脉,对现实世界的非理性现象具有强效的解释效力,虽然行为金融学尚未形成如标准金融学一样严密而完整的理论体系,但无论是学术界还是实务界对行为金融学所倡导的“有限理性”业已达成共识,并成为学术研究的热点。

前景理论所揭示的损失厌恶是行为投资者的典型行为特征,是当前行为金融理论研究中的重要内容之一,但诸多研究囿于前景理论的框架,对损失厌恶的探讨多局限于单一不变的参照点,这与人们的实际决策心理不一致,本书借鉴现有关于参照点的研究成果,尝试将参照点理论、心理账户理论、投资者情绪等相关行为科学理论与前景理论的损失厌恶相结合,从多个视角考察人们损失厌恶的心理特征,不仅拓展了损失厌恶研究的视角,还丰富了损失厌恶研究的内容,为探究人们损失厌恶的决策心理提供了一个可行方案。

现有关于行为投资组合和行为资产定价的文献可谓浩如烟海,研究视角也呈现百花齐放的姿态,但关于损失厌恶尤其是多层次损失厌恶与行为资产配置和行为资产定价的研究较为少见,因此本书将多层次损失厌恶的行为特征引入行为投资者的资产配置和资产市场价格决定的研究中,弥补了现有行为金融理论在这方面研究的空白,进一步完善了基于损失厌恶的行为投资组合理论和行为资产定价理论,具有一定的学术意义。同时,本书通过建立基于多层次的损失厌恶行为特征的行为投资组合模型和资产定价计量经济学模型,探究多层次损失厌恶偏好和情绪信念对投资者的资产配置投资策略和资产市场价格变动内在机制的影响,有助于揭示投资者非理性决策心理和发现资产价格规律,对于提高投资者资产配置效率和促进金融市场稳健运行具有理论指导意义。

2. 实践价值

投资学研究的根本问题是如何进行资产的有效配置,从某种意义上来说,现代金融学理论研究的出发点和落脚点都是金融投资决策与资产管理。从标准金融的投资组合理论到行为金融的行为投资组合理论,都试图建立一套行之有效的理论模型用以指导投资实践，但完美的理论模型如空中楼阁，与现实世界的金融实践之间总存在着一条鸿沟，因此如何在二者之间架起一座桥梁，让理论指导实践，反过来再让实践丰富理论，从而形成良性循环，正是本研究的实践价值所在。本研究有以下几点现实意义：第一，深化投资者对损失厌恶及相关理论的认知，避免或纠正因非理性偏差导致的投资决策失误和损失，提高投资效率；第二，本研究所建立的行为投资组合和定价模型沿袭了经典金融学的建模思路并纳入行为偏好或信念，从而更贴近投资者做出投资决策的真实心理和市场现实状态，为投资实务中采用的数理模型或量化模型提供改良思路和借鉴意义；第三，通过本研究建构的行为投资决策模型及对资产收益实证分析，有益于揭示投资者资产配置决策中潜在的行为偏好和资产配置策略，并解释资产收益变动背后的行为因素及运行机制，对于投资组合管理实践具有一定启发。

1.2　研究问题与内容

本书所研究的核心问题是具有损失厌恶偏好的行为投资者的资产配置策略和带有损失厌恶的投资者信念对资产市场价格的作用机制，通过文献研究梳理出当前经典的投资组合理论模型和行为投资组合理论模型，把握主流的研究思路与分析范式，然后基于行为金融理论视角，对相关投资者行为特征进行辨析，围绕投资者损失厌恶典型行为特征，沿袭偏好与信念这两条主线，即基于损失厌恶偏好的行为投资组合模型研究和基于损失厌恶的投资者情绪对资产定价的影响研究两条主线，对四个具体问题展开研究。

1.2.1　核心概念辨析

1. 损失厌恶

损失厌恶(Loss Aversion)是指行为投资者对收益和损失的非对称心理价值评估，等量级的损失所引起的行为投资者心理价值的减少量比等量级的收益所带来的投资者心理价值的增加量要大，用公式表示为 $v^{+}(x)=\lambda v^{-}(-x)$。其中，损失厌恶程度用系数 λ $(\lambda>1)$ 来度量；x 为收益或损失的量级，$x\geqslant 0$；$v^{+}(x)$ 为收益价值评估函数；$v^{-}(x)$ 为损失价值评估函数。例如，投资者获得 100 元的意外之财所带来的满足感不足以抵消投资者意外丧失 100 元所带来的失落感。这种对损失和收益的不对称评价心理机制使行为投资者在投资决策中对于损失更加敏感，从而导致投资决策偏差。

2. 参照点

参照点(Reference Point)是指行为投资者在进行价值判断、评估和投资决策时所依赖的某一心理标准体系。决策中对参照点的依赖被称为参照依赖(Reference Dependence),贯穿整个决策过程,会影响决策主体的评判行为和决策结果。例如,投资者在进行股票交易时,成本是影响其买入、卖出行为的重要依据,而采用初始买入价格作为成本还是变动地摊薄成本将影响其对损失和收益的评价,最终产生投资决策结果的差异。成本是投资者进行投资决策的参照点之一,诸如止损阈值、流动性考量、风险因素等,都可视为投资决策的参照点,这些因素不是一成不变的,而是与市场状态变动和投资心理变化息息相关的。因此,参照点具有变动性和多样化特征。

3. 心理账户

心理账户(Mental Accounting)是指行为人对经济行为的分类记账、编码、估值与预算的心理活动过程,揭示行为人在财富决策时的心理记账方式和运算法则。心理账户是因人们内隐认知机制引起的外在行为选择的变化,普遍存在于社会、经济等领域。从投资决策角度而言,心理账户就是行为投资者在心理上对经济结果的编码与评价的综合过程,以寻求行为投资者心理价值的最大化。例如,投资者的股票账户有两只股票,股票甲已经盈利 10 000 元,股票乙亏损 8 000 元。假设当前只做一次决策,投资者如何决策?从理性投资者角度而言,同时卖出甲乙两只股票以获得 2 000 元的确定收益;但行为投资者很可能卖出股票甲,而继续持有股票乙。从心理账户角度而言,一方面,行为投资者在评估价值时并不是完全依据数学计算法则,而是有其独特的心理预算规则;另一方面,行为投资者心理账户的设定往往依赖于资产的来源、用途和目标,心理账户间具有层次性,且保持相互独立,不具有替代性,投资者会将不同类型的资产划入不同目标的心理账户进行分层管理。当投资者将股票甲和股票乙划入不同的心理账户进行独立评估时会产生偏差,即甲是盈利的而乙是亏损的,从而导致投资者狭隘地从局部进行决策,产生投资决策偏差。

4. 前景理论

前景理论(Prospect Theory)是行为经济理论的代表性研究成果,是行为经济研究的理论基石。前景理论模型的前景值是由价值函数和权重函数共同决定的。前景理论的基本研究结论可以概括为以下四个方面:

(1) 人们在做决策时往往并不像"期望效用理论"所认为的那样关心最终的财富水平状态,而更关注相对于某个参照点的财富水平变化;

(2) 价值函数呈S形曲线,即参照点以上的收益曲线为凹的,参照点之下的损失曲线为凸的,体现决策者对收益的风险厌恶和对损失的风险寻求;

(3) 人们在做决策时对收益变化的敏感远小于对损失变化的敏感,即损失厌恶;

(4) 权重函数呈倒S形,表现出对小概率事件的高估和对中、大概率事件的低估。

前景理论很好地解释了人们选择行为反映出来的确定性效应(Certainty Effect)、孤立效应(Isolation Effect)和反射效应(Reflection Effect),同时被广泛应用于行为投资组合和行为资产定价等诸多领域,对股票溢价之谜、波动率之谜、羊群效应等诸多"金融异象"提供了新的解释和新的研究视角,取得丰硕的成果并推动行为金融研究向前发展。

5. 投资者情绪

投资者情绪(Investor's Sentiment)是投资者对未来预期的系统性偏差的信念。市场上投资者的认知偏差、心理因素和行为特征等非理性因素引起的投资者的非理性行为,导致资本市场表现偏离经济基本面,而市场表现与基本面的分离通过市场机制反馈给投资者,使投资者进一步对未来的预期产生偏差,影响投资者决策行为并驱动资产价格变动。投资者情绪反映了资本市场参与者的投资预期信念,客观存在于资本市场并影响资产价格,但却难以直接捕捉并量化,只能透过市场表现间接观测。投资者损失厌恶情绪是基于行为投资者对损失更为敏感的行为偏好构建的情绪指标,本质上属于一种消极情绪。由于损失厌恶是行为投资者普遍存在的行为偏差,这种偏差既影响投资者情绪也影响投资者的投资决策,个体的情绪和决策偏差通过市场机制传导、放大、叠加后,驱动市场表现偏离基本面价值。投资者情绪是影响资产定价的重要因子之一,且越来越受到理论研究的重视。

1.2.2 投资者行为与组合定价

期望效用理论奠定了标准金融学的理论基础,前景理论则奠定了行为金融学的理论基础。损失厌恶、参照点理论、心理账户理论的发展都与前景理论密不可分。

前景理论首先揭示了行为人心理上对收益和损失价值评估的"厚此薄彼"的损失厌恶行为特征,同时又提出"价值的载体是财富的改变而不是财富的最终状态",将收益和损失的度量从客观的绝对量变成主观的相对量,从而引出行为人决策时普遍存在的对参照点的参照依赖效应，定义了前景理论情境下的收益和损失是相对于参照点的正向或负向偏离程度。但是，在原始前景理论中对于参照点却较少考量，而心理科学的证据强有力地支持行为人决策中的参照效应，使研究者着眼于对参照点的研究，进而发展出参照点理论。虽然现有的参照点理论学说众多，但对于投资决策中参照点的动态性、多重性已达成共识。参照点理论的发展也使得人们对损失厌恶的理解更加深刻和全面，由于损失是依赖于参照点的负向偏离，不同时间、不同形式的参照点对应着动态、不同程度的损失厌恶特征，于是引出第一个研究问题——不同形式动态损失厌恶偏好对行为投资组合决策的影响。

前景理论认为，人们进行选择决策的过程就是对选择结果的估价过程。心理账户理论发展借鉴了这一思想，一方面，心理账户计算法则遵从前景理论价值函数对收益和损失的划分方式和计算方法；另一方面，在心理账户分类记账时服从享乐主义编辑规则。基于心理账户的非理性运算，使得行为投资者对经济结果的评价背离理性准则，产生行为偏差，并衍生出投资分层管理策略，成为理论研究和投资实务的一个关注点。心理账户偏差是人们因自身内隐认知机制引起的外在行为选择的变化，对于这种内隐认知机制现有理论研究和技术方法尚无法给出清晰描述，使得心理账户在行为金融领域的应用受到限制。不过，既然心理账户具有层次性且每一层次中对应投资者特定目标，而这种目标实际上就是行为投资者在该心理账户进行决策的参照标准，这与参照点理论有共通之处；同时心理账户的计算法则服从前景理论对收益和损失的界定，如此就为损失厌恶、心理账户及参照点理论的结合奠定了理论基础。于是引出第二个研究问题——心理账户框架的多重参照损失厌恶偏好对行为投资组合决策的影响。

前述两个问题更多地关注前景理论中损失厌恶这一典型投资者行为偏好，而前景理论作为行为金融理论的基石和代表性成果，其是否可以直接应用到投资组合决策自然成为一个研究点。与标准金融理论中基于客观收益或损失所进行的投资决策不同，前景理论认为，决策的标准是行为投资者对基于参照点的收益或损失的心理感知或主观价值评估。同时，参照点理论的发展也丰富了前景理论的内涵。借鉴标准金融理论均值方差模型的研究思路和分析框架，构建以行为投资者对客观损益的前景价值感知和前景价值的不确定性投资决策分析框架，尝试探究前景理论在投资组合中的应用。于是引出第三个研究问题——前景理论偏好对行为投资组合决策的影响。

投资者情绪可以归结为投资者的非理性因素导致的投资者预期偏差。投资者情绪反映了资本市场参与者的投资预期信念，客观存在于资本市场，是影响资产定价的重要因素之一，但由于投资者情绪是一种潜在变量，无法直接观测和量化。投资者损失厌恶情绪是基于前景理论所提出的损失厌恶行为特征而设计的，即投资者遭受损失后感到痛苦进而产生情绪波动，因此损失厌恶是投资者情绪的一个诱发源，而损失厌恶作为行为投资者普遍的心理偏差，具有较为成熟的度量方式，使得基于损失厌恶的投资者情绪指标构建成为可能。损失厌恶情绪对资产价格影响的内在逻辑在于当行为投资者遭受损失后容易产生消极情绪，对未来资产收益产生看空预期，进而改变资产持仓比例，个体情绪通过市场机制相互传导、不断叠加后渐成合力，迅速弥散到市场，改变市场总体供求状态，造成资产价格变动，而资产价格变动又会反过来影响到投资者的交易行为。即情绪对资产价格的影响路径是投资者遭受损失—消极情绪—悲观预期—卖空行为—市场供求变化，形成循环和反馈。于是引出第四个研究问题——投资者损失厌恶情绪对行为投资组合和资产定价的作用。

行为金融学理论认为，投资过程一定程度上是心理过程，包括对市场的认识过程、投资者情绪过程和投资者意志过程，这些过程导致投资者认知偏差和选择偏差，以及情绪导致的非理性预期偏差，同时这些过程相互作用、交叉影响，使得行为偏差交错复杂。投资者个体偏差通过市场机制传导和叠加，循环反馈逐步放大“动物精神”，诱发金融市场“羊群效应”并产生群体偏差，使得投资者个体投资组合决策的偏差最终引起资产定价偏差，造成非理性繁荣或市场波动。

1.2.3 损失厌恶与投资组合

研究问题：基于不同形式动态损失厌恶偏好的行为投资组合模型和行为资产配置策略。

研究内容提要：考虑投资者损失厌恶的心理特征，构建了基于线性损失厌恶和非线性损失厌恶的行为投资组合模型；基于线性损失厌恶和非线性损失厌恶的行为投资组合模型，设计动态参照点和动态损失厌恶系数，模拟一种静态情景和四种动态情景，研究不同情景下的行为资产配置策略和投资绩效表现，并将结果与均值方差模型等传统的投资组合模型进行比较；将线性交易成本函数引入线性损失厌恶和非线性损失厌恶行为投资组合模型中，对不同情景下的投资者行为资产配置策略和投资绩效表现进行稳健性研究，从而验证模型的有效性。

1.2.4 心理账户、损失厌恶与投资组合

研究问题：基于心理账户框架的多重参照损失厌恶偏好的行为投资组合模型和行为资产配置策略。

研究内容提要：考虑投资者决策心理的多重参照效应，通过引入三参照点理论，设计具有可操作性和数据可得的三参照点，并以三参照点为心理账户划分依据，建立单心理账户和三心理账户的线性前景理论损失厌恶投资组合模型；利用单心理账户和多心理账户损失厌恶投资组合模型，设定不同损失厌恶系数、不同参照点、不同心理账户资金配置等参数，研究不同市场条件下投资者行为资产配置策略和投资组合绩效；同时，探究基于不同参照点与不同心理账户资产配置的差异性。

1.2.5 前景理论与投资组合

研究问题：基于前景理论偏好和下偏二阶矩风险测度的行为投资组合模型和行为资产配置。

研究内容提要：利用前景理论价值函数和下偏二阶矩分别度量行为投资者对收益与损失的价值感知和不确定性风险感知，建立基于前景价值与下偏二阶矩的行为投资组合优化模型；利用区间数的方式将三参照点理论与前景理论参照效应结合，刻画投资者的模糊认知，并借鉴行为决策方法将三参照点区间数转化为确定实数；采用基于前景价值和下阶二偏矩的投资组合模型，实证研究投资者行为资产配置和投资组合有效前沿，考察行为资产组合的绩效表现。

1.2.6 损失厌恶情绪与资产定价

研究问题：投资者情绪的行为投资组合模型和投资者损失厌恶情绪对资产定价的作用。

研究内容提要：首先在均值方差模型框架下设计情绪影响函数并构建情绪投资组合模型，研究行为资产配置策略；然后基于损失厌恶特征并结合三参照点理论设计投资者损失厌恶情绪，通过计量经济学模型研究投资者非理性因素对资产定价的作用。实证研究投资者损失厌恶情绪对股票收益的总体效应和横截面效应；研究损失厌恶情绪波动对股票收益的影响作用，以及产生的反转效应和预测能力；另外，将投资者损失厌恶情绪作为一个定价因子，以研究其对股票定价的作用。

1.3　研究思路与方法

1.3.1　研究思路

通过对研究问题进行剖析可知，本书的研究是以损失厌恶为核心，沿袭偏好与信念这两条主线，重点从四个子研究展开，在借鉴现有理论和模型的基础上，研究损失厌恶在行为投资组合和行为资产定价中的作用。

本书研究的技术路线如图 1-1 所示。

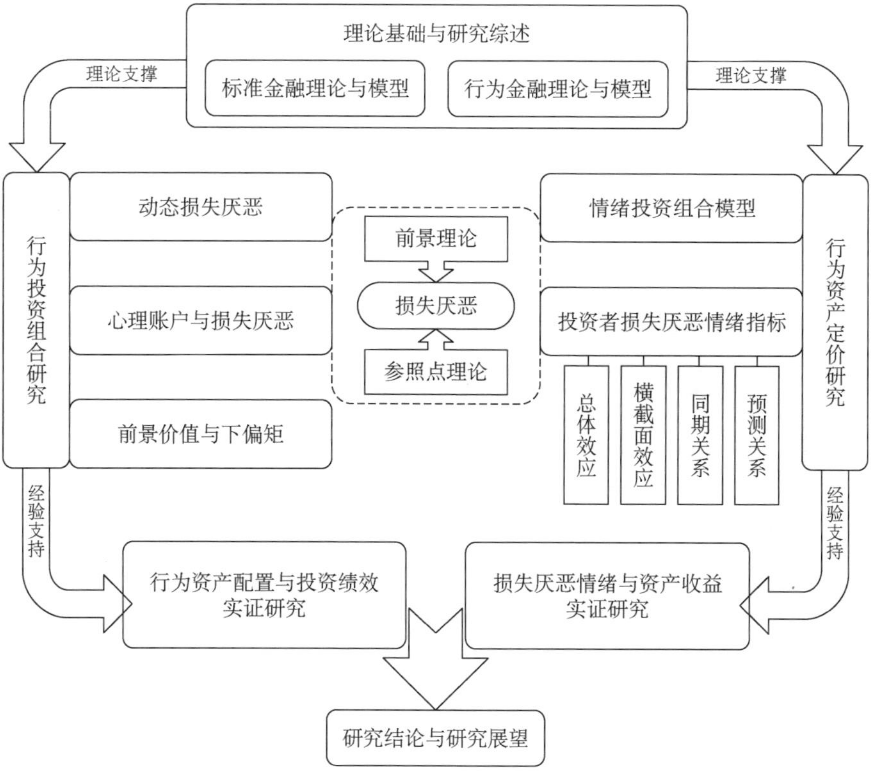

图 1-1　技术路线

1.3.2　研究方法

本书所做的研究采用的方法遵循定性分析与定量分析相结合的原则。其中，定性分析是根据金融学的经典理论、心理与行为科学的相关理论，遵循行为金融的研究思路，围绕损失厌恶这一核心概念进行逻辑推理和论证，推演出研究设想与一般性结论；定量分析则依赖于数学方法、统计学方法和计量经济学方法，本研究基于标准金融理论和行为金融理论来建立数理模型和计量经济学模型，并利用数据进行实证研究，以保证研究的客观性和科学性。

1. 文献研究法

该方法主要通过对投资组合和资产定价的已有相关理论与模型进行梳理，从中提炼研究思路形成本书的理论假设和研究框架。同时，借鉴该领域经典模型的建模思想，为本研究奠定理论基础和研究依据。

2. 数学建模与最优化方法

本书基于标准金融理论和行为金融理论，借鉴既有标准金融模型的框架和行为金融研究成果进行数理建模，利用下偏矩方法刻画损失厌恶行为特征，构造具有损失厌恶偏好的不同投资组合模型，通过数学变换、数理推导等方式转化投资组合优化问题，然后采用线性规划、二次规划、拉格朗日法等最优化方法对该问题进行求解。此外，本书中还涉及区间数计算与转化等数学方法。本书在建立投资组合模型时遵循简洁易懂、含义明确、方便求解、便于推广的原则。

3. 实证分析法

实证分析法指超越一切价值判断，从某个可以证实的前提出发来分析人的经济活动的研究方法，实证分析需要回答“是什么”的问题，分析问题具有客观性且分析结论可以通过经验事实进行验证。本书通过数学建模方法推导出理论模型并设定计量经济学分析模型，运用中国资本市场数据进行实证分析，以检验理论假设，得出科学结果。实证研究中的计量经济分析主要利用了应用统计学中的线性回归分析、面板回归分析以及波动率建模方法。

研究中涉及的数据处理、数学计算和统计分析主要采用 Excel 软件、Matlab 软件和 Stata 软件。

1.4 研究创新与贡献

与既有研究相比，本书的主要创新和贡献之处如下。

首先，建立了基于动态参照点的损失厌恶行为投资组合模型，改进了过往研究中单一不变的参照点形式。具体而言，本书利用下偏矩方法来测度损失厌恶，分别用一阶下偏矩和二阶下偏矩描述了线性损失厌恶和二次非线性损失厌恶，据此构造带有损失厌恶特征的行为投资者效用函数，这一效用函数与传统的均值方差二次效用函数有相似的形式，但又融合了前景理论提出的损失厌恶行为偏好，兼顾了标准金融模型的经典性和行为偏好的现实性；区别于以往有关损失厌恶研究中仅考虑不变的参照点，本书对投资组合模型中的损失厌恶的参照点和损失厌恶系数予以全面考虑，包括一种参照点不变的静态情景和四种动态参照点下的动态情景；利用基于动态参照点的损失厌恶行为投资组合模型，对行为投资者的资产配置策略和效率进行实证研究，并对该模型的稳健性进行检验。

其次，建立了基于多心理账户参照效应的损失厌恶行为投资组合模型，促进心理账户理论与参照点理论的融合，拓展了这两个理论在行为投资组合方面的应用。损失厌恶偏好依赖于参照点的选择，而多重参照点理论已逐渐被人们接受，其中最具代表性的多重参照点理论当属刚刚兴起的三参照点理论，但当前的行为金融研究中尚未涉及；作为与损失厌恶一样被广泛证实的行为偏差，心理账户理论的应用始终处于局限状态，究其原因在于学界对心理账户的识别与划分尚未有统一标准和准确的度量方式。鉴于此，本书探讨了心理账户与多重参照效应的共通之处，首次将三参照点理论与心理账户理论相结合并引入具有损失厌恶偏好的投资组合分析中，建立基于多心理账户参照效应的损失厌恶行为投资组合模型。同时，本书基于三参照点理论的核心思想，对三参照点的选择和建构进行合理设计，使三参照点理论与投资组合模型的结合成为可能。在实证分析中，利用中国市场数据，研究了单心理账户和多心理账户的行为投资者资产配置策略和效率，同时对不同市场状态下的投资组合也予以充分考虑。

再次，本书建立了基于前景理论价值函数及其下偏二阶矩的行为投资组合模型，并以区间数形式度量行为投资者的价值与风险感知的模糊性。借鉴均值方差模型的经典框架，以前景理论价值函数度量行为投资者对收益和损失的价值感知，以前景价值的下偏二阶矩作为不确定性风险的度量，将前景理论价值函数刻画的行为特征纳入经典均值方差模型分析框架中。同时，基于三参照点理论设计了三参照点区间，据此计算前景价值的区间数形式，充分考虑行为投资者的多重参照效应和对价值、风险感知的模糊性特征，并借鉴行为决策理论方法，利用有序加权平均算子将区间数转化为确定实数。基于前景价值和下偏二阶矩的行为投资组合模型对前景理论与经典均值方差模型的结合进行了尝试性研究。

最后，本书建立了均值方差模型框架下的情绪投资组合模型，设计了基于损失厌恶偏好的投资者情绪指标，利用投资者损失情绪进行实证资产定价研究。

本书将投资者情绪有偏认知引入到均值方差模型的分析中，利用情绪影响函数修正行为投资者对资产收益与风险厌恶系数，通过数理推导分析情绪偏差对投资者资产配置的影响；基于损失厌恶的行为偏好，设计了投资者损失厌恶情绪指标，将行为偏好转化为情绪信念，这在以往的研究中较为少见，因此可以说是拓宽了损失厌恶的研究视角。同时，在损失厌恶情绪指标中，引入三参照点理论建立投资者不同层次损失厌恶情绪指标，保证研究的一致性和全面性。在投资损失厌恶情绪与资产收益的实证研究中，既考察了投资者情绪对股票收益的总体效应，又考虑了其对股票收益的横截面效应，对股票收益的反转效应、波动率和创造空间效应等也进行了探讨，同时，将损失厌恶情绪作为一个定价因子引入Fama-French 三因子模型，建立了情绪因子资产定价实证研究模型，这些研究丰富了当前有关情绪与资产定价的已有成果。

综上所述，本书着眼于多重参照点下的损失厌恶，试图通过行为投资组合理论建模和资产定价的实证研究，深化损失厌恶行为特征对投资组合与资产管理的理论研究。

1.5 本书结构与安排

本书围绕损失厌恶这一核心行为特征，沿着偏好与信念这两条主线，从投资组合与资产定价角度展开研究。本书篇章结构与研究内容相对应，具体章节安排如下：

第 1 章，绪论。介绍所研究问题的背景与意义，提出研究的问题与内容，阐述研究的思路和方法，归纳研究的创新点及贡献。

第 2 章，理论基础与研究综述。梳理与本研究相关的投资组合理论和资产定价理论，并对经典理论相关研究进行概述。

第 3 章，基于动态损失厌恶的行为投资组合研究。基于不同形态的动态损失厌恶构建行为投资组合模型并实证研究行为资产配置策略。

第 4 章，基于心理账户与损失厌恶的行为投资组合研究。在心理账户框架下构建基于多重参照点损失厌恶的行为投资组合模型并实证研究行为资产配置策略。

第 5 章，基于前景价值与下偏二阶矩的行为投资组合研究。在均值方差模型框架下构建基于前景理论价值函数和下偏二阶矩风险测度的行为投资组合模型并实证研究行为资产配置。

第 6 章，投资者损失厌恶情绪与资产定价研究。在均值方差模型框架下构建情绪投资组合模型；设计基于损失厌恶的投资者情绪指标，并对投资者损失厌恶情绪与资产收益率的关系进行实证研究。

第 7 章，结论与展望。归纳总结本书的研究结果和结论，指出研究存在的局限和未来研究方向。

第2章　理论基础与研究综述

本章从标准金融理论和行为金融理论两方面入手，对与本研究主旨相关的经典理论、模型及其研究进行简要梳理。本章是后续子研究的理论和模型基础。

2.1　标准金融的理论与模型

资产定价和投资组合管理是现代金融理论的核心议题之一。H. M. Markowitz[11]的经典之作 *Portfolio selection*（《资产选择》）提出的投资组合理论开创了标准金融理论数理分析的先河。从 H. M. Markowtiz 的均值方差（Mean-Variance）投资组合选择理论到 Sharpe，Lintner，Treynor 和 Mossin 的资本资产定价模型（Capital Asset Pricing Model，CAPM）、Fama 的有效市场假说（Efficient Market Hypothesis，EMH）、Ross 的套利定价理论（Arbitrage Pricing Theory）、Black-Scholes 期权定价模型再到多期动态资产配置模型，在此后数十年的发展中，现代投资组合理论（Modern Portfolio Theory，MPT）及其应用研究取得了丰硕成果，奠定了现代金融理论分析范式和研究框架，从某种意义上说，现代投资组合理论是现代金融理论研究的起源和动力之一，是现代金融学最主要的，也是最具吸引力的分支之一。[12]

2.1.1　投资组合理论与模型

1. 均值方差模型

任何经济学理论都是建立在一定的理论假设和基本前提之上的，H. M. Markowitz 的均值方差模型也是建立在以下一系列理论假设基础之上：

（1）资产的收益率呈正态分布；

（2）资产收益率的数学期望和方差可以全面反映该资产的收益和风险状况；

（3）投资者只关心预期收益和风险水平，忽略影响投资决策的其他因素；

(4) 投资者都是风险厌恶的且对所有资产的风险态度一致，即追求收益最大化、风险最小化；

(5) 市场信息是完全的，并且存在无风险资产，市场上所有投资者对无风险资产和各种风险资产的收益率具有同质预期，并根据市场信息进行理性投资决策。

H. M. Markowitz 将资产的风险定义为资产收益率的不确定性，这种不确定性可以用收益率的方差或标准差来刻画。作为理性经济人的投资者，在进行投资决策时会寻求收益与风险之间的最优均衡点，以追求效用最大化，即在既定风险水平下追求最大化收益，在既定收益水平下追求最小化风险。因此，以均值方差模型描述投资决策问题实质上是一个二次规划问题，求解该模型可以得到最优的资产配置方案。

设市场上有 N 种资产，资产收益向量为 $\boldsymbol{r}=[r_1, r_2, \cdots, r_n, \cdots, r_N]^{\mathrm{T}}$，其中，随机变量 r_n 为第 n 种资产的收益率，假设投资者的投资策略向量为 $\boldsymbol{w}=[w_1, w_2, \cdots, w_n, \cdots, w_N]^{\mathrm{T}}$，其中，$w_n$ 为投资于第 n 种资产的投资比例，$\sum_{n=1}^{N} w_n=1$，则投资组合收益可以表示为 $r_{\mathrm{p}}=\boldsymbol{w}^{\mathrm{T}}\boldsymbol{r}$，投资组合期望收益为

$$\bar{r}_{\mathrm{p}}=E(r_{\mathrm{p}})=E\left(\sum_{n=1}^{N} w_n r_n\right)=\sum_{n=1}^{N} w_n E(r_n)=\sum_{n=1}^{N} w_n \bar{r}_n=\boldsymbol{w}^{\mathrm{T}}\bar{\boldsymbol{r}} \tag{2-1}$$

均值方差模型用资产收益率的方差来度量风险，当对单一风险资产进行投资决策时，以其收益率的方差大小来度量风险；当构建投资组合时，该组合中含有多种风险资产，则投资组合的风险仅与各成分收益率的投资组合中各资产收益率的协方差相关，此时需要利用协方差矩阵来度量投资组合的风险。设第 m 个资产收益率和第 n 个资产收益率的协方差为 $\sigma_{mn}=\mathrm{Cov}(r_m, r_n)=E[(r_m-\bar{r}_m)(r_n-\bar{r}_n)]$，则资产收益率的协方差矩阵为

$$\boldsymbol{\Sigma}=\begin{bmatrix} \sigma_{11} & \sigma_{12} & \cdots & \sigma_{1N} \\ \sigma_{21} & \sigma_{22} & \cdots & \sigma_{2N} \\ \vdots & \vdots & & \vdots \\ \sigma_{N1} & \sigma_{N2} & \sigma_{N3} & \sigma_{NN} \end{bmatrix} \tag{2-2}$$

其中，$\sigma_{nn}=\sigma_n^2$ 为第 n 个资产收益率的方差，则投资组合的方差为

$$
\begin{aligned}
\sigma_{\mathrm{p}}^{2} &= E[(r_{\mathrm{p}}-\bar{r}_{\mathrm{p}})^{2}] \\
&= E\{[w_{1}(r_{1}-\bar{r}_{1})+w_{2}(r_{2}-\bar{r}_{2})+\cdots+w_{N}(r_{N}-\bar{r}_{N})]^{2}\} \\
&= \sum_{m=1}^{N}\sum_{n=1}^{N} w_{m}w_{n}E[(r_{m}-\bar{r}_{m})(r_{n}-\bar{r}_{n})] \\
&= \boldsymbol{w}^{\mathrm{T}}\boldsymbol{\Sigma}\boldsymbol{w}
\end{aligned} \tag{2-3}
$$

由此，均值方差模型可以表示为以下二次规划问题：

$$
\begin{aligned}
&\max\ \bar{r}_{\mathrm{p}} = \boldsymbol{w}^{\mathrm{T}}\,\bar{\boldsymbol{r}} \\
&\min\ \sigma_{\mathrm{p}}^{2} = \boldsymbol{w}^{\mathrm{T}}\boldsymbol{\Sigma}\boldsymbol{w} \\
&\text{s.t.}\begin{cases} \boldsymbol{w}^{\mathrm{T}}\boldsymbol{e}_{N\times 1} = 1 \\ w_{n} \geqslant 0 \end{cases}
\end{aligned} \tag{2-4}
$$

其中，$\boldsymbol{e}_{N\times 1}$ 是元素均为 1 的 N 维列项量。

2. 均值方差模型的改进

风险是现代金融投资领域的核心主题，风险本质上取决于个体心理感受的主观价值判断，H. M. Markowitz 用方差度量风险，使风险从主观价值判断变成可以被量化。方差具有良好的数学特性，利用方差计量资产组合的风险时，资产组合的方差可以分解为组合中单个资产收益的方差和各个资产收益之间的协方差，这是均值方差模型在技术上可行的基础。但自其建立之时起，以方差计量资产风险的方法就饱受质疑[13]。首先是好坏特性，投资收益向期望收益之上的波动是好的偏差，而向下的波动才是坏的偏差，方差法将向上偏差和向下偏差都计算为风险，这与投资者对风险的实际心理感知不符，因为它们并非是正态分布的；其次是期望特性，以投资期结束后的事后收益均值来计算投资期的风险，这对处于投资决策时的投资者而言是没有多大意义的，投资者在投资之初自有他的投资期望；最后是资本特性，方差计算假定的是样本之间彼此无关，同时由于平方的作用，极大地夸大了大偏差的风险，而缩小了小偏差的风险，更忽视了小偏差风险的累积作用。事实上，资本的纽带作用使投资期各收益样本之间相互影响，并累积了所有的风险。[14]

鉴于方差计量风险的不足，H. Konno 和 H. Yamazaki[15] 提出用绝对离差(Mean Absolute Deviation, MAD)来测度风险。绝对离差是随机变量相对其期望值的偏离程度，相较于方差，绝对离差采用资产收益的一阶(绝对)中心矩替代资产收益的二阶中心矩，发散程度较低，理论上能够更好地测度资产风险。

$$MAD = \int_{-\infty}^{+\infty} |x - \hat{x}| \mathrm{d}F(x) \tag{2-5}$$

式中，$F(x)$ 为随机变量的累计分布函数；$\hat{x}$ 为期望值。

方差和绝对离差将资产收益率在均值上下的双向波动都视为风险的来源，与投资者对风险的真实心理感知有差距，H. M. Markowitz 也认为，方差夸大了风险，为弥补方差计量风险时的不足，半方差（Semi Variance）模型被提出。半方差以随机变量内生的期望为基准，将随机变量位于基准之下的偏离幅度称为损失并计作风险，而对位于基准之上的偏离幅度不予考虑，从而克服了方差和绝对离差计量风险的不足，更加符合人们的真实感受。

$$Semi\ \mathrm{Var}(x) = \int_{\infty}^{\hat{x}} (x - \hat{x})^2 \mathrm{d}F(x) \tag{2-6}$$

当随机变量呈对称分布时，其半方差为方差的一半，用方差来表示风险偏好与用半方差来表示风险偏好是一致的，但当随机变量呈不对称分布时，二者不存在一致性。

通过改变风险度量的方法，对均值方差模型中的方差进行替换，可以得到均值绝对离差、均值半方差等投资组合模型。这类模型基本沿袭了均值方差模型的分析框架，从方差计量风险的不足入手，对均值方差模型进行修正，本质上与均值方差是一致的。

3. 下侧风险与下偏矩模型

投资风险来源于投资活动产生的未来收益的不确定性，具体而言，风险可以定义为投资活动所带来的未来收益低于期望水平的可能性，其取决于投资主体对未来收益的心理感知和主观价值判断。风险具有两个特性，其一，风险是客观存在的，市场上资产价格总是在不断变动，因而资产的收益率具有一定的随机性，某个资产或资产组合的投资回报率可能高于或低于投资者期望水平；其二，风险是投资者的主观感受，不同投资主体对于投资风险的感知并不相同。

方差计量风险时将收益率偏离均值的双向波动都作为风险的来源，这与投资者对投资风险的实际感知之间存在偏差。鉴于此，下侧风险（Downside Risk）思想的提出得到人们的认同，下侧风险是在进行投资分析时引入风险基准或参照水平，关注收益分布位于风险基准或参照水平左侧的部分，将低于基准水平的损失视为风险计量的基础[16]。

基于下侧风险思想的风险计量可以用下偏矩（Lower Partial Moments,

LPM)表示为

$$LPM(\gamma,\ \hat{x})=\int_{-\infty}^{\hat{x}}(\hat{x}-x)^{\gamma}\,\mathrm{d}F(x) \tag{2-7}$$

式中，$\gamma>0$ 为给定的下偏矩阶数，取值不同则具有不同含义，据此可以定义投资者的风险偏好；$\hat{x}$ 为基准水平或参照水平；$F(x)$ 为收益率的累积分布函数。由于这种计量方法涉及基准水平左侧部分的某种“矩”，因此被称作下偏矩方法。对于离散随机变量，其下偏矩可以表示为

$$LPM(\gamma,\ \hat{x})=\sum_{r_{\mathrm{p}}=-\infty}^{\hat{x}}p(\hat{x}-x)^{\gamma} \tag{2-8}$$

式中，p 为 x 发生的概率。

K. S. Bernell[17]将式(2-8)作为计量风险的通用公式，下偏矩方法的好处在于可以描述多种风险形式，具有良好的兼容性。事实上，前述诸如方差、绝对离差、半方差等风险计量中方差的方法与下偏矩风险计量方法具有内在一致性，当基准水平 $\hat{x}$ 为收益率均值 μ，$\gamma=2$ 且将积分上限修改为 $+\infty$ 时，下偏矩 $LPM(2,\ \mu)$ 即为方差；当基准水平 $\hat{x}$ 为收益率均值 μ，$\gamma=2$ 时，下偏矩 $LPM(2,\ \mu)$ 即为半方差。同时，通过修改参数可以刻画投资者的风险偏好态度，包括风险厌恶（$\gamma>1$）、风险中性（$\gamma=1$）和风险寻求（$0<\gamma<1$）。

W. V. Harlow 等[18]提出利用下偏矩方法度量资本市场风险并进行投资组合和资产定价研究，并形成了相对成熟的下偏矩投资组合体系。W. V. Hallow 的下偏矩投资组合模型根据历史收益率进行投资决策分析，离散分布下的投资组合模型为

$$\min LPM(\gamma,\ \hat{x})=\sum_{r_{\mathrm{p}}<\hat{x}}^{\hat{x}}\frac{1}{T-1}(\hat{x}-r_{\mathrm{p}})^{\gamma}$$

$$\text{s.t.}\begin{cases}E(w_n r_n)\geqslant r_{\mathrm{p}}^{*}\\ \sum_{n=1}^{N}w_n=1\\ w_n\geqslant 0\end{cases} \tag{2-9}$$

式中，$\gamma>0$ 为给定的下偏矩阶数，此处取 $\gamma=1,\ 2$；$\hat{x}$ 为基准水平或参照水平；T 为收益率样本观测数；w_n 为投资于资产 n 的比例，$n=1,\ 2,\ \cdots,\ N$；r_n 为资产 n 的收益率；r_{p}^{*} 为投资者期望的收益率水平。对于模型求解方面，W. V. Harlow 采用预先给定一组权重和股票，通过构造实验分布的方法计算下偏矩，

不仅计算复杂且求解参数困难。针对此问题汪贵浦等[19]对 Harlow 模型进行线性转化，使得模型求解简便且能得到投资组合一阶下偏矩的精确值。

4. 在险价值模型

1) VaR 的定义

在险价值(Value at Risk, VaR)是 20 世纪 90 年代发展起来的并被广泛应用。国际清算银行在 1994 年、巴塞尔银行监管委员会在 1996 年先后确认 VaR 方法作为金融风险计量的标准工具。

VaR 是资产或资产组合在给定置信水平下和给定持有期间内，在正常金融市场条件下所面临的最大期望损失值。VaR 方法本质上是基于下侧风险思想的风险度量方法，并结合了概率度量风险大小的可能性。例如，在给定一周的持有期间，给定 99%置信水平下某资产或资产组合的 VaR 等于 1 000 万元就意味着，在下一个星期中有 99%的置信度该组合的最大期望损失为 1 000 万元，或者说有 1%的可能性该组合的期望损失将超过 1 000 万元。VaR 的数学表达为

$$\Pr\{\Delta V > VaR\} = 1 - \beta \tag{2-10}$$

式中，ΔV 为资产组合在持有期间的损失度；β 为置信水平。

基于定义可以得出，计算 VaR 的四个基本要素[20]为：

(1) 置信水平的选择

一般情况下，投资主体的风险偏好程度决定了其对置信区间的选择，对风险比较厌恶的话一般会选择较大的置信水平；决定置信水平的选择因素包括对 VaR 验证的要求、内部风险资本的需求、市场监管的要求以及不同机构之间进行比较的需要。

(2) 资产持有期的选择

资产持有期指资产的持有时间，即计算 VaR 的时间范围。一般情况下，风险资产的波动性与时间长度呈正相关，未来随着时间的延长不确定性增加，风险逐步变大，因此 VaR 通常随着持有期的增加而增加。

(3) 资产收益率的分布

一般情况下计算 VaR 值时假定资产收益是服从正态分布的，但是现实情况资产收益并不服从正态分布。在同一置信水平下，资产收益分布不同得出不同的 VaR 值。因此，在利用参数法计算 VaR 时资产的收益率分布十分重要。

(4) 样本观测期间

观测期间就是计算 VaR 时样本数据选取的时间范围。理论上而言，为了计

算结果的准确性，历史观测数据越长越好，但观测期间越长，历史观测数据越难以反映现实和未来的情况。

2) VaR 的计算方法

VaR 的计算方法主要有三种：正态分布方法（方差-协方差法）、历史模拟方法和随机模拟方法（Monte-Carlo 模拟法）。以下简要介绍其计算思路与步骤。

(1) 方差-协方差法

方差-协方差法是计算 VaR 的标准方法，它是一种参数法，方差-协方差法的基本思路为：

第一步，利用历史收益数据计算资产组合收益的方差、标准差、协方差等统计指标；

第二步，在资产组合收益服从参数为 (μ, σ^2) 的正态分布的假设前提下，求出正态分布在一定置信水平 β 下的分位数，计算出置信水平 β 下的最大可能损失 $\mu+\sigma\Phi^{-1}(\beta)$；

第三步，计算出资产组合在单位时间内的 VaR 值，$VaR_{\beta}=V\sigma\Phi^{-1}(\beta)$，其中 $\Phi^{-1}(\beta)$ 为标准正态分布的 β 分位数，V 为资产当前价值；

第四步，确定资产组合的持有期 t，其收益率均值为 μt，方差为 $\sigma^2 t$，则资产组合在持有期内的 VaR 值为 $VaR_{\beta,t}=V\sqrt{t}\sigma\Phi^{-1}(\beta)$。

方差-协方差法估计 VaR 的优点在于原理简明、计算简单、便于应用，但该方法的不足之处在于，VaR 的计算建立在资产收益率服从正态分布的假设前提下，而大量的实证研究表明，资产收益率通常不服从正态分布，且具有显著的厚尾分布，因此用方差-协方差法会低估真正的风险价值，降低 VaR 度量风险的有效性。

(2) 历史模拟法

历史模拟法是一种非参数估计方法，历史模拟法的具体过程如下：

第一步，确定投资组合中的所有单个资产的配置比例，利用一定时期的历史收益率数据计算出投资组合收益率，由此得到投资组合收益率的经验分布；

第二步，根据模拟所得投资组合收益率的经验分布，估计出经验分布的 β 分位数，即得到 VaR 值。

历史模拟法的优点在于摒弃资产收益率的分布假设，以历史收益率数据模拟出资产组合收益的经验分布，体现出市场上资产收益率的实际波动情况，由于无须估计波动性与相关性，因此从根本上避免因参数估计误差导致的 VaR 度量风险的失效。但是，历史模拟法的潜在假定是市场上资产收益的未来变化遵循历史变动趋势，从短期分析来看，这个假设与资本市场的实际情况存在较大出入。同时，历史模拟法依赖于特定的历史收益率数据，因此依据不同的收益率样本数据或样本区间的数据集计算所得的 VaR 数值之间存在一定差异。

（3）Monte-Carlo 模拟法

Monte-Carlo 模拟法与历史模拟法具有相似的思想，所不同的是 Monte-Carlo 模拟法的投资组合收益率不是来自历史收益率数据，而是根据历史数据的分布和参数信息，借助计算机随机模拟方法产生大量投资组合收益率数据，再据此计算 VaR 值。Monte-Carlo 模拟法的步骤如下：

第一步，假定投资组合的价格服从一个随机过程，该随机过程的分布和参数是从历史收益率数据中得到的；

第二步，在市场因子的每个情景下，模拟资产组合的价格走势和价格变化路径，并计算出资产组合的收益率，估计收益率的分布情况；

第三步，根据投资组合收益率的分布，计算 VaR 值。

Monte-Carlo 模拟法相比前两种方法具有较大的灵活性，既充分利用了收益率的历史信息，又兼顾收益率随时间变化而变化的波动性情况。在随机模拟过程中，可以处理分布呈厚尾、方差随时间变化、极值情景等多种特殊情形。但 Monte-Carlo 模拟法在模拟过程中依赖于用来产生随机数据的随机过程的选取，这使得 Monte-Carlo 模拟法具有一定的主观性和局限性。同时，随机模拟方法的计算量巨大，计算过程较方差-协方差法和历史模拟法更复杂。

3）VaR 的一般计算方法

设某资产组合的初始价值为 P_0，持有期内的投资回报率为 r，记投资回报率 r 的期望值和波动率分为 μ 和 σ，则资产组合在持有期末的价值表示为 $P=P_0(1+r)$。如果在置信水平 β 下的最低收益率为 r^*，则资产组合在持有期末的最低价值为 $P^*=P_0(1+r^*)$，于是有

$$\Pr(r<r^*)=1-\beta \tag{2-11}$$

根据 VaR 的定义，有如下 VaR 计算公式：

① 绝对 VaR：

$$VaR=E(P)-P^*=-P_0(r^*-\mu) \tag{2-12}$$

② 相对 VaR：

$$VaR=P_0-P^*=-P_0r^* \tag{2-13}$$

由此可知，计算 VaR 实际上就是在置信水平下求解资产最低价值 P^* 或最低收益率 r^*，其值可以通过资产收益率的概率密度函数 $f(p)$ 来计算，即

$$\beta=\int_{P^*}^{+\infty} f(p)\mathrm{d}p \tag{2-14}$$

$$1-\beta=\int_{-\infty}^{P^*} f(p)\mathrm{d}p \tag{2-15}$$

这种计算方法对资产收益率的概率分布没有严苛限制，无论是何种分布均适用，无论是离散型分布还是连续型分布，无论是粗尾分布还是细尾分布。

4) VaR 方法的评价

VaR 方法作为投资风险管理的主要工具，融合了预期损失量和损失发生的可能性，是基于下侧风险思想的风险度量方法，具有理论的完备性、良好的适用性和操作性，投资主体可以根据不同的风险偏好调整置信水平，从而得到相应的 VaR 值。VaR 方法更加合理而准确地反映了投资者面临的风险，相对于诸多主观风险度量方法，VaR 方法更为科学，因此在金融风险管理实践中得到广泛应用。但 VaR 方法不满足 P. Artzner 等[21]提出的一致性风险度量公理，VaR 方法仅满足单调性、正齐次性和平移不变性，不满足次可加性，因此，不易对 VaR 最小风险投资组合进行优化，故无法体现投资组合的风险分散的效应。此外，VaR 方法体现的是在给定置信水平和持有期的条件下，投资组合潜在的最大损失值，在计算过程中忽略了收益率分布的厚尾信息，所以无法考察超过分位点的尾部风险信息，也容易忽略小概率情况下发生的巨额损失情况[22]。

5) 条件在险价值

针对 VaR 方法固有的缺陷，条件在险价值(Conditional Value at Risk, CVaR)在 VaR 方法的基础上应运而生[23]，它是对 VaR 方法的改进与拓展，CVaR 方法比 VaR 方法更全面。

CVaR 方法是在一定的置信度下和持有期内，资产组合的损失超过既定 VaR 值的情况下，资产组合损失的期望值，CVaR 度量的是投资损失超过 VaR 值的条件均值，反映超额损失的平均水平。CVaR 计算公式为

$$\begin{aligned}CVaR_\beta&=E[f(\boldsymbol{w},\boldsymbol{r})\mid f(\boldsymbol{w},\boldsymbol{r})\geqslant VaR_\beta]\\&=VaR_\beta+E[f(\boldsymbol{w},\boldsymbol{r})-VaR_\beta\mid f(\boldsymbol{w},\boldsymbol{r})\geqslant VaR_\beta]\end{aligned} \tag{2-16}$$

式中，$\boldsymbol{w}=[w_1, w_2, \cdots, w_N]^{\mathrm{T}}$ 为投资组合的资产配置向量；$\boldsymbol{r}=[r_1, r_2, \cdots,$

$r_N]^{\mathrm{T}}$ 为引起投资组合发生损失的风险因子(如资产的收益率和价格等)的随机向量；$f(\boldsymbol{w}, \boldsymbol{r})$ 为投资组合的预期损失函数；β 为置信水平。

CVaR 的计算与持有期、置信水平以及 VaR 这三个参数相关。一般情况下,在给定持有期和置信水平的情况下,VaR 值是一定的,因此在具体计算 CVaR 时主要考虑持有期和置信水平这两个参数。

设向量 $\boldsymbol{r}$ 的密度函数为 $p(r)$，任意 $\alpha \in \mathrm{R}$，预期损失分布函数表示为

$$\psi(\boldsymbol{w}, \alpha) = \int_{f(\boldsymbol{w}, \boldsymbol{r}) \leqslant \alpha} p(r) \mathrm{d}r \tag{2-17}$$

式(2-17)是关于 α 的非增、右连续函数,则对于任意置信水平 $\beta \in (0, 1]$，有

$$VaR_\beta = \min\{\alpha \in \mathrm{R}: \psi(\boldsymbol{w}, \alpha) \geqslant \beta\} \tag{2-18}$$

于是有

$$\begin{aligned} CVaR_\beta &= E[f(\boldsymbol{w}, \boldsymbol{r}) \mid f(\boldsymbol{w}, \boldsymbol{r}) \geqslant VaR_\beta] \\ &= \frac{1}{1-\beta} \int_{f(\boldsymbol{w}, \boldsymbol{r}) \geqslant VaR_\beta} f(\boldsymbol{w}, \boldsymbol{r}) p(r) \mathrm{d}r \end{aligned} \tag{2-19}$$

若已知 $p(r)$ 和 $f(\boldsymbol{w}, \boldsymbol{r})$，便可求得 CVaR。

6) 均值- CVaR 模型

设 $f(\boldsymbol{w}, \boldsymbol{r})$ 为投资组合的预期损失函数；$\boldsymbol{w} = [w_1, w_2, \cdots, w_N]^{\mathrm{T}}$ 为投资组合的资产配置向量；$\boldsymbol{r} = [r_1, r_2, \cdots, r_N]^{\mathrm{T}}$ 为资产的收益率向量；则 $f(\boldsymbol{w}, \boldsymbol{r}) = -\boldsymbol{w}^{\mathrm{T}} \boldsymbol{r}$，于是有：

$$F_\beta(\boldsymbol{w}, \alpha) = \alpha + (1-\beta)^{-1} \int \max[f(\boldsymbol{w}, \boldsymbol{r}) - \alpha, 0] p(r) \mathrm{d}r \tag{2-20}$$

在离散情况下,设有 J 个收益观测样本,则

$$F_\beta(\boldsymbol{w}, \alpha) = \alpha + \frac{1}{(1-\beta)J} \sum_{j=1}^{J} \max[-\boldsymbol{w}^{\mathrm{T}} \boldsymbol{r}_j - \alpha, 0] \tag{2-21}$$

在式(2-21)中引入辅助变量 $z_j = \max[-\boldsymbol{w}^{\mathrm{T}} \boldsymbol{r}_j - \alpha, 0]$，则有 $z_j \geqslant 0$，$z_j \geqslant \boldsymbol{w}^{\mathrm{T}} \boldsymbol{r}_j - \alpha$。于是可以建立如下均值- CVaR 投资组合模型：

$$\min F_{\beta}(\boldsymbol{w}, \alpha)=\alpha+\frac{1}{J(1-\beta)}\sum_{j=1}^{J} z_j$$

$$\text{s.t.}\begin{cases}E(r_{\mathrm{p}})=\boldsymbol{w}^{\mathrm{T}}\bar{\boldsymbol{r}}=r^{*}\\ z_j \geqslant \boldsymbol{w}^{\mathrm{T}}\boldsymbol{r}_j-\alpha\\ z_j\geqslant 0\\ \sum_{n=1}^{N} w_n=1\\ 0\leqslant w_n\leqslant 1\end{cases} \tag{2-22}$$

式中，$\bar{\boldsymbol{r}}$ 为资产期望收益率向量；r^{*} 为投资主体要求的预期回报率。通过前述的转化，均值-CVaR 模型转化成一个线性约束问题，其直观意义是满足投资者要求的在预期收益的条件下，投资组合的风险或 CVaR 值最小化。

关于风险测度的理论与方法众多，很难评判孰优孰劣，在上述传统风险计量研究的基础上，诸如 Luce 风险测度模型、Sarin 风险测度模型、Fishburn 风险测度模型等现代风险测度模型不断涌现，现代风险测度模型更专注于由随机变量表示的组合的比例变换或平移变换是如何影响人们对风险的主观认知的，这些研究拓展了风险计量的角度，但仍多局限于理论分析层面，其在投资组合与资产定价方面的应用广度和深度尚有不足。

但现有关于风险计量方法的研究都基于以下几个原则[24]进行：一是风险度量要准确捕捉投资者的真实心理感知，投资者对收益和损失的心理感知并不相同，收益与损失不仅是客观数值上的绝对概念，也可能是投资者基于一定心理基准做出的主观评价，即风险的感知来源不再是内生的均值收益，而是源自投资主体的外生基准水平，同时，收益和损失对投资者的风险偏好态度的影响也不同，一般认为，随着损失的增加，投资者的风险感知也会增加，但收益对风险的影响有限，而现代风险理论认为，收益的增加具有补偿风险的作用，即随着收益的增加，投资者的风险感知减少。二是风险度量的平移变换（Translation Invariance）存在可变性，现代风险度量理论认为，好的风险计量方法应满足平移变换的不变性不成立的条件，所谓平移变换的不变性是指随机现金流 X 变换前后的随机现金流（$X+\Delta X$）的风险是不发生变化的，即风险函数满足关系 $Risk(X)=Risk(X+\Delta X)$，$\Delta X>0$，显然方差具有平移变换不变性，即 $Var(X)=Var(X+\Delta X)$。平移变换的不变性与投资者的真实心理感知不同，因为未来收益比原来增加一个正的常数份额，投资者对未来收益的风险感知的主观评价应是减少的，即应满足 $Risk(X) \geqslant Risk(X+\Delta X)$。三是风险度量的方法应具备理论的完善性、良好的数学性质和计量的便利性等特征，以便保证投资组合模型构建和资产优化配置技术上的可行性。

2.1.2　资产定价理论与模型

1. 资本资产定价模型

资本资产定价模型(Capital Asset Pricing Model, CAPM)是在投资组合理论和资本市场理论基础上形成并发展起来的，主要研究证券市场中资产的预期收益率与风险资产之间的关系，以及均衡价格是如何形成的。资本资产定价模型是建立在严苛的理论假设之上的，这些假设包括：

(1) 投资者都在期望收益率和方差的基础上选择投资组合；

(2) 投资者都遵守主宰原则(Dominance Rule)，即同一风险水平下，选择收益率较高的证券，同一收益率水平下，选择风险较低的证券；

(3) 投资者都面对相同的无风险利率，且能以此利率无限借入或贷出资金；

(4) 投资者均只考虑单期交易问题，并且期限是相同的；

(5) 资产可以无限制地分割；

(6) 市场无摩擦，即没有税负及交易成本；

(7) 所有投资者可以及时免费获得充分的市场信息；

(8) 所有投资者完全理性且具有相同预期，即投资者对资产期望收益率、标准差和资产之间的协方差具有一致预期。

在上述严苛的假定下，遵循均值方差模型的决策准则，投资者会选择将其财富在无风险资产和市场组合之间进行配置，由无风险收益率引出与投资组合有效前沿相切的射线是资本市场线(Capital Market Line, CML)，资本市场线上的任意点都代表了资本市场达到均衡状态时，期望收益与风险匹配的关系，资本市场线与有效前沿的切点称为市场组合，由此通过一系列数理推导可以得到资本资产定价模型的数学表达式为

$$E(r_n)-r_{\mathrm{f}}=\beta_n[E(r_{\mathrm{M}})-r_{\mathrm{f}}] \tag{2-23}$$

式中，$E(r_n)$ 为资产 n 的期望收益率；r_{f} 为无风险收益率；$\beta_n=\mathrm{Cov}(r_n, r_{\mathrm{M}})/Var(r_{\mathrm{M}})=\sigma_{n\mathrm{M}}/\sigma_{\mathrm{M}}^2$，$\sigma_{n\mathrm{M}}$ 为资产 n 收益率与市场组合收益率的协方差，σ_{M}^2 为市场组合收益率的方差；$E(r_{\mathrm{M}})$ 为市场组合收益率。

在实证研究中，CAPM 模型通常表示成线性形式：

$$r_{it}=r_{ft}+\beta r_{Mt}+\varepsilon_t \quad (2\text{-}24)$$

在 CAPM 模型中，单个资产的期望收益率由两部分组成，无风险利率以及对所承担风险的补偿——风险溢价。风险溢价取决于 β 值的大小，β 值越高，表明该资产的风险越高，其风险补偿也就越高。β 度量的是单个资产的系统性风险。

按照 CAPM 的表述，回归截距项的期望应为零，且资产超额收益率和 β 值呈正相关，但大量实证研究表明该结论并不完全成立，于是一些替代资产定价理论应运而生[25]。CAPM 模型的一个限制性假定是投资者都是短视的，所有投资者在一个共同期限内进行投资决策，而事实上投资者通常是考虑整个生命周期内的消费与投资计划。在资本市场总是在连续过程中这一假设前提下，R. C. Merton[26]将 CAPM 模型扩展到动态环境中，构建了一个连续时间的投资组合与资产定价的理论框架，并发展为跨期资本资产定价模型（Intertemporal Capital Asset Pricing Model, ICAPM），在信息对称、无摩擦的市场条件下，资产价格的变化符合 Ito 过程，资产价格与投资者的效用偏好无关，ICAPM 中投资者追求最大化整个投资期的效用。在此基础上，D. T. Breeden[27]给出了一种简化的 ICAPM 模型，即消费资本资产定价模型（Consumption Capiral Asset Pricing Model, CCAPM），在该模型中，人均消费与典型消费者的消费流完全相关，从而一项资产的风险能够通过使用其收益与人均消费的协方差进行测量，该协方差被称为消费贝塔，这表明资产预期收益率的系统风险能够用消费增长率风险来进行解释。CCAPM 是消费选择理论在不确定性投资领域的延伸，其跨越了消费理论和资产定价理论并将它们成功地融合在一起，成为现代宏观经济学与金融经济学的重要研究成果之一，并成为研究消费选择与资产定价的基础性理论[28]。

2. 套利定价与因素模型

套利是指不需要投入却能获得收益，并且不可能发生损失。确切地讲，构建资产组合时，同时持有资产的多头头寸和空头头寸，从而不必构成组合，如果这种净投资为零的资产组合能产生正的收益率，并且不发生损失，这就是套利。在一个有效的竞争市场中，套利交易行为是可行的。S. A. Ross[29]提出的套利定价理论（Arbitrage Pricing Theory, APT）只有一个核心假定：假定投资者面临可以不用承担任何风险而增加其投资收益的投资机会时，投资者一定会利用这个机会。套利定价理论的核心思想是如果给定资产收益率的计算方法，则可根据套利原理推演出市场均衡状态下的风险资产的期望收益表达式，当市场上存在无风险套利机会，投资者就会不断进行套利直至无风险套利机会消失。

套利的内在基础是建立在资产的价格规律之上，即如果市场达到均衡状态，性质相同的两种资产应具有相同的交易价格。CAPM 模型给出的价格是由市场竞争确定的均衡价格，其必然是无套利价格，但是由无套利定价理论得出的价格不一定是均衡价格。CAPM 模型给出的价格是通过所谓的“内在源”确定的价格，即市场中资产价格是由市场中现有的所有资产共同决定的，而无套利定价理论的价格是通过所谓的“外在源”确定的，即在市场中的资产价格可以由市场以外的其他因素（如工业增长指数、证券市场指数、外汇汇率等）的线性组合[24]确定。

套利行为和套利组合的构建是基于因素模型的，假设经济中资产收益率可以用多个因素 F_j（如市场收益率等）来解释，则资产收益率可以用以下线性关系表示：

$$r_i = \alpha_i + \sum_{j=1}^{J} \beta_{ij} F_j + \varepsilon_i \tag{2-25}$$

式中，α_i 为资产的期望收益；r_i 为资产收益率；β_{ij} 为资产 i 对风险因素 F_j 的敏感程度；ε_i 为资产个体风险因子。

套利定价理论可以被认为是一种广义的资本资产定价模型，为投资者提供了一种替代性的观点与方法来分析市场中的资产收益率与风险间的均衡关系。多因素套利定价理论有一个缺陷，即它没有引导人们关注单因素资产组合的风险溢价的决定问题。相较而言，CAPM 模型则指出了市场的风险溢价是由市场收益率方差和投资者的风险厌恶程度共同决定的。

3. 三因子模型及拓展

1）三因子模型

E. F. Fama 和 K. R. French[30, 31] 在 ICAPM 模型和套利定价理论的基础上，对美国股票市场中股票收益的影响因素和波动进行研究，结果发现美国股票市场中股票的 β 值无法解释不同股票收益率的差异，而上市公司的市值规模、账面市值比、市价盈利比率（市盈率）可以解释股票回报率的差异，进一步研究发现，这些因素对股票收益率的影响甚至超过市场风险因素，E. F. Fama 和 K. R. French 认为，上述因素引起的超额收益是对 CAPM 模型中 β 未能反映的风险因素的补偿。

在此基础上，结合收益与风险的互相匹配原理，E. F. Fama 和 K. R. French 构建了一个涵盖三种定价影响因素的资产定价模型，在该模型中，单个资产的收益可以通过风险资产市场组合、资产的市值规模(Size)以及账面市值比(Book-to-Market，BE/ME)来解释，以完善经典 CAPM 定价模型中所忽略的定价因素，该模型称为 Fama-French 三因子模型。Fama-French 三因子模型可表示为

$$E(r_{nt})-r_{\mathrm{ft}}=\alpha_0+\beta_n(r_{\mathrm{M}t}-r_{\mathrm{ft}})+s_n SMB_t+h_n HML_t \tag{2-26}$$

式中，$E(r_{nt})$ 为资产期望收益率；r_{ft} 为无风险收益；$(r_{\mathrm{M}t}-r_{\mathrm{ft}})$ 为市场风险溢价，在式(2-26)中被称为市场风险溢价因子；SMB_t 为市值规模溢价因子，是 t 时间根据市值规模因子进行模拟构造的组合收益率；HML_t 为价值溢价(账面市值比)因子，是 t 时间根据账面市值比因子进行模拟构造的组合收益率。

具体而言，SMB_t 是小规模公司的投资组合收益率减去大规模公司的投资组合收益率的差值的平均值，也就是买入小规模公司组合同时卖空大规模公司组合的零投资组合的平均收益；HML_t 是由高账面市值比投资组合收益率减去低账面市值比投资组合收益率的差值的平均值。

在实证研究中，其线性回归模型形式为

$$E(r_{it})-r_{\mathrm{ft}}=\alpha_0+\beta_i(r_{\mathrm{M}t}-r_{\mathrm{ft}})+s_i SMB_t+h_i HML+\varepsilon_{it} \tag{2-27}$$

Fama-French 三因子模型是多因素模型的典型代表，并在实证金融领域得到广泛认可。大量研究表明，CAPM 模型中单一的市场风险因子不足以充分解释资产均衡收益；Fama-French 三因子模型的核心思想在于，在 CAPM 模型的基础上引入了规模因子和价值因子，从而能够更加有效地解释资产收益。因此，Fama-French 三因子模型是对 CAPM 模型的一种有效拓展和必要补充。

2) 四因子模型

N. Jegadeesh 和 S. Titman[32] 基于股票过去一年的市场表现，把股票分成 10 个投资组合，构造出赢家组合和输家组合，研究发现赢家组合会在未来继续取得更好的收益，而输家组合还是会继续输，也就是说股票收益具有动量效应(Momentum Effect)，所谓动量也就是过去表现得好的股票会在将来比那些过去表现得不好的股票要表现得更好。但利用 Fama-Freneh 三因子模型无法解释股票收益的动量效应。

对此，在 Fama-French 三因子模型的基础之上，M. Carhart[33] 引入一年期

收益动量异常因素构造了四因子模型，包含了市场风险溢价因子（$r_{Mt}-r_{ft}$）、市值规模溢价因子 SMB_t、价值溢价因子 HML_t 和动量因子 MF_t（Momentum Factor）。四因子模型表示为

$$E(r_{nt})-r_{ft}=\alpha_0+\beta_n(r_{Mt}-r_{ft})+s_nSMB_t+h_nHML_t+m_nMF_t \quad (2\text{-}28)$$

式(2-28)中，前述几项变量含义与 Fama-French 三因子模型相同。动量因子 MF_t 为前 12 个月表现最好的前 30%的赢家组合的等权收益率减去前 12 个月表现最差的后 30%的输家组合的等权收益率，即在四因子模型中认为股票收益率会受到市场风险溢价因子、市值规模溢价因子、价值溢价因子以及基于股票前 12 个月的收益率计算的动量因子等四个因子的共同影响。

3）五因子模型

鉴于三因子模型或四因子模型虽然在一定程度上弥补了 CAPM 模型的不足，并解释了动量效应与反转效应等异象的存在，但是旧的异象解决了，新的异象又产生了，如盈利异象[34]和投资异象[35]，利用三因子模型进行实证研究无法解释这些异象。Haugen 等认为，诸如每股盈利、每股现金流量、每股股利、每股账面价值和每股销售等财务指标的非风险性变量被以往的 CAPM 模型和三因子模型所忽略。他们认为三因子模型中的宏观市场因素不是影响资产定价的因子，而盈利等公司特征变量才是决定股票预期收益的因子。Titman 等利用三因子模型进行实证研究得出超常资本支出和未来股票收益之间存在一种负相关关系，这与理论预期背离。一系列实证研究的结果表明，三因子模型并非一个完整的定价因素模型，这便促使 E. F. Fama 和 K. R. French 在改进三因子模型的过程中将盈利和投资两个因素考虑进去[36]，从而构造了五因子模型。五因子模型[37]可以表示为

$$\begin{aligned}E(r_{nt})-r_{ft}=\alpha_0+\beta_n(r_{Mt}-r_{ft})+s_nSMB_t+h_nHML_t+\\ m_nRMW_t+c_nCMA_t\end{aligned} \quad (2\text{-}29)$$

式(2-29)中，前述几项变量含义与 Fama-French 三因子模型相同。五因子模型在三因子模型的基础上加入了 RMW_t 和 CMA_t。RMW_t 为盈利因子，是盈利好和盈利差的多元化股票组合收益率之间的差异，盈利定义为年营业收入减去营业成本、利息费用、销售费用和管理费用后再除以（$t-1$）年末的账面权益；CMA_t 为投资因子，是投资高和投资低的多元化股票组合收益之间的差异，投资定义为（$t-1$）年的新增总资产除以（$t-2$）年末的总资产。

4. 随机贴现因子

J. Y. Campbell[38]通过随机贴现因子(Stochastic Discount Factor, SDF)对资产定价问题进行了分析和回顾,将资产定价问题纳入随机贴现因子的分析框架之中,建立了一个较为完善的随机贴现因子理论体系。

资产定价问题都可以写成如下随机贴现因子定价方程式:

$$P_{nt}=E_t[M_{t+1}X_{n,\,t+1}] \tag{2-30}$$

式中,P_{nt} 为资产 n 在第 t 期的价格;E_t 是基于当期信息的条件期望算子;$X_{n,\,t+1}$ 为资产 n 在第 $(t+1)$ 期的随机报酬;M_{t+1} 为随机贴现因子。

随机贴现因子涵盖了市场中的不确定性且总为正;如果市场没有不确定性或投资者是风险中性的,那么随机贴现因子就是一个折现率常数,即将未来的报酬折现为现值的折现率。

随机贴现因子定价方程式可以从两个方面理解和推导:第一,在离散的状态集中,当金融市场中不存在无风险套利的机会时,或者在无法取得大规模无风险套利收益的前提下,资产价格等于每个状态的报酬的加权平均和,这就把资产价格与其未来的报酬通过随机贴现因子联系起来,从而得到基本定价方程;第二,从单个经济主体的消费选择效用最大化,求解其效用函数一阶最优条件,可以推导出定价方程。

假设经济主体追求效用最大化且效用函数是状态独立时间可加的单调凹函数,则投资者期望最大化如下

$$U(C_t,\,C_{t+1})=U(C_t)+\rho U(C_{t+1}) \tag{2-31}$$

假设投资者在 t 时刻以 P_{nt} 价格购买 Q 数量的资产 n,且在 $(t+1)$ 时刻资产 n 的报酬为 $X_{n,\,t+1}$,投资者 t 时刻拥有 W_t 的财富,C_t 为 t 时刻的消费,ρ 为折现系数,则有

$$C_t=W_t-P_{nt}Q \tag{2-32}$$

$$C_t=W_{t+1}+X_{n,\,t+1}Q \tag{2-33}$$

利用拉格朗日求导法则对效用函数求导,得其一阶最优条件为

$$U'(C_t)P_{nt}=\rho E[U'(C_{t+1})X_{n,\,t+1}] \tag{2-34}$$

由于效用函数 $U(\cdot)$ 是单调凹函数,于是式(2-34)可以改写为

$$P_{nt} = E\left[\rho \frac{U'(C_{t+1})}{U'(C_t)} X_{n,\,t+1}\right] \tag{2-35}$$

令 $M_{t+1} = \rho \dfrac{U'(C_{t+1})}{U'(C_t)}$，于是可得

$$P_{nt} = E_t[M_{t+1} X_{n,\,t+1}] \tag{2-36}$$

随机贴现因子定价方程与其他资产定价模型的表达形式相比更具有一般性且易于理解，同时几乎不对金融数据做任何的限定[39]。随机折现因子在特殊情况下可以被传统的 CAPM 模型和线性因素模型所描述，通过对随机折现因子进行估算可以得到资产定价基本定理的简明表达式，并能将不同形式资产定价理论模型统一到一个框架内讨论，形成一个可以交流的语言，有利于解决理论上的困惑，同时，也便于发现理论模型的假设与实际情况之间的差异，以及这种差异对理论模型结论的影响，这对于金融资产定价意义深远[40, 41]。随机折现因子定价模型的实证分析一般采用 L. P. Hansen[42]的广义矩估计法(GMM)。

2.2　从标准金融到行为金融

2.2.1　标准金融理论基石

标准金融理论建立在两大理论基石之上，其一是“理性经济人”假设；其二是有效市场假说。

1. “理性经济人”假设

“理性经济人”假设是现代主流经济学的基础，“理性经济人”假设是对在社会中从事经济活动的所有人的基本特征的一般性抽象。“理性经济人”假设具有三层含义：第一，人是自利的；第二，追求期望效用最大化原则；第三，每个人的自利行为与群体内其他人的自利行为之间的一致性假设，表明人的理性程度是一致的，且理性人具有完全认知水平。在标准金融研究领域，“理性经济人”假设意味着在不确定性条件下的决策，投资者能够根据自己掌握的信息，为未来的不确定性赋予一个概率分布(即信念)，并追求期望效用最大化(即偏好)；如果有新的信息到来，投资者的信念更新遵从贝叶斯法则[43]。因此，“理性经济人”假设包括两方面内容，即期望效用最大化的选择偏好以及信念更新的贝叶斯理性。

2. “有效市场”假说

以投资者理性为前提，E. Fama 提出“有效市场”假说（Efficient Markets Hypothesis，EMH）。“有效市场”假说认为，证券价格能充分反映所有可获得信息；投资者是同质的且能对新信息做出迅速反应；证券价格的变化是随机的，任何投资者都不能获得超额收益。“有效市场”假说是现代证券市场理论体系的支柱之一，是标准金融理论的基石。“有效市场”假说理论成立的前提是：第一，市场没有摩擦，即不存在交易成本和税收；第二，所有资产完全可分和无限制交易；第三，市场充分竞争，所有市场参与者是价格的接受者；第四，信息成本为零且所有市场参与者同时接受相同信息；第五，所有市场参与者完全理性且追求效用最大化。

根据证券价格对信息反映的范围和程度不同，有效市场可分为三类：第一，弱式有效市场，该假定认为，证券价格已包含了过去价格中的全部信息，证券市场价格变动的历史不包含任何对预测证券价格未来走势有用的信息，从而否定了技术分析法的有效性；第二，半强式有效市场，该假定认为，证券价格不仅包含了过去的价格信息，而且包含了全部其他公开信息，因为证券价格已经反映了上市公司的财务数据及其他公开的企业信息，从而否定了基本面分析法的有效性；第三，强式有效市场，该假定认为，证券价格反映了所有有关信息，不仅反映了全部公开信息，而且还包含了仅为公司内部人员掌握的信息，这也就否定了内幕交易的有效性。

2.2.2 行为金融的产生

标准金融理论在“理性经济人”假设和“有效市场”假说的基础上运用逻辑和数学工具建立起庞大的现代金融体系和金融研究范式，对金融研究具有深远意义。但伴随着金融市场的发展与研究的深入，金融市场涌现了许多无法被标准金融理论解释的“金融异象”，如弗里德曼-萨维奇困惑、股票溢价之谜、波动率之谜、封闭式基金折价之谜、规模效应、日历效应、羊群效应等[44]，虽然标准金融学企图在不违背“理性经济人”假设和“有效市场”假说的前提下去解释这些所谓的偶然现象，但始终无法建立足够完美的模型来恰当地解释这些异象。与此同时，随着应用实验心理学和认知科学的发展，人们开始关注投资者决策心理与行为，重新审视“理性经济人”假设和“有效市场”假说，在标准金融体系之外，从投资者的心理与行为角度切入，将投资者行为偏好和信念应用到金融研究中，以探究金融市场“异象”，从而开辟了行为金融理论研究的先河。

2.2.3　行为金融理论基础

1. "有限理性"的投资者

行为金融理论认为"理性经济人"假设偏离了"社会人"的人性复杂性，故提出了投资者的"有限理性"(Bounded Rationality)。理性具有两个方面的内涵：理性意识和理性能力。所谓理性意识是投资者追求自身利益最大化的主观意愿；理性能力则是受理性意识主导的投资者为了实现其主观意愿而所需的客观能力，包括认知能力、记忆能力、理解能力、计算能力、判断能力、预见能力和避免错误的能力。行为金融对"完全理性"的批判正是从这两方面展开的。首先，在理性意识方面，投资者并不完全拥有同质预期和偏好，投资者的心理偏差导致投资者无法完全遵循期望效用最大化的决策准则，而是依照满意准则进行决策；同时，投资者的风险厌恶水平因人而异，甚至部分投资者具有风险寻求的偏好。其次，在理性能力方面，"理性经济人"假设认为，投资者有能力对所获得的信息做出无偏估计，并且正确运用贝叶斯法则将先验概率更新为后验概率，从而更新信念，但是现实中投资者认知水平有限且无法准确估计，在不确定环境下往往遵循经验法则(Rule of Thumb)或启发式推断(Heuristics)，这就从根本上否定了"理性经济人"假设。

2. 有限套利与非有效市场

事实上，标准金融并没有否定市场上非理性投资者的存在，不过其假定了非理性投资者在市场中并不占优，其最终都会被市场淘汰或通过经验学习转化为理性投资者，因此非理性投资者对金融市场的影响有限，即使会对价格产生影响，但由于套利机会的存在，理性的套利者会立刻采取套利行动，从而消除非理性投资者带来的价格偏差。

但行为金融否定了市场的有效性。首先，行为金融认为投资者是理性的这一假设不成立，在市场上除了理性的套利者(Arbitrager)外，还有非理性的噪声交易者(Noise Trader)[8]，所谓噪声交易者是那些没有内部消息又把市场噪声当成信息进行非理性投资的投资者，噪声交易者会推动资产价格偏离基本价值。其次，行为金融认为市场上的噪声交易者的交易并不是随机的，其行为具有社会化和相互模仿的特点，会对资产价格造成系统性的影响。再次，有效市场理论认为的无风险套利机制可以消除噪声交易者对价格的影响，但行为金融理论认为，现实中的套利不仅有风险而且还需承担成本，因此，套利者即使发现了资产的价格偏离了其基本价值，但由于套利的风险和成本，套利者可能不会行动，导致资产价格继续偏离价值[45]。

套利的风险和成本的存在意味着“有限套利”，套利的风险与成本源自四个方面：第一，基本面风险，即关于资产基本价值的一些消息引起该资产价格偏离其基础价值的风险，在有效市场中，由于存在完美的替代性资产，使得套利者在对被错误定价的资产采取套利时不会受到其价格继续偏离基本价值的风险的影响，但在现实金融市场中，完美的替代性资产并非广泛存在，这就导致了不可能消除所有基本面的风险；第二，套利风险来源于噪声交易者风险[46]，即被套利者利用的错误定价在短期内继续恶化的风险，既然噪声交易者能影响资产价格偏离其基本价值，那么也有可能在接下来的一段时间内使价格继续偏离其基本价值，如果要使套利有效，套利者需要足够长的套利时间使得资产价格回复到基本价值[47]；第三，执行成本风险，套利行为需要买入和卖空金融资产，但现实市场对卖空行为具有严格的限制，且交易金融资产需要承担交易成本；第四，模型风险，许多套利机会的存在是基于投资者应用资产定价模型对市场的理解，如果模型设定存在偏差，套利就存在一定风险[48]。“有限套利”使得市场并非是有效的，这也导致标准金融理论的“有效市场”假说受到质疑，而行为金融理论则在“有限套利”的基础上进行了理论建构和发展。

2.2.4 投资者行为偏差

行为金融理论是建立在有限理性人的假设之上，有限理性的行为人因其有限的认知能力形成信念偏差，因其心理价值取向形成有限理性偏好，从而导致投资者的决策行为偏差。其中，信念指的是人们接受新信息形成预期；偏好指的是与形成信念后的决策相关的投资者的效用取向[49]。投资者行为偏差是行为金融的肇始之源和理论基石。

1. 基于信念的认知偏差

认知心理学认为，人的思维就像一个信息处理系统，在决策过程中会经历知觉、注意、记忆、抽象、推理与判断等复杂的认知过程，但人的时间与认知资源（包括有限的注意力、记忆力和处理能力）是有限的，导致人们无法形成严密的计算思维，在认知过程中人们倾向于寻找思维捷径，成为“认知吝啬鬼”，试图将复杂问题简单化处理以节省自己的认知能量，因此常常依据自己的直觉、固有认知或经验进行决策，导致决策结果可能出现系统性的偏差[50]。

1）启发式法则

启发式法则（Heuristic Rule）是行为金融学关于信念形成的理论基础，所谓启发式法则是指在不确定的复杂环境下做决策时经济主体根据经验法则对问题进行简化处理的一些方法。启发式法则揭示了经济主体在决策判断时并非如理性人那样利用贝叶斯法则更新信念并做出理性决策，而是通过思维捷径进行非理性决策，并产生决策偏差，其中主要有代表性法则（Representativeness Rule）、易得性法则（Availability Rule）和锚定与调整法则（Anchoring and Adjustment Rule）等。

代表性法则是指人们在不确定的情形下，会利用过往经验和固有知识，抓住问题或事物的某些相似特征，并据此快速处理与事物相关的信息的功能，从而忽略这种特征出现的真实概率及原因。代表性法则是一种导致投资者对过去信息反应过度的依赖途径。

易得性法则是指当人们对某一事件进行判断时，倾向于借助这一事件在记忆中的可得性程度作为判断决策的依据，而不会费力去思索深度经验，即人们倾向于认为那些与记忆中类似的事件发生的可能性更大。

锚定与调整法则是指人们在对某一事物进行评估或预测时，会根据初始信息选择一个起始点或参照点作为锚来降低模糊性和不确定性，并通过反馈信息不断地调整锚，从而做出最后的判断和决策。人们依据初始信息形成锚定效应，而先入为主的观点制约了人们对事件的理性评估。锚定效应是普遍存在的，例如在评价证券价格时，投资者会把价格锚定在记忆中离现在最近的价格，当市场出现基本面变化时，投资者在对后市进行预测时受制于锚定效应，导致投资者预期值与信息所带来的结果之间产生较大偏差。

2）过度自信与自我归因

人们倾向于过分相信自己的主观判断，而低估客观因素包括外部环境、偶然性的影响，以致于高估自己成功的概率，这种心理偏差被称为过度自信（Overconfidence）。过度自信会导致人们对某一事件的判断过于肯定或者说人们缩小了对某一现象后验分布的判断范围[51]。与过度自信紧密相关的心理现象是自我归因偏差（Self-attribution Bias），即人们倾向于将某项活动的成功归功于自身的某些特质，而将某项活动的失败归咎于偶然因素或外部因素。自我归因偏差是产生过度自信的重要原因，而且自我归因偏差也会引起个体过度自信的动态变化，“无论是从静态还是从动态的角度来看，过度自信和自我归因偏差都是相应之物”[52]，S. Gervais 和 T. Odean[53]将过度自信归因于个体有偏差的、逐渐认识自己能力的过程。过度自信和自我归因偏差使得投资者在决策时过分依赖自己以往成功的经验或高估自我判断能力，同时，自我归因又导致投资者的过度自信被不断强化，进而对信息的判断产生偏误并引起行为偏差。

3）证实偏差

证实偏差（Confirmation Bias）指人们会倾向于寻找支持自我认知或信念的证据而忽视否定该认知或信念的信息，不断强化自我认知和信念。认知心理学实验研究发现，当人们一旦形成了某种观念，就会坚持这种信念，即使新信息与该信念产生冲突也不会影响其信念坚持（Belief Perseverance），这种信念坚持导致人们不愿意去寻找与其信念相矛盾的证据，同时否定一些与信念相悖的有效信息，从而产生决策的证实偏差。如果投资者相信证券市场是一个牛市，并形成股价会持续上涨的信念，投资者往往就只会专注于与牛市相关的积极消息，忽略影响股市上涨的负面信息，从而进一步推动股市上扬；反之，当证券市场大幅下挫时，投资者会更关注负面消息，导致恐慌性抛售，而忽略市场可能存在的积极信号，推动市场走向熊市。证实偏差是证券市场正反馈机制形成的推动因素之一，也是动量效应和处置效应的成因之一。

4）保守性偏差

保守性偏差（Conservatism Bias）源自人们认知的惰性，信念的坚持导致人们倾向于低估新事物或新信息带来的效用，且无法根据新信息及时更新、准确修正既有信念，导致对信息反应不足，安于现状，产生现状偏好（Status-Quo）。因此，即使新事物或新信息会带来较大收益，投资者在投资行为上仍表现得“后知后觉”。保守性偏差会造成投资者对新信息的反应不充分，认为资产收益的变化只是一种暂时现象，未根据市场上价格变化带来的新信息及时调整对未来收益的预期，当后市资产实际收益与先前的预期不符时，投资者才开始进行调整，从而导致反应不足。

2. 基于偏好的行为偏差

1）框定依赖

事物的形式当被用来描述决策问题时常被称为“框定”，当人们用特定的框定来看待问题时，其判断与决策将在很大程度上取决于问题所表现出来的特殊的框定，即“框定依赖”（Framing Dependence）。框定依赖导致人们的判断与决策依赖于事件的背景、决策的情境、问题的呈现形式以及个体的价值观、习惯性等，即尽管问题的本质相同但因形式不同也会导致人们做出不同的决策，形成框定偏差。框定偏差否定了传统经济学分析的“恒定性”原则和“优势性”原则。恒定性原则指各个期望的优先顺序不依赖于它们的描述方式，改变各个结果的描述形式不会改变优先顺序；优势性原则是指人们进行决策时会选择占优的结果，改变问题的描述形式不改变选择决策的结果。框定效应的表现形式多样，典型的框定效应包括对比效应、首因效应、近因效应和晕轮效应。框定效应反映了人并非完全理性，同一选择的不同表述方式会导致人们对其的关注点不同，使人们在寻找真实的、潜在的偏好时出现偏差，造成选择与判断不能与经济学的理想模型相吻合。

2）后悔厌恶

后悔厌恶（Regret Aversion）理论[54]认为，当人们做出错误决策时，会对自己的行为感到痛苦，因此人们在决策之前会考虑避免这种痛苦。后悔厌恶理论认为，投资者进行决策之前首先会衡量各个备选方案可能产生的最大后悔程度，然后选择其中后悔程度最小的方案作为最后的决策方案，即是以“最大后悔值最小化的原则”为依据。心理学家认为基于后悔厌恶的预期促使人们在决策前会谨慎思考，这使人们变得更加“理性”。后悔厌恶理论揭示了三个重要结论[55]：第一，在胁迫情形下采取行动所引起的后悔比在非胁迫情形下的后悔要轻微；第二，没有采取行动所引起的后悔比做了错误的行动所引起的后悔要轻微；第三，个体需对行动的最终结果承担责任情形下引起的后悔比无须承担责任情形下的后悔要强烈。

为了避免后悔，投资者常常做出一些非理性行为，如：趋向于等待一定的信息到来后才做出决策，即便这些信息对决策并不重要；投资者有强烈的从众心理，倾向于购买大家追涨的股票，形成羊群效应，因为当考虑大量投资者也在同一投资上遭受损失时，投资者后悔的情绪会有所降低。

3）模糊厌恶

模糊厌恶（Ambiguity Aversion）是指人们在熟悉的事情和不熟悉的事情之间倾向于选择熟悉的事情而回避选择不熟悉的事情去做。心理学研究发现，人们厌恶主观的模糊性，甚至讨厌客观的不确定性。模糊可以被定义为信息能得知却不被得知的状态，当这种模糊性是一种对未来巨大损失的可能性的时候，人们对于这种模糊性的厌恶和回避心理就更加强烈了。模糊厌恶在资本市场表现为对未来资产价格无法准确预期的恐惧。

由于模糊厌恶的存在，造成了确定性效应的存在。确定性效应（Certainty Effect）是指决策者将确定性结果与具有可能性的结果进行比较时，倾向于对确定性的结果赋予较大的心理决策权重，而对可能性的结果赋予较低的心理决策权重。由于受这种确定性效应的影响，决策者对于一些具有确定性的报酬，反而会表现出风险厌恶的倾向。

Ellsberg 设计了一个关于模糊厌恶的经典实验。假如有两个盒子,2 号盒子装有 100 个球,其中 50 个红球和 50 个蓝球,1 号盒子同样有红球和蓝球,但比例未知。

被试者要在以下两个赌局(A1, A2)中做出选择:根据从盒子中随机取出的球的颜色不同,每个选择的可能支付是 100 美元。

A1:从 1 号盒子中取球,若为红球,支付 100 美元,若为蓝球,支付 0 美元;

A2:从 2 号盒子中取球,若为红球,支付 100 美元,若为蓝球,支付 0 美元。

被试者同时又被要求在以下两个赌局(B1, B2)中做出选择:

B1:从 1 号盒子中取球,若为蓝球,支付 100 美元,若为红球,支付 0 美元;

B2:从 2 号盒子中取球,若为蓝球,支付 100 美元,若为红球,支付 0 美元。

Ellsberg 的实验结果表明,相对于 A1,被试者更倾向于选择 A2,相对于 B1,被试者更倾向于选择 B2。实验结果与 Savage 的主观期望效用理论相悖,选择 A2 说明被试者对 1 号盒子中红球占比的主观概率小于 50%,而选择 B2 则正好相反。该实验说明,被试者不喜欢面对一个赌博概率分布不确定的状态,即模糊状态。大多数人不喜欢模糊状态,即模糊厌恶。主观期望效用理论不允许被试者表达他们对概率分布的置信水平,因此无法解释模糊厌恶。

4) 心理账户

心理账户(Mental Accounting)的概念是由 R. H. Thaler[2] 正式提出并引入行为决策分析中的。所谓心理账户是指人们通常根据资金的来源、保存方法和资金的用途等标准进行分类,并遵循一种潜在的心理预算规则,这种规则是与经济学运算规律相矛盾的。心理账户有两大特征:第一,心理账户间的独立性与不可替代性,即不同账户之间的财富是不能相互替代的;第二,心理账户的本质特征是具有不同于经济学的特定运算规则[56],倾向于某部分财富与其他财富分开计算,其对收益和损失的核算依据前景理论的价值函数。

R. H. Thaler 等[57] 认为心理账户包括对经济行为的分类记账、编码、估值与预算过程,并提出心理账户的三个重要组成部分:一是对结果的感知和体验,涉及对成本和收益的分析;二是各个特定账户的分类,涉及账户的来源和支出,而且不同账户的支出都会受到外显或内隐预算的控制;三是评估和平衡各个账户的频率,账户可以根据每天、每周或者每年进行平衡。这三个部分都违背了传统经济学中金钱的可替代性原则。

在心理账户计算过程中,D. Kahneman 等[58] 认为人们在进行选择决策时,就是对选择结果的估价过程,其中最简单、最基本的估价方式就是对选择结果的收益和损失进行评价，因此他用前景理论来描述决策主体对得失的内在评价机制，并被心理账户理论所借鉴。心理账户一方面依从前景理论价值函数对收益与损失的划分，并满足前景理论价值函数特征[59]；另一方面，又遵循 R. H. Thaler[2]的享乐主义编辑（Hedonic Editing）规则，即心理账户的计算规则是追求最大化满足感所带来的快乐。这一规则阐述了四种潜在的心理运算机制：第一，分开收益，当人们获得多个收益时，分开多个收益比整合收益能使人们获得更满意的心理体验；第二，整合损失，当人们面临多个损失时，整合多个损失比分开损失更有助于减少人们的痛苦感；第三，小损失整合进大收益，当人们有损失也有收益，并且收益大于损失的混合收益时，将损失和收益整合，能够使人们减小体验损失的痛苦感；第四，小收益和大损失分开，当人们有损失也有收益，并且损失大于收益的混合损失时，将收益和损失分开，小的收益有助于减少人们由于损失所带来的痛苦感。

D. Kahneman 和 A. Tversky[58]提出人们对结果的评价涉及三种账户：最小账户（Minimal Account）、局部账户（Topical Account）和综合账户（Comprehensive Account)）。最小账户是指结果的绝对差异，局部账户是指结果与参照水平相比较的差异，而综合账户是指所有账户的总体差异，包括现有资产、未来收入以及其他可能的收入等因素。D. Kahneman 和 A. Tversky[58]认为人们总是会自动运用最小账户、局部账户和综合账户进行加工，但无论是运用局部账户还是综合账户进行加工，并不是完全绝对的，而是会随着情境的变化而变化。

心理账户就是决策者在心理上对经济结果的编码与评价的行为偏差，是因人们内隐认知机制引起外在行为选择的改变，从而导致非理性决策行为结果的一个综合过程。心理账户是一种普遍性心理，可以视为人们对资金决策问题的一种自我心理暗示的框定依赖，以追求决策的自我满足感。心理账户具有与传统理性人假设相违背的一系列特征，当前研究对心理账户的形成机制探讨还不够深入，对心理账户的形成机制和运算规则仍然不能清晰刻画，心理账户的基本特征和规则也会受很多因素的影响，因此不同研究对心理账户的划分和计算各不相同，这也极大地限制了心理账户的应用。同时也有很多研究指出心理账户的局限性，使得心理账户的普遍性和一致性在一定程度上受到质疑。

3. 前景理论——行为金融的核心理论

完全理性经济人假设源于古典经济学，理性决策占主导地位的理论是期望效用论,但在解释现实问题上存在一定局限而备受质疑。期望效用理论认为人们对于风险的态度始终不变,其效用函数自始至终是凹形的,人们始终追求期望效用最大化。然而,Friedman 和 Savage 的研究发现人们对待风险的态度并非始终一致,诸如阿莱悖论(Allais Paradox)和埃尔斯伯悖论(Ellsberg Paradox)等与理性决策相违背的现象引发对理性决策的质疑和挑战,理性范式的期望效用无法解释决策中偏好的不一致性、非传递性、不可代换性、偏好反转等行为,迫使人们深入研究决策者心理和行为,针对不确定性决策,提出多种非期望效用理论。

最具代表性的研究成果当属奠定行为经济学研究基础的前景理论(Prospect Theory)。D. Kahneman 和 A. Tversky[7] 在 H. M. Markowitz 的"一般财富理论"和阿莱悖论等研究基础上,发现了理性决策研究者未发现的行为模式,构造了前景理论并对不同情景的选择进行实证研究,解释了期望效用理论无法解释的异象,在前景理论的基础上相继发展出了累积前景理论(Cumulative Prospect Theory)[60] 和第三代前景理论(Third Generation Prospect Theory)[61-63]。当前研究中,前景理论和累积前景理论的应用最为广泛。

原始前景理论把风险决策的过程分为两个阶段:编辑(Editing)阶段和价值评价(Evaluation)阶段。决策者在编辑阶段对信息进行编码、化简、归并等加工处理,基于参照点将决策结果分为收益和损失;在评价阶段则以编辑阶段的结果为基础,通过数据转换、合并、分解和约减四种运算,对不同前景的效用价值进行估算,并选择价值最大的前景作为决策。

前景理论的前景值是由"价值函数"(Value Function)和"决策权重"(Decision Weight)共同决定的,用公式表示为

$$V=\sum_{i=1}^{n}\pi(p_i)v(x_i) \tag{2-37}$$

式中,$\pi(p_i)$ 是决策权重,它是关于概率的单调增函数;$v(x_i)$ 是决策者主观感受所形成的价值,即价值函数:

$$v(x)=\begin{cases} x^{\alpha}, & x\geqslant 0 \\ -\lambda(-x)^{\beta}, & x<0 \end{cases} \tag{2-38}$$

式中,α,β 分别表示对于收益和损失的敏感性程度,在图上表现为价值函数曲线的凹凸性;λ 表示损失的厌恶程度,在图上表现为损失比收益斜率大的特征。

A. Tversky 和 D. Kahneman[60]通过实验回归测算，$\alpha=\beta=0.88$，$\lambda=2.25$。此外，不同学者如 G. W. Harrison，E. E. Rutstrom[64]和曾建敏[65]分别在美国和中国情境下对参数进行测算得出不同的结果。

A. Tversky 和 D. Kahneman[60]描述的价值函数揭示了几个特点：①价值的载体是财富的改变而不是财富的最终状态，并以对参照点的偏离程度为标准；②价值函数在参照点以上是凹的，在参照点以下是凸的，显示人们对于收益的风险回避态度和对于损失的风险寻求态度，即当 $x>0$，有 $v'(x)\geqslant 0$，$v''(x)\leqslant 0$；当 $x<0$，有 $v'(x)\geqslant 0$，$v''(x)\geqslant 0$，且对于收益和损失都呈现敏感性递减规律；③收益变化的斜率小于损失变化的斜率，反映了人们对于等量损失的心理感知比等量收益的心理感知更为敏感，体现了“损失厌恶”心理，用损失厌恶系数来刻画。

根据前景理论对价值函数的定义，价值函数具有以下数学性质：① $v(x)$ 是单调递增函数。②当 $x>0$ 时，$v(x)$ 是严格凹函数；当 $x<0$ 时，$v(x)$ 是严格凸函数；$x=0$ 是连续函数的拐点。③当 $x_1>x_2>0$ 时，$v(x_1)+v(-x_1)<v(x_2)+v(-x_2)<0$。④ $\lim\limits_{x\to 0}\dfrac{v'(-x)}{v'(x)}\equiv L>1$。⑤假设 $1>p>0$，$x>0$ 且 $y<0$，若 $p\times x+(1-p)\times y=0$，则有 $p\times v(x)+(1-p)\times v(y)<0$。

价值函数最值得关注的地方就是在参照点上斜率的不连续性，这个拐点是前景理论的价值函数与预期效用理论中效用函数重要的不同点，所谓“参照点”是指在评价某一事物时总要与某一参照水平进行比较，是一种主观的评价标准。前景理论研究发现风险机会的价值更多地依赖于可能发生的收益或损失是以哪个水平为参考点的，而不是它最终会带来的总价值。

前景理论作为一个描述性模型，它具有描述性模型共有的缺点，即只对人们的行为进行描述，缺乏严格的理论和数学推导，它只是说明了人们会怎样做，而不能很好地说明人们应该怎么做；同时，前景理论并不能总是满足随机性优势原则，不能扩展到受多事件结果影响的情形中去。针对前景理论的不足，特别是权重函数的问题，D. Kahneman 和 A. Tversky[7]借鉴“等级依赖期望效用”(Rank Dependent Expected Utility, RDEU)思想，把累积泛函引入到前景理论中形成了累积前景理论(Cumulative Prospect Theory)。累积前景理论模型中不再单独转换各个概率事件，而是转换整个累积分布函数，使权重函数规范化成为可能。决策权重函数具有如下两个特征：①权重函数是关于概率 p 的递增函数，但它并不符合概率公理，是决策者对客观概率的扭曲认识；②当出现的概率 p 较小时，$\pi(p)>p$，这表示投资者对小概率事件会过度赋权，但是当概率 p 一般大或较大时，$\pi(p) < p$，投资者会低估大概率事件发生。因此，权重函数呈现倒S形，表现出对小概率事件的高估和对中大概率事件的低估，这说明投资者会过分关注小概率的极端事件，却忽略了例行发生的事件。前景理论很好地解释了人们选择行为反映出来的确定性效应(Certainty Effect)、孤立效应(Isolation Effect)和反射效应(Reflection Effect)，因为它使风险态度不仅受结果灵敏度(效用曲率)驱动，还受概率灵敏度(概率权重)以及结果是否在参考点(损失厌恶)上下波动的敏感度驱动[66]。

给定一个不确定的前景 f 是从自然状态集 S 到结果集 X 的一个函数，即 $f: S \to X$，对于任意的 $s_i \in S$，都有 $f(s_i)=x_i$，$x_i \in X$。通常把 f 表示为一个序对 (x_i, A_i)，其中 A_i 是自然状态集 S。对每个前景结果从小到大排列，即 $x_{-m} \leqslant x_{-m+1} \leqslant \cdots \leqslant x_{-1} \leqslant x_0 \leqslant x_1 \leqslant \cdots \leqslant x_{n-1} \leqslant x_n$。参考点设置为 $x_0=0$。对于收益 $x_i > 0$，记作 f^+，对于损失 $x_i < 0$，记作 f^-。

对于每个前景 f 定义一个前景值 $V(f)$，如果任意两个前景 $f \geqslant g$，则有 $V(f) \geqslant V(g)$。对于任意 $A \subset S$ 对应一个容量函数值 $W(A)$ 满足 $W(\phi)=0$，$W(S)=1$，且有 $A \supset B$，A，$B \subset S$，$W(A) \geqslant W(B)$ 成立。

累积前景理论指出存在一个严格的递增函数 $v: X \to \mathrm{Re}$，满足 $v(x_0)=v(0)=0$，则存在容量函数 W^+ 和 W^- 使前景 $f=(x_i, A_i)$，$-m \leqslant i \leqslant n$ 有如下关系：

$$V(f)=V(f^+)+V(f^-) \tag{2-39}$$

其中

$$V(f^+)=\sum_{i=0}^{n}\pi^+ v(x_i),\ V(f^-)=\sum_{i=-m}^{0}\pi^- v(x_i) \tag{2-40}$$

$$\pi_n^+=W^+(A_n),\ \pi_{-m}^-=W^-(A_{-m})$$

$$\pi_i^+=W^+(A_i \cup \cdots \cup A_n)-W^+(A_{i+1} \cup \cdots \cup A_n),\ 0 \leqslant i \leqslant n-1 \tag{2-41}$$

$$\pi_i^-=W^-(A_{-m} \cup \cdots \cup A_i)-W^-(A_{-m} \cup \cdots \cup A_{i-1}),\ 1-m \leqslant i \leqslant 0 \tag{2-42}$$

若 $i \geqslant 0$，令 $\pi_i=\pi_i^+$，若 $i \leqslant 0$，令 $\pi_i=\pi_i^-$，式(2-39)可简化为

$$V(f)=\sum_{i=-m}^{n} v(x_i)\pi_i \tag{2-43}$$

如果前景 $f=(x_i, A_i)$ 通过概率分布 $p(A_i)=p_i$ 给出，那么决策权重可以定义为

$$\pi_n^+=\omega^+(p_n),\ \pi_{-m}^-=\omega^-(p_{-m}) \tag{2-44}$$

$$\pi_i^+=\omega^+(p_i+\cdots+p_n)-\omega^+(p_{i+1}+\cdots+p_n),\ 0\leqslant i\leqslant n-1 \tag{2-45}$$

$$\pi_i^-=\omega^-(p_{-m}+\cdots+p_i)-\omega^-(p_{-m}+\cdots+p_{i-1}),\ 1-m\leqslant i\leqslant 0 \tag{2-46}$$

其中，函数 $\omega^+(\cdot)$ 和 $\omega^-(\cdot)$ 分别是针对“收益”和“损失”的非线性权重函数，根据 A. Tversky 和 D. Kahneman[60] 对实验研究结果的模拟，权重函数计算如下：

$$\omega^+(p)=\frac{p^\chi}{p^\chi+(1-p)^{\frac{1}{\chi}}} \tag{2-47}$$

$$\omega^-(p)=\frac{p^\delta}{p^\delta+(1-p)^{\frac{1}{\delta}}} \tag{2-48}$$

式中，p 为概率；χ，δ 为参数。A. Tversky 和 D. Kahneman[60] 测算的结果是 $\chi=0.61$，$\delta=0.69$。

价值函数与权重函数如图 2-1 和图 2-2 所示。

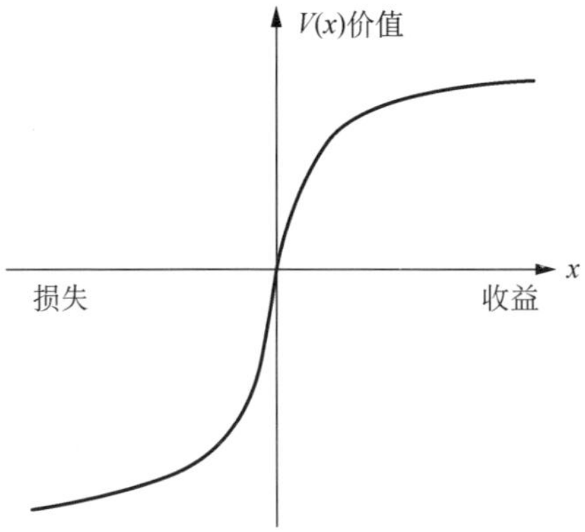

图 2-1　价值函数

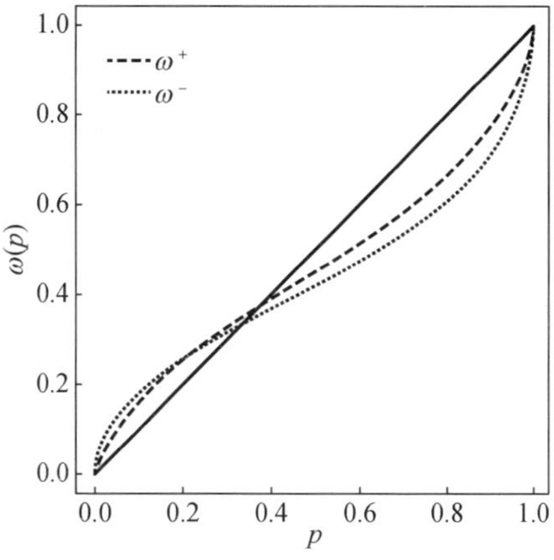

图 2-2　权重函数

在前景理论和累积前景理论的基础上，诸多学者对前景理论进行了深入研究，并发展出了第三代前景理论。U. Schmidt 等[63] 在解释偏好逆转现象中第一

次提出了第三代前景理论的概念,并将动态参照点引入到相关研究中。第三代前景理论相比累积前景理论而言,不仅维持了前景理论的解释能力和预测能力,同时扩展了前景理论在现实问题中的具体运用。第三代前景理论与前两代前景理论相比,主要的突破在于改进了相对于参考点的收益和亏损的定义,以及对决策权重模型构建的改良。第三代前景理论采用在事件上的偏好进行定义的方法;随机参考点被建模为某个特殊事件,收益和亏损被定义为客观状态。第三代前景理论在解决不确定参考点条件下如何构建决策权重模型问题时,采用了序依赖方法,该方法的优势在于能够确保即使参考点是不确定的,偏好依然能够遵循随机占优状态条件模型。

设状态集 $S=\{s_i \mid i=1, 2, \cdots, n\}$,每个状态发生的客观概率为 p_i 且 $\sum p_i=1$,状态集 S 在概率 P 下的结果为 X;A 是所有事件的集合,其中存在特定事件 h,$f\in A$,是从 S 到 X 的函数,即有 $h(s_i)\in X$,$f(s_i)\in X$。与累计前景理论一样,α 是对客观收益的一种主观态度,λ 为损失厌恶系数,以特定事件 h 为动态参照点,则有第三代前景理论价值函数为

$$v(f, h)=\begin{cases}[f(s_i)-h(s_i)]^{\alpha}, & f\geqslant h\\ -\lambda[h(s_i)-f(s_i)]^{\alpha}, & f<h\end{cases} \tag{2-49}$$

第三代前景理论采取 RDSEU(Reference-Dependent Subjective Expected Utility)序依赖方法定义参照依赖的决策权重,其权重不仅考虑概率还考虑事件 f 相对于参照点 h 在所有结果中的大小顺序位置,如当且仅当 $v[f(s_j), h(s_j)]>v[f(s_i), h(s_i)]$ 时,表示为 $j>i$。当 h 为固定值时,第三代前景理论等价于累积前景理论。

在状态 s_i 下比较 f 和 h,当 $f(s_i)\geqslant h(s_i)$ 时,表现为弱收益,令 m^+ 表示弱收益的状态数;当 $f(s_i)\leqslant h(s_i)$ 时表现为强损失,令 m^- 表示强损失的状态数,其中 $n=m^+ + m^-$。则第三代前景理论权重函数可表示为

$$W(s_i; f, h)=\begin{cases}\omega^+(p_i), & i=n\\ \omega^+\left(\sum_{(j\geqslant i)}p_j\right)-\omega^+\left(\sum_{(j>i)}p_j\right), & m^-+1\leqslant i<n\\ \omega^-\left(\sum_{(j\leqslant i)}p_j\right)-\omega^-\left(\sum_{(j<i)}p_j\right), & 1<i\leqslant m^-\\ \omega^-(p_i), & i=1\end{cases} \tag{2-50}$$

其中

$$\omega(p_i)=\frac{p^{\beta}}{[p^{\beta}+(1-p)^{\beta}]^{1/\beta}} \tag{2-51}$$

令 I^{+} 表示 $f(s_i)\geqslant h(s_i)$ 状态 s_i 的集合，令 I^{-} 表示 $f(s_j)<h(s_j)$ 状态 s_j 的集合，则有第三代前景理论的效用函数：

$$V(f,\ h)=\sum_{i\in I^{+}}[f(s_i)-h(s_i)]^{\alpha}\cdot W(s_i;\ f,\ h)-\sum_{j\in I^{-}}\lambda[h(s_i)-f(s_i)]^{\alpha}\cdot W(s_i;\ f,\ h) \tag{2-52}$$

4. 参照点理论

参照依赖是指个体基于某一参照点对得失价值进行判断的行为，广泛存在于社会、生活、经济等各领域的决策之中。与传统理性决策思维追求绝对效用最大化的准则不同，大量经验研究和心理学实验表明，人们在决策时通常隐含着一定的参考标准，对决策方案及其结果进行损益判断和价值评价时会以某个参考标准为依据，人们决策时所采用的这种心理参考标准称之为参照点，对于参照点锚定导致决策者的参照依赖行为。

参照依赖或参照点理论等概念基础主要源于自适应水平理论（Adaptation Level Theory）、同化-对比理论（Assimilation-Contrast Theory）和前景理论。其中，行为经济学领域的前景理论对参照价格理论的发展起到关键作用。前景理论首次提出了参照依赖，从而奠定了参照价格的理论基础。前景理论将收益和损失定义为相对参照点的偏离，提出决策者对价值的判断不仅依赖于财富的最终状态更依赖于财富水平相对参照点的相对变化。参照依赖可以解释诸多决策行为现象，如损失规避[67-69]、处置效应[70, 71]、现状偏好[72]，然而前景理论对于参照点的设置过于简单，也并未对参照点的来源、性质、作用机制和选择标准给出深入的探讨，因此对参照依赖的研究就具有重要意义。近年来，随着参照依赖理论在参照点的预期性、不确定性、动态性和多重性方面取得了研究进展，参照价格的理论体系也被进一步丰富和深化[73, 74]。

当前关于参照点的研究重点之一是在参照点的多重性方面，这方面研究的重要成果之一是由 X. T. Wang 等[75]提出的三参照点理论（Tri-Reference-Point Theory，TRP），该理论是在前景理论和 SP/A 理论（Safety-Potential-Aspiration Theory）[76]的基础上发展而来。三参照点理论认为决策参照点是任意一个由决策主体为了比较、分类和评估预期结果而选定并使用的值，通过一系列标准确定在风险决策中具有重要作用的三个参照点，即底线（Minimum Requirement，MR）、现状（Status Qus，SQ）和目标（Goal，G）。这三个参照点普遍存在于众多决策任务中，对选择偏好具有显著影响，并被实证研究所证实，具有间接性和可定量性。三参照点具有五个基本假设[77]：

（1）人们会考虑三个不同的参照点，在努力使得实现目标的可能性最大化的同时使得底线不保的可能性最小化。

（2）三参照点将心理价值 x 划分为失败（$x < MR$），损失（$MR \leqslant x < SQ$），获益（$SQ \leqslant x < G$）和成功（$x > G$）四个价值区域，如图 2-3 所示。

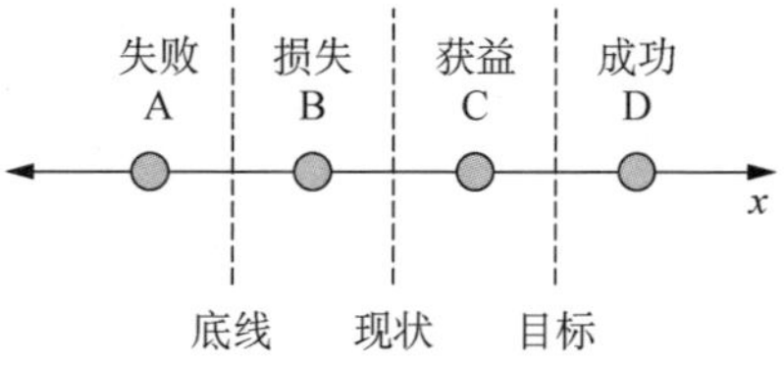

图 2-3　三参照点价值区间

（3）对于客观价值上的一个小量的变化，当它跨越一个参照点时，其在主观上造成的影响要大于它位于同一区域之内时的影响。

（4）决策结果的四个功能区域在心理上的重要性等级不同。首先，避免失败是最为重要的，其次是获得成功，最后则是在现状基础上有所下降和上升。这一假设符合进化理论的“先生存后繁殖”理念[78, 79]和“安全第一”理论[80]。

（5）参照点的设定受到任务环境、个性等因素的影响和调节。

三参照点理论扩展了预期理论中价值函数只有一个参照点的情形，考虑了多重参照点的影响。从该理论可以看出，决策主体在风险选择能够使他们有机会移动到参照点之上的时候会表现强的风险寻求的趋势；同样的，人们在相对安全选择中为了确保他们有机会保持在参照点之上会表现出风险规避。此外，三参照点理论认为这些参照点上边际效益的程度不同，最大的改变在底线参照点，之后目标参照点，最后现状参照点，即 $MR > G > SQ$，这种假设基于进化理论，也符合“安全第一”理论[81]。其他研究者[77]通过实验心理学的方法对决策者的偏好、选择及三参照点理论的独特推断进行了检验，G. J. Koop 等[82]用实验数据证明了有三个特殊的参照点共同影响人们的行为。

2.2.5　金融市场异象

行为金融源起于学者对美国股票市场的研究。在美国股票市场的研究中有许多关于股市行为的有趣事实，最著名的三个是股票溢价之谜、波动性之谜和证券收益的可预测性。

(1) 股票溢价之谜。股票溢价之谜即股票市场赚取了较高的超额收益率，而这超额收益并不能被标准金融理论所解释。股票溢价之谜最早是由 R. Mehra 等[83]提出来的，根据 J. Y. Campbell 和 J. H. Cochrane[84]对 1987—1993 年市场历史数据的研究发现，标普 500 指数的平均对数收益率比短期商业票据的平均对数收益率高 3.9%。

(2) 波动性之谜。证券收益和价格股利比都具有较高的波动性。在上述研究样本中，标普 500 指数超额对数收益率的年标准差是 0.18，价格股利比对数的年标准差是 0.27。

(3) 可预测性之谜。E. F. Fama 和 K. R. French[85]使用 1941—1986 年纽约证券交易所(NYSE)股票的月度实际平均收益率数据，研究发现价格股利比对后 4 年的累积证券收益波动的解释效力达 27%。

以上三个事实是被理论界和实务界公认的，虽然后续研究也对上述结果提出质疑，但这三大谜团却推动了有关金融市场异象的研究，促使行为金融理论对金融市场现实问题进行更深入的解释，促进行为金融理论的发展与模型的完善。

2.3　行为金融的理论与模型

2.3.1　行为投资组合理论与模型

H. Shefrin 和 M. Statman[9]的行为投资组合理论(Behavioral Portfolio Theory，BPT)将行为金融理论与现代投资组合理论相结合，行为投资组合理论修改了 CAPM 模型中投资者是风险厌恶的理性人的假定，指出投资者在不同的情况下风险厌恶和风险偏好可以转换，而且投资者的风险厌恶程度也可以发生变化，并在心理账户的框架下基于期望财富和财富维持概率研究了行为组合理论的有效边界。行为投资组合理论建构在"安全第一"理论和 SP/A 理论的基础上。

1. “安全第一”投资组合理论

“安全第一”理论是 A. D. Roy 于 1952 年提出的，其基本思想是投资者决策的首要目标是保证财富的安全，即最小化破产概率 $\Pr\{W < S\}$，当一个投资者的最终财富 W 达不到勉强维持生存的水平 S 就意味着其破产。基于“安全第一”原则，L. Telser[86]构造了一个包含生存水平 S 和预设概率 α 的投资组合模型，其目标是在 $\Pr\{W < S\} \leqslant \alpha$ 的约束下使期望财富 W 最大化。

2. SP/A 投资组合理论

1987 年，Lopes 提出 SP/A 理论来研究不确定条件下如何选择这一问题。SP/A 理论是“安全第一”理论的扩展，其中 S (Security)表示安全，P (Potential)表示潜力，A(Aspiration)表示期望水平。SP/A 理论认为投资者资产组合的目标不仅基于安全水平，还基于实现潜力和追求目标。SP/A 理论假定不确定结果是由两个变量来估价的，第一个变量是 $E_{\mathrm{h}}(W)$，$E_{\mathrm{h}}(W)$ 是期望财富 $E(W)$ 受到情感因素影响后的调整值；第二个变量是 $D(A)$，用概率 $D_A = \Pr\{W \geqslant A\}$ 表示，是对投资安全性或者风险的度量。L. L. Lopes[76]认为恐惧和希望这两种情感会通过改变期望财富中的相对权重而影响投资者的风险态度，恐惧使投资者赋予坏结果较大的权重而赋予好结果较小的权重；希望则使投资者赋予好结果较大的权重而赋予坏结果较小的权重，从而影响投资者的资产选择。基于 SP/A 理论的投资组合目标是相应概率水平下最大化效用函数 $U(E_{\mathrm{h}}(W), D(A))$。

3. 行为投资组合模型

行为投资组合模型[9]分为单心理账户(Single Mental Account)和多心理账户(Multiple Mental Account)投资组合模型。单心理账户投资组合模型(BPT-SA)是投资者将所有资产组合框定到一个心理账户中进行评估决策，与标准金融理论的均值方差偏好投资者相同；多心理账户投资组合理论(BPT-MA)是投资者将资产分别置入不同的心理账户中独立评估决策，并忽略投资者心理账户间的相关性。BPT 理论认为，投资者对投资的划分由两部分构成：一部分是低风险的安全投资；另一部分是风险较高但回报也较高的投资，以使投资者财富增值。关于心理账户的研究表明投资者在投资决策时，会将资金放在不同的投资心理账户中，构建具有层次性的资产配置投资金字塔(图 2-4)，在这个金字塔中，每层对应投资者一个目标，并对其投资进行分层管理；底层是群体投资决策者为避免损失而设立的，上层是为取得跨越式发展而设立的。例如，现金存放于最底层的心理账户，以保证资产的必要安全，将具有较高风险与高回报的资产如股票证券等置于最高层[87]。

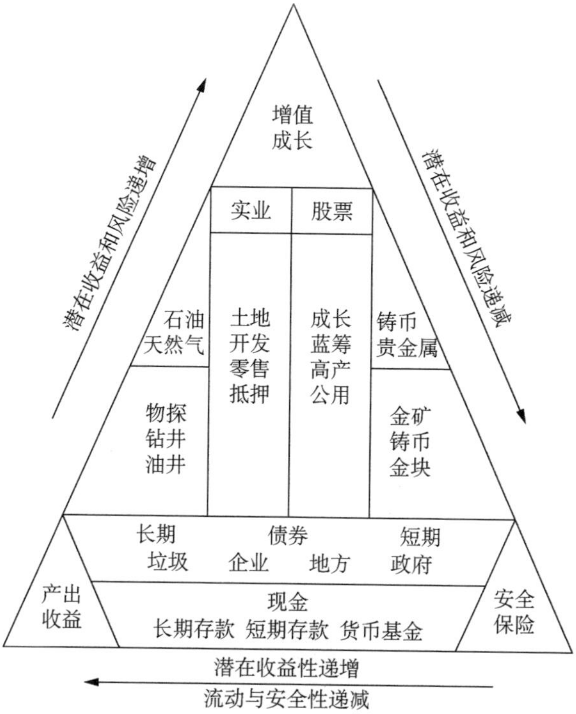

图 2-4　金字塔结构的投资组合

（资料来源：Shefrin，Hersh(1999)）

1. BPT-SA 模型

假定投资者仅有一个心理账户，设有 J 种状态或有债权（Contingent Claim），状态 j 或有债权的初始投资为 I_j，如果状态 j 发生（概率为 p_j），期末收入为 1；如果状态 j 不发生（概率为 $1-p_j$），期末收入为 0；假定投资者在状态 j 或有债权的投入为 I_jW_j，当状态 j 在投资期期末出现时，则投资者可获得 W_j。投资者的初始财富水平为 W_0，期末财富水平为 W，则单心理账户投资组合模型（BPT-SA）为

$$\max E(W) = \sum_{j=1}^{J} p_j W_j$$

$$\text{s.t.}\begin{cases}\Pr\{W \geqslant A\} \geqslant \alpha \\ \sum_{j=1}^{J} I_j W_j \leqslant W_0\end{cases} \tag{2-53}$$

2. BPT-MA 模型

假定投资者有两个心理账户,低层次心理账户基于保证安全的目标,设其期望水平为 A^s,该账户未来财富水平 W^s 不低于 A^s 的概率为 p^s,则低层次心理账户的效用函数为

$$U^s = (p^s)^{1-\gamma} E(W^s)^{\gamma} \tag{2-54}$$

同理,高层次心理账户基于实现更高财富水平,设其期望水平为 A^r,该账户未来财富水平 W^r 不低于 A^r 的概率为 p^r,则高层次心理账户的效用函数为

$$U^r = (p^r)^{1-\eta} E(W^r)^{\eta} \tag{2-55}$$

其中,γ, $\eta \in [0, 1]$,用来衡量对安全性或实现财富水平的重视程度,其取值越大,说明对安全性或实现财富水平越不重视。

投资者面临的问题是如何在不同心理账户间分配初始投资,使相应心理账户的预算 W_0^s 和 W_0^r 在满足各自预算约束的前提下,实现总体效用满足的最大化,其优化问题为

$$\begin{gathered}\max U = \{1 + \omega^r[(p^r)^{1-\eta} E(W^r)^{\eta}]\} \cdot \{\omega^s[(p^s)^{1-\gamma} E(W^s)^{\gamma}]\} \\ \text{s.t. } W_0^r + W_0^s \leqslant W_0\end{gathered} \tag{2-56}$$

H. Shefrin 和 M. Statman[9]用的目标函数 Cobb-Douglas 构造函数形式,造成 BPT 模型优化问题的求解较为困难,他们仅是建构了一个理论模型,但没有给出该优化问题的一般解以及该模型的一般投资决策过程。

2.3.2 行为资产定价理论与模型

行为金融对资产价格的研究沿袭了对标准金融的完全理性和有效市场的批判,其思路有两方面:一是引入投资者非理性偏好,修改投资者效用函数;二是考虑投资者异质性信念,考虑市场交易者行为,对市场建模。

1. 行为资产定价模型

行为资产定价模型(Behavioral Asset Pricing ModeI, BAPM)是由H. Shefrin和M. Statman[88]基于噪声交易者理论提出的,与标准金融理论的 CAPM 模型相

对应，描述了市场上理性交易者和非理性交易者在交互影响下的资产定价机制。

在BAPM模型中，投资者分为信息交易者（Information Trader）和噪声交易者（Noise Trader）这两类，信息交易者即CAPM中的理性投资者，不同个体之间表现出良好的统计均方差性，依据贝叶斯学习过程更新信念，不会出现系统性偏差；噪声交易者则不按照CAPM模型来假定理性决策，不同个体间具有显著的异方差性，容易产生认知偏差。当市场上信息交易者为代表性投资者时，市场是有效率的；当噪声交易者为代表性交易者时，市场表现为无效率。当噪声交易者高估预期收益时，其对市场上风险资产的需求会高于信息交易者；当噪声交易者低估预期收益时，相应的需求就会减少。噪声交易者的行为扰乱了信息交易者的均值方差有效边界，使价格偏离市场有效价格，从而给一些特定的资产带来超额收益。

建立BAPM模型是为了计算当存在噪声交易者时，市场上资产价格与风险的关系，即需要估计出BAPM模型的贝塔系数，即行为贝塔β^{BAPM}。对于存在噪声交易者的市场，确定市场的有效组合边界，在此基础上得到正切均值方差有效资产组合（Tangent Mean Variance Efficient Portfolio）并计算得β^{BAPM}。理论上，如果BAPM模型中考虑了噪声交易者对资产价格均衡的影响，BAPM的估价就不再是有噪声的，而只是反映了一个较低的风险，与由CAPM模型导出的传统贝塔β^{CAPM}相比，β^{BAPM}应小于β^{CAPM}，二者之间的差异即是噪声交易者产生的附加风险（Noise Trader Risk，NTR）。

$$\beta^{CAPM}=NTR+\beta^{BAPM} \tag{2-57}$$

CAPM认为噪声交易者的非理性行为对市场的影响可以忽略，因此任何一种资产的必要报酬率可以表示为无风险报酬加上风险溢价。而在BAPM中，引入了噪声交易者的行为对资产定价的影响，构建了基于行为的风险与收益关系，如式（2-58）所示，非有效市场的BAPM证券市场线如图2-5所示。

$$E(r_n)-r_f=\beta_n^{BAPM}[E(r_M^{BAPM})-r_f] \tag{2-58}$$

2. BHS模型

N. Barberis, M. Hunag和T. Santos[89]基于消费资本资产定价模型，引入损失厌恶与私房钱效应（House Money Effect）对前景理论价值函数进行了修改，建立资产价格动态均衡的BHS模型。

假设模型中总消费和股利满足联合对数正态过程：

$$\ln(\bar{C}_{t+1}/\bar{C}_t)=g_C+\sigma_C\eta_{t+1} \tag{2-59}$$

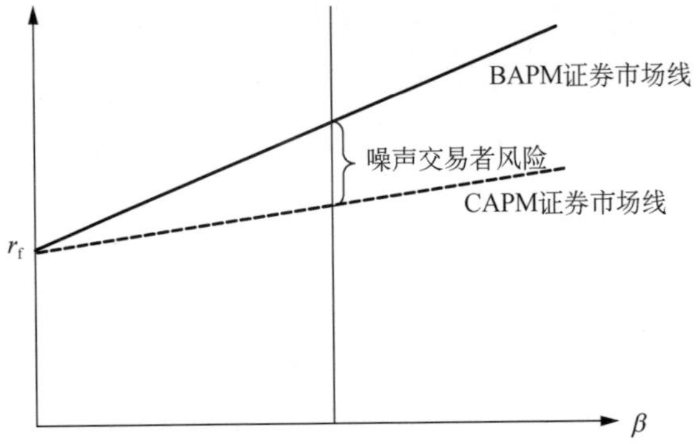

图 2-5　非有效市场的 BAPM 证券市场线

$$\ln(D_{t+1}/D_t) = g_D + \sigma_D \varepsilon_{t+1} \tag{2-60}$$

其中,残差序列不相关,并有分布如下:

$$\begin{pmatrix} \eta_t \\ \varepsilon_t \end{pmatrix} \sim N\left(\begin{pmatrix} 0 \\ 0 \end{pmatrix}, \begin{pmatrix} 1 & \rho \\ \rho & 1 \end{pmatrix} \right) \tag{2-61}$$

定义风险资产从 t 到 $(t+1)$ 期的收益为 R_{t+1}。假设单期无风险投资的净供给为 0,其从 t 到 $(t+1)$ 期的收益为 R_{ft},则投资者最大化生命周期的效用函数形式为

$$E_0\left[\sum_{t=0}^{\infty} \left(\delta^t \frac{C^\gamma}{\gamma} + b_t \delta^{t+1} v(X_{t+1}, S_t, z_t) \right) \right] \tag{2-62}$$

式中,C_t 为 t 期的消费;$\gamma < 1$ 用以控制基于消费的效用曲度;δ 为时间贴现因子;S_t 为投资者 t 期持有的资产价值;$X_{t+1} = S_t(R_{t+1} - R_{ft})$ 为 t 期的持有风险资产的超额收益;b_t 为标度指标,用以控制效用函数中第二项的大小,以保证财富随着时间累积增长,$b_t = b_0 \bar{C}_t^{\gamma-1}$,其中 $b_0 > 0$;z_t 为私房钱效应度量指标,z_t 大于 1(或小于 1)表示投资者在此前因持有风险资产而获得的收益(遭受损失)的情况;$v(\cdot)$ 为前景理论价值函数并经 z_t 调整的价值,具体如下:

当 $z_t = 1$ 时,该函数呈现纯损失厌恶特征,函数形式为

$$v(X_{t+1}, S_t, 1) = \begin{cases} X_{t+1}, & X_{t+1} \geqslant 0 \\ \lambda X_{t+1}, & X_{t+1} < 0 \end{cases} \tag{2-63}$$

当 $z_t \leqslant 1$ 时,表明上期获得收益,其函数形式为

$$v(X_{t+1},\ S_t,\ z_t)=\begin{cases} X_{t+1}, & R_{t+1}\geqslant z_tR_{ft} \\ X_{t+1}+(\lambda-1)S_t(R_{t+1}-z_tR_{ft}), & R_{t+1}<z_tR_{ft} \end{cases} \tag{2-64}$$

当 $z_t>1$ 时，表明上期发生损失，其函数形式为

$$v(X_{t+1},\ S_t,\ z_t)=\begin{cases} X_{t+1}, & X_{t+1}\geqslant 0 \\ \lambda(z_t)X_{t+1}, & X_{t+1}<0 \end{cases} \tag{2-65}$$

其中，$\lambda(z_t)=\lambda+k(z_t-1)$ 且 $k>0$。

由此，就可以在约束条件下求解效用函数最大化，得到资产的均衡价格。在 BHS 模型中还考虑了窄框架(Framing Narrowly)下的个股心理账户和宽框架(Framing Broadly)下的组合心理账户两种情形。

BHS 模型较好地解释了股权溢价之谜和波动率之谜。由于私房钱效应的存在，投资者损失厌恶程度受到股价变化的影响，而损失厌恶程度的变化又会导致股价的过度波动，因此投资者若持有风险资产则要求更高的风险溢价。同时，BHS 模型认为，现金流的利好消息有助于推升股价，使投资者前期回报增加，私房钱效应会降低投资者损失厌恶程度，即使后续亏损，其痛苦感也会因前期收益而稀释，于是投资者用较低的贴现率来贴现股利，进而推动股价上扬；相反，如果股价下挫，私房钱效应会促使投资者更加损失厌恶，对损失更敏感，于是投资者会用较高的贴现率来贴现未来现金流，股价进一步下跌，这就导致股价股利比振幅过大，股票收益率波动性更强[47]。

2.3.3　行为金融的其他模型

1. 噪声交易与投资者情绪

投资者情绪源自金融市场的不确定性及其参与者复杂的心理。对于投资者情绪的定义尚无统一意见，但一般认为投资者情绪是基于投资者心理因素的非理性导致的对市场预期判断的偏差。按照 J. Wurgler[90] 对各种投资者情绪定义的总结，投资者情绪可以概括为投资者对于收益和风险的一种非贝叶斯信念，或者是一种非传统的偏好。噪声交易理论中噪声交易者对资产价格预期的系统性偏差可视为典型的投资者情绪，因此，噪声交易理论也是投资者情绪研究的理论基础，噪声交易理论的经典模型是 DSSW 模型。

噪声交易是研究交易者行为和金融市场运行方式的理论，噪声交易者的存

在是导致有限套利和市场无效的重要因素，J. B. De Long，A. Shleifer，L. Summers和R. Waldman提出的DSSW模型[46]奠定了基于噪声交易理论的研究框架。DSSW模型假定市场上存在理性交易者和噪声交易者两类投资者；市场上无风险资产完全弹性供给，风险资产供给非完全弹性但数量固定；市场上存在两类风险，一类是噪声交易者引起的风险，包括投资者行为偏差、情绪等导致的定价偏差与市场波动形成的风险，另一类是由基本面导致的系统性风险；投资者风险厌恶且在拥有信息集上追求效用最大化。在此假定下，DSSW建立了一个由两期生存的行为人组成的两期代际模型（Stripped-down Overlapping Generations Model）推导出风险资产市场价格的定价公式，并分析了噪声交易者对风险资产价格的作用机制。

理性交易者最大化其期望效用函数：

$$E(U^{R})=\bar{W}-\gamma\sigma_{W}^{2}=c_{0}+\lambda_{t}^{R}[r_{f}+{}_{t}P_{t+1}-P_{t}(1+r_{f})]-\gamma(\lambda_{t}^{R})^{2}\{{}_{t}\sigma_{P_{t+1}}^{2}\} \tag{2-66}$$

式中，$\bar{W}$为最终预期财富；σ_{W}^{2}为财富方差；γ为风险厌恶系数；c_0为第一期劳动收入；P_t为市场均衡价格；${}_{t}P_{t+1}$为t期市场预期价格；${}_{t}\sigma_{P_{t+1}}^{2}=E_{t}[P_{t+1}-E_{t}(P_{t+1})^{2}]$为$t$期市场预期价格的方差；$r_f$为无风险利率；$\lambda_{t}^{R}$为理性交易者对风险资产数量的需求。

噪声交易者最大化其期望效用函数：

$$\begin{aligned}E(U^{N})&=\bar{W}-\gamma\sigma_{W}^{2}\\&=c_{0}+\lambda_{t}^{N}[r_{f}+{}_{t}P_{t+1}-P_{t}(1+r_{f})]-\gamma(\lambda_{t}^{N})^{2}\{{}_{t}\sigma_{P_{t+1}}^{2}\}+\lambda_{t}^{N}\{\rho_{t}\}\end{aligned} \tag{2-67}$$

式中，$\rho\sim N(\bar{\rho},\sigma_{\rho}^{2})$为噪声交易者因认知偏差（如情绪因素）导致的对风险价格的预期偏差；λ_{t}^{N}为噪声交易者对风险资产数量的需求。

当市场上风险资产数量固定为1时，有

$$(1-\theta)\lambda_{t}^{R}+\theta\lambda_{t}^{N}=1 \tag{2-68}$$

式中，θ为市场上噪声交易者比例。

由此，可以求出风险资产的均衡价格：

$$P_{t}=1+\frac{\theta(\rho_{t}-\bar{\rho})}{1+r_{f}}+\frac{\theta\bar{\rho}}{r}-\frac{2\gamma}{r}\left[\frac{\theta^{2}\sigma_{\rho}^{2}}{(1+r)^{2}}\right] \tag{2-69}$$

从式(2-69)可知,投资者噪声或情绪的存在使其对资产价格的预期产生偏离,影响资产均衡价格,噪声或情绪越大,投资者对资产价格预期的偏离程度也就越大,从而推升资产价格。噪声交易者情绪的存在是一把双刃剑,一方面它是自身得以在市场生存的重要因素,另一方面也会给市场带来不确定性并给自己的生存造成不利影响,因此,噪声交易者的数量在实际市场中不断变化,导致市场投资者情绪波动,影响市场稳态运行[91]。

噪声交易者理论和 DSSW 模型推动了基于信念、投资者情绪的资产定价研究,包括 BAPM 模型也是建立在噪声交易理论基础上的[92, 93]。

2. BSV 模型、DHS 模型与 HS 模型

引入信念的资产定价分析主要是把投资者的认知偏差引入资产价格的分析框架中,这类模型主要关注与资产价格相关的金融异象,其典型代表模型有:BSV 模型[94]、DHS 模型[95]和 HS 模型[96]。

1) BSV 模型和 DHS 模型

N. Barberis, A. Shefrin 和 A. Vishny[94]建立的 BSV 模型主要用于解释金融市场中的反应过度和反应不足现象。BSV 模型考虑了投资者的两种信念偏差:一是代表性偏差,主要指投资者基于过去典型的数据或信息来作为决策依据,例如投资者遵循“小数法则”,即利用小样本数据来判断总体特征,或过分关注近期信息而忽略了全局的趋势判断;二是保守性偏差,相较于先期信息,投资者倾向于低估新信息,即投资者不能及时利用新信息更新信念。代表性偏差导致投资者对新信息产生过度反应,而保守型偏差导致投资者对新信息反应不足。模型假定投资者风险中性,所有资产的收益率服从随机游走过程,投资者认为盈余来自“均值反转”(Mean-reverting)和“趋势形态”(Trending),投资者相信盈余产生的两种形态是随时间外生变化的,并认为其任务就是找到目前起作用的一种形态。

DHS 模型由 K. Daniel, D. Hirshleirer 和 A. Suhramanyam[95]提出,用以分析股价的短期动量和长期反转效应。DHS 模型将投资者分为知情投资者(Informed Investor)和不知情投资者(Uninformed Investor),前者存在过度自信和自我归因偏差,后者不存在认知偏差。过度自信导致知情投资者在收到私人信息时夸大自我判断能力,高估噪声信号的准确性,从而导致对私人信息的过度反应,假如该信息是正(负)面的,过度自信就会推高(降低)股票价格,但经过长时间的信息修复,公共信息又会将价格拉回到股票基本价值上,产生反转效应。同时,自我归因偏差使得投资者低估与股价相关的公共信息,从而导致其对

公共信息反应不足,产生股价的短期动量效应。自我归因偏差以一种不对称的方式改变投资者对私人信息的判断,当公共信息或股票价格证实私人信息的准确,投资者会更加自信,当私人信息被公共信息否定时,投资者因自我归因不能纠正过度自信,这种信念强化也会导致动量效应和反转效应。

2) HS 模型

HS 模型由 H. Hong 和 J. C. Stein[96]提出,建立了基于交易者相互作用角度分析股票市场中反应不足、动量效应和过度反应的一个统一理论模型。HS 模型关注市场上交易者的相互影响作用,而 BSV 模型和 DHS 模型都是以投资者认知偏差为基础,将反应不足和反应过度的原因归结为投资者的信念。

HS 模型将交易者分为两类:信息观察者(News Watchers)和动量交易者(Momentum Traders)。这两类交易者都不是完全理性的,而是有限理性的。信息观察者根据以基本面的私人信息为基础进行预测,不依据过去和现在的股价信息进行交易;动量交易者则完全依赖于股票过去的价格变化进行交易,忽略基本面信息。HS 模型同时假定,私人信息在信息观察者见是缓慢扩散的。在 HS 模型中,信息观察者实际上是套利者,由于私人信息在信息观察者中缓慢传导,而信息观察者又不从过往价格中获取信息,当其获得信息后便会立刻采取行动进行套利,随着信息的扩散,越来越多的交易者进入,从而形成动量。然而,动量交易者就是噪声交易者,其对信息反应不足,动量交易者的行为跟随消息观察的套利者进行,但是由于动量交易者不能观察到信息传播的真实价值,以至于在价格偏离基本价值后仍在交易,导致过度反应。这两类交易者的行为叠加就会产生股价的动量效应。

2.3.4 计算实验金融与行为金融发展

经过数十年的发展,行为金融理论已被主流经济学所认可,然而作为行为经济研究的代表人物 Richard Thaler 在 *The end of behavioral finance*(《行为金融的终结》)[97]一文中曾预判:“在不远的将来行为金融会成为一个多余的概念。”然而就理论研究进展而言,距离“行为金融的终结”尚言之过早。行为金融的兴起也曾一度令众多跟随者否定被主流经济学家和投资者奉为圭臬的标准金融理论,但回溯现代金融理论发展历程,行为金融和标准金融从最初的分庭抗礼到如今的相互融合、相得益彰。Richard Thaler 之所以提出“行为金融的终结”,一方面,行为金融理论对投资实践的指导无法取得显著成功,遭受业界的质疑;另一方面,行为金融理论的固有不足和面临的挑战,局限了其理论研究的深入和投资实践的应用。张维等[98]将行为金融的局限归纳为宏观的市场层级和微观的个体层级两个方面，第一，从宏观的市场层级来看，许多试图推翻有效市场假说的行为金融实证研究都是基于事后研究方法(Post-event Study)，无法满足有效市场假说检验时所必需的预期收益率数据的要求；第二，从微观的个体层级来看，行为金融试图在标准金融理论的逻辑框架上扩展投资者行为假设，然而在规范分析中对投资者有限理性行为的定义与其心理学证据仍缺乏具备普遍意义和充足解释效力的理论框架的支撑。例如，BSV模型、DHS模型和HS模型等典型的行为金融模型都成功解释了“惯性”“长期反转”“过度波动”等现象，但由于对投资者行为偏差的设定差异，造成微观的个体行为与宏观的市场运动之间的联系迥异，无法像标准金融理论那样清晰地刻画市场模型的内在逻辑脉络，致使行为金融无论在规范研究抑或实证研究中障碍重重。

事实上，金融市场是一个高度复杂的系统，标准金融理论或行为金融理论对现实世界解释的局限性，究其根源在于其对金融市场的高度抽象化，研究中以“代表性经济主体”作为考察对象，通过不现实的简化假设以求得数学解析的便利性，却使基于这些简化假设的研究结论在实证证据面前难以令人信服。金融变量的复杂特征主要包括非线性、非平衡状态、动态性、混沌、分形、突变性、非周期性和不可预测性等[99]，因此用传统的数学工具和传统的均衡经济理论已无法解释金融市场的复杂现象[100]。

随着行为金融理论、复杂性科学和信息技术的发展，一个新兴的交叉学科计算实验金融学(Agent-based Computational Finance, ACF)诞生了。计算实验金融学是将金融市场视为包含多个异质性主体的复杂系统，利用信息技术来模拟现实金融市场，在既定市场结构和制度安排下，通过赋予微观层次Agent行为模式和学习机制，来揭示市场动态特性及其成因的一门金融学分支[101, 102]。计算实验金融学是实验经济学的发展和有效补充，采用与实验经济学相类似的科学思想和研究范式，利用计算机模拟技术构建人工金融市场，将实验经济学中的真实人用Agent来替代，通过构建可计算的实验室，设置各种情景，以进行受控的、可重复的、Agent之间的不断交互学习的实验，来考察Agent的反应和行为，进而解释金融市场演化规律[103]。

计算实验金融学或人工金融市场的研究肇始于以美国圣达菲研究所(Santa Fe Institute)开发的人工股票市场模型(SFI-ASM)为里程碑，早期研究如W. B. Arthur[104], B. Le Baron[105], M. Levy[106]等学者利用SFI-ASM模型或计算实验平台(LLS)对资产定价及资产价格的时间序列特性进行了研究，由此打开了一个跨越传统金融研究范式的新视角。对于由大量异质性的经济主体所组成的复杂自适应的金融系统，基于人工金融市场的建模面临着诸多设计问题，如经济制度环境、价格形成机制、投资者偏好、投资者的交互与学习、市场信息结构与投资者的反馈等。张维等[107]系统归纳了计算实验金融的三种建模类型及其研究进展，分别是价格形成机制建模、针对个人行为建模、市场信息结构与交互模式建模。

从行为金融学与计算实验金融学交叉的角度来看，其研究思路是依据行为金融学的理论成果来对 Agent 的行为仿真建模，利用计量经济与统计分析模拟数据，观察 Agent 的学习、偏好、信念等因素是否能有效解释金融市场现象。相关的代表性成果包括：M. Levy 等[108]运用累积前景理论研究当投资者出现“概率扭曲”时的资产配置、市场均衡与价格动力学情况，得到基于价值函数的投资者受预期收益的影响更严重，导致价格更加频繁地偏离价值的结论，这在一定程度上支持了前景理论的正确性；T. Lux[109, 110]基于计算实验的方法，研究了羊群效应与市场泡沫的形成，并通过构建具有异质交互 Agent 的人工股票市场，对收益率的厚尾分布现象进行了研究；B. Le Baron 等[105]基于 SFI－ASM 平台并通过改变 Agent 遗传算法的学习速度，研究个体学习效应对市场价格时间序列特征的影响，认为非理性投资是造成过度波动的原因；Chen S. H.等[111, 112]则采用遗传规划法，将社会学习行为引入人工股票市场，使计算实验金融在金融市场微观个体的策略比较与学习、信念形成与更新、信息认知与处理等多方面取得了突破性进展；J. A. Pascual[113]等将心理和情感因素纳入 SFI－ASM 中以增加 Agent 的异质性；S. H. Chen[114]等基于多资产的 ASM，考察风险偏好与预测精度对 Agent 生存能力的影响。此外，还有诸多研究关注于市场微观结构，如 D. K. Gode 等[115]的研究成果，他们通过构建零智能（Zero Intelligence，ZI）模型，进行了双向拍卖机制下的计算仿真实验，通过与真人参与的实验进行对比，结果发现即使是 ZI 模型，市场同样可以表现出真实市场的特征；M. Raberto 等[116]建立了 Genoa-ASM 实验平台，研究市场微观结构对价格形成及市场异象的问题，发现了市场交易机制对价格形成起到关键作用。

国内学界对计算实验金融学的研究较晚，张维等[117]首先对计算实验金融学的研究领域和进展情况进行了综述；应尚军等[118]运用元胞自动机研究了股票投资行为的演化，考察研究投资者从众心理对市场价格变化的影响；刘兴华等[119]探索了投资策略的多样性和归纳推理对市场均衡价格形成机制的作用，并分析了市场和投资者适应与进化的特征；张永杰等[120]应用计算实验金融方法研究不同投资策略的投资收益水平；杨敏等[121]构建了一个具有模糊决策学习机制的人工股票市场，通过计算实验发现大量抛售与股价波动存在着复杂的关系；马超群等[122]建立了一个嵌入行为认知模式的基于异质行为演化的人工金融市场，该模拟的人工市场呈现出与真实市场具有一致的非线性特征。

上述文献的研究成果表明，计算实验的方法能够对金融市场中的特征和异象进行有效的解释，这是对标准金融或行为金融研究方法的有益补充和发展，不仅拓展了研究视角，在方法论上也有长足进步。计算实验金融学的优势在于，通过对个体和交易机制的建模可以透析市场微观层面的结构，展现 Agent 间交互作用与市场表现的内在联系；通过仿真技术可以产生大量原始数据，弥补现有行为金融研究中数据不易获取的缺陷，使研究者能从微观角度研究市场的演化行为；计算实验金融可以模拟不同情景，允许研究者对实验环境进行控制，因此可以较为全面、多角度地考察 Agent 的个体反应和市场的整体表现。总之，计算实验金融学为解构金融市场复杂性和投资者复杂的认知行为提供了有效的研究方法，未来行为金融的研究路径之一是通过仿真实验设计新框架以满足行为金融研究的特性，利用计算实验金融学的优势摆脱当前研究的束缚。

2.4　UPM-LPM 的一般性框架

自均值方差模型建立起现代投资理论的收益与风险分析框架，此后的研究试图在该分析思路下对模型进行优化与改良，其中一个典型的模型是均值下偏矩模型(Mean-Lower Partial Moment, M-LPM)。均值下偏矩模型的一大优势是不需要对收益率分布进行假定，并与具有风险厌恶的期望效用理论兼容，因此被广泛应用于衍生品资产定价中[123, 124]，但因非对称协下偏矩的计算较为复杂，故M-LPM的研究应用仅限于投资组合和资产定价方面。

在离散分布下，定义资产 i 和 j 的收益率协下偏(二阶)矩为

$$CLPM_{ij}=\frac{1}{T}\sum_{t=1}^{T}(\max[\hat{r}-r_{it},\ 0])(\hat{r}-r_{jt}) \tag{2-70}$$

$$CLPM_{ji}=\frac{1}{T}\sum_{t=1}^{T}(\max[\hat{r}-r_{jt},\ 0])(\hat{r}-r_{it}) \tag{2-71}$$

式中，$t=1, 2, \cdots$；T 为观测样本；$\hat{r}$ 为收益率基准水平。

显然，$CLPM_{ij}=CLPM_{ji}$ 不一定完全成立，即下偏矩是非对称的，因此无法保证协下偏矩矩阵是半正定的，导致均值下偏矩模型求解存在困难[125]。针对此

问题，J. Estrada[126]提出以对称协下偏矩矩阵取代非对称协下偏矩矩阵，并认为对称协下偏矩矩阵是非对称协下偏矩矩阵的有效近似。对称协下偏矩为

$$CLPM_{ij} = CLPM_{ji} = \frac{1}{T}\sum_{t=1}^{T}(\max[\hat{r} - r_{it}, 0])(\min[\hat{r} - r_{jt}, 0]) \tag{2-72}$$

J. Estrada[126]的证明如下，令 $\boldsymbol{A}$ 为非对称下偏矩矩阵，其元素为非对称的 $CLPM_{ij}$，则有 $\boldsymbol{w}^{\mathrm{T}}\boldsymbol{A}\boldsymbol{w} = (\boldsymbol{w}^{\mathrm{T}}\boldsymbol{A}\boldsymbol{w})^{\mathrm{T}} = \boldsymbol{w}^{\mathrm{T}}\boldsymbol{A}^{\mathrm{T}}\boldsymbol{w}$，因此，$\boldsymbol{w}^{\mathrm{T}}\boldsymbol{A}\boldsymbol{w} = \boldsymbol{w}^{\mathrm{T}}\left(\frac{\boldsymbol{A} + \boldsymbol{A}^{\mathrm{T}}}{2}\right)\boldsymbol{w}$，则 $\boldsymbol{A}$ 便转化成对称矩阵，保证了协下偏矩矩阵的半正定性。

在此基础上，D. M. Holthausen[127]利用上偏矩和下偏矩建立了一个更一般化的 UPM-LPM 模型，用拓展均值方差和均值半方差分析，其最大特点是以收益率上偏矩替代 M-LPM 模型中的均值。考虑二阶矩的情况，则 UPM-LPM 模型可表示为

$$\max E(UPM_{\mathrm{p}}) = \sum_{i=1}^{N}\sum_{j=1}^{N} w_i w_j E(CUPM_{ij}) \tag{2-73}$$

$$\min E(LPM_{\mathrm{p}}) = \sum_{i=1}^{N}\sum_{j=1}^{N} w_i w_j E(CLPM_{ij}) \tag{2-74}$$

$$\text{s.t.} \sum_{i=1}^{N} w_i = 1$$

式中，w_i 为资产配置比例；$CUPM_{ij} = \frac{1}{T}\sum_{t=1}^{T}(\max[r_{it} - \hat{r}, 0])^{\alpha}(r_{jt} - \hat{r})$，$CLPM_{ij} = \frac{1}{T}\sum_{t=1}^{T}(\max[\hat{r} - r_{it}, 0])^{\beta}(\hat{r} - r_{jt})$。

进一步对 UPM-LPM 模型进行拓展，如果投资者的目标是最大化上侧潜在收益（Upside Potential）或最小化下侧损失风险（Downside Risk），即其效用函数一般形式为

$$\begin{aligned} E(U) &= E(UPM) - \lambda E(UPM) \\ &= \max[(r - \hat{r}), 0]^{\alpha} - \lambda \max[(\hat{r} - r), 0]^{\beta} \end{aligned} \tag{2-75}$$

式中，λ 为风险惩罚系数；$\hat{r}$ 为基准水平；参数 α，β 用以控制效用函数曲度特征，刻画投资者对上侧潜在收益和下侧损失风险的偏好态度。当 $\alpha < 1$ 时，上侧

潜在收益规避；当 $\alpha=1$ 时，上侧潜在收益中性；当 $\alpha>1$ 时，上侧潜在收益寻求。当 $\beta<1$ 时，下侧损失风险寻求；当 $\beta=1$ 时，下侧损失风险中性；当 $\beta>1$ 时，下侧损失风险规避。

该 UPM-LPM 模型框架与传统的均值方差模型、基于下偏矩的模型或前景理论模型内在统一，通过 $\hat{r}$，α，β 参数设定不仅可以转化成相应的模型，并且具有良好的兼容性，同时还可以拓展分析投资者对收益与损失不同偏好特征的其他情形[128]。

2.5　本章小结

本章系统梳理了与本书所研究问题相关的经典投资组合与资产定价模型，概述了行为金融理论对标准金融理论的批判，从偏好与信念两个方面对行为金融理论的源起、理论基础和经典模型进行了概述，为本书所研究的理论和建模奠定了基础。

第3章　基于动态损失厌恶的行为投资组合研究

本章从行为金融学的角度考虑投资者损失厌恶的心理特征，构建了基于线性损失厌恶和非线性损失厌恶的行为投资组合模型。利用中国市场数据模拟了一种静态情景和四种动态情景，实证研究不同损失厌恶投资组合模型在不同情景下不同损失厌恶程度的最优资产配置策略和投资绩效表现，并将结果与均值方差模型等传统的投资组合模型进行比较。研究发现损失厌恶投资组合模型优于传统投资组合模型，不同情景下损失厌恶程度不同的投资者具有不同的资产配置策略，其投资绩效表现也不尽相同。

引例

“熔断机制”为什么在中国市场失效了?

2015年12月4日，上海证券交易所(后文简称“上交所”)、深圳证券交易所(后文简称“深交所”)、中国金融期货交易所(后文简称“中金所”)正式发布指数熔断相关规定，熔断基准指数为沪深300指数，采用5%和7%两档阈值，于2016年1月1日起正式实施。2016年1月4日，A股遇到史上首次“熔断”。早盘两市低开，随后沪指跳水跌破3 400点；午后，沪深300指数在开盘后继续下跌，并于13点13分下跌超过5%，引发熔断，三家交易所暂停交易15分钟，恢复交易之后，沪深300指数继续下跌，并于13点34分下跌触及7%的关口，三个交易所暂停交易至收市。

2016年1月7日，早盘9点42分，沪深300指数跌幅扩大至5%，再度触发熔断，两市在9点57分恢复交易后，仅3分钟，沪深300指数再度快速探底，最大跌幅7.21%，二度熔断触及阈值，两市提前收盘，同时也创造了休市最快纪录。2016年1月7日晚间，上交所、深交所、中金所发布通知，为维护市场稳定运行，经证监会同意，自1月8日起暂停实施指数熔断机制。

熔断机制实施的初衷是为市场提供“冷静期”，减少大幅波动情况下的匆忙决策，保护投资者合法权益，然而实施效果却适得其反。

前景理论可能为熔断机制的失败提供一种理论解释：引入熔断机制的初衷是为投资者提供情绪缓冲空间，为应对技术或操作风险提供应急处置时间。但中国股市是分散参与者集合竞价的市场，充斥着群体非理性。前景理论揭示了人们在选择决策时最重要的一个心理特征——损失厌恶，对于股市中的投资者而言也不可避免。当市场开始下跌时，投资者便开始遭受损失，根据价值函数，损失带给投资者的价值(痛苦感)随损失扩大急剧增加，由于市场上投资者的损失厌恶系数和损失容忍度不同，于是投资者开始进行止损操作，纷纷开始卖出资产，这促使指数进一步下探。当指数即将触及熔断阈值时，一方面投资者的损失可能接近或超过其损失容忍度，另一方面投资者的恐慌情绪开始放大并蔓延，因为一旦熔断，意味着停止交易，无法卖出股票，损失将被锁定。于是投资者在指数进一步下挫的情况下，倾向于选择抛售，而市场的抛售行为造成股价剧动，进一步刺激市场恐慌情绪，散户的羊群效应放大，进而引发“踩踏”，使股指迅速触及熔断阈值。事实上，对于中国这样散户规模庞大的市场而言，绝大多数散户都在狂热中买、恐慌中卖，行动具有高度一致性。因此，熔断机制设计初衷是好的，但在市场实践中却与初衷背道而驰，不得不暂停。

为什么“止损很重要”?

事实上，损失厌恶的行为偏好在我们日常生活决策中司空见惯，一个例子便是处置效应(Disposition Effect)。所谓处置效应是指许多投资者在处置股票时，倾向于卖出赚钱的股票而继续持有亏损的股票，即投资者具有“售盈持亏”的特征。前景理论揭示了投资者在收益状态下风险厌恶，而在损失状态下风险寻求。这意味着当投资者持仓处于盈利状态时是风险回避者，倾向于卖出股票实现既得利益，即“落袋为安”策略；而投资者持仓处于亏损状态时是风险偏好者，此刻规避了损失，投资者更倾向于持有亏损股票等待回本，甚至持续加仓以博取股价反转后的收益，呈现“赌徒效应”。正是因为投资者在处置股票时很容易产生“处置效应”，导致投资中经常出现“上涨踏空”的后悔厌恶和“越买越跌”的错误偏执，因此，这就是为什么成熟的投资者会强调“止损策略”。

此外，在房地产市场交易中，“买涨不买跌”是购房者常见的状态之一，这是否也能用前景理论来解释呢?

3.1 引言

H. M. Markowitz 的均值方差模型奠定了现代投资组合的理论基础，建立了投资组合选择的经典分析范式，对现代金融理论产生了广泛而深远的影响。但均值方差模型包含着一些与现实状况不符的假设[129]，如投资者完全理性，对市场上的信息能够做出无偏估计；投资者具有同质预期，在期望收益与方差基础上进行投资决策；投资者始终是风险厌恶的，对于所有资产的风险态度一致；市场是完全有效的；等等。鉴于上述严苛的假设与现实金融市场的背离，许多学者针对现实金融制度与环境，在均值方差分析框架下，从不同角度对上述假定进行放松或修正，通过修改效用函数形式[130]、改变风险计量方式[131]、改进优化算法[132]或从多期资产配置[133, 134]对投资组合理论与资产价格问题进行拓展性研究。

然而，经典的现代投资组合理论是以期望效用理论作为投资决策的基础，描述理性经济人在不确定投资环境中追求效用最大化的资产配置行为，标准金融理论过多地关注资产价格与风险的关系，而忽略了作为投资组合决策主体的"人"的因素，但金融市场的运行离不开"人"的因素，市场行为最终都可归结为市场中投资者的行为。随着现代行为科学和应用心理学研究的发展，越来越多的研究[6, 135]表明，以期望效用理论为基础的标准金融理论无法对金融市场异象做出令人满意的解释，行为金融理论的兴起驱使人们逐渐认识到有限理性投资者的认知偏差、选择偏好和情感等心理因素对于金融决策不可忽视的作用。D. Kahneman 和 A. Tversky[7]创立了前景理论，用价值函数和权重函数等刻画了投资者认知偏差、框定依赖（Frame Dependence）、非线性偏好（Non-linear Preferences）、参照依赖（Reference Dependence）、损失厌恶、不一致风险态度等决策行为特征，奠定了行为金融学的理论基础并得到广泛应用。在资产优化配置研究方面，逐渐形成了基于行为科学和认知心理学研究成果的行为投资组合理论和方法，此类研究关注投资者异质性行为偏好特征，将诸如损失厌恶、后悔厌恶[136]、心理账户[9]、代表性行为偏差[137]、变动的风险态度[128]、失望厌恶[138]等行为因素纳入投资组合模型中，探究纳入行为变量后的投资组合优化配置，突破了标准金融的框架，扩展了现代投资组合理论范畴。

在这一系列的研究中，基于前景理论价值函数和损失厌恶行为特征的研究成果最为丰硕，本章将对其中的代表性研究成果进行简要回顾，在既有研究的基础上，以前景理论为理论基石，融合参照点理论，利用下偏矩方法度量损失厌恶，建立具有兼容性和普适性的损失厌恶模型；通过设定五种不同的情景模式，并改进现有研究在动态系数和参照点设计上的不足，利用基于下偏矩的损失厌恶模型考察多种类型的动态损失厌恶，并构建不同形式的损失厌恶的投资组合模型，从而对行为资产优化配置进行实证研究。

3.2　文献回顾

损失厌恶是前景理论的核心发现之一，所谓损失厌恶是指相对于参照点行为决策者对于等量级的损失比等量级的收益更为敏感，损失厌恶揭示了投资者决策行为两个层面的内涵：一是对于收益和损失的度量是采用相对于参照点的相对值而非绝对值；二是边际损失引起的效用价值减少大于边际收益带来的效用价值增加。N. Barberis 等[89, 139]利用前景理论和损失厌恶行为特征，基于消费资本资产定价模型，建立资产价格的动态均衡 BHS 模型。该模型的贡献之处在于将行为金融的损失厌恶特征与标准金融理论模型相结合来研究股票回报率，一方面，BHS 模型从狭窄框定效应(Narrow Framing Effect)出发，构建了窄框架(Framing Narrowly)和宽框架(Framing Broadly)下的个体心理账户(Individual Account)和组合心理账户(Portfolio Account)两类不同投资组合研究；另一方面，BHS 模型在引入前景理论时，对前景理论价值函数进行了线性化处理，并根据历史收益率设计了动态系数，研究私房钱效应和动态损失厌恶；该研究发现两种形式的狭窄框定均在某一程度上对股票收益率具有解释效力，损失厌恶或动态损失厌恶的行为偏好会影响投资组合和股票回报，这一研究奠定了损失厌恶用于投资组合研究的基础。

此后，损失厌恶与资产组合的研究便铺展开来，其中较为代表性的研究有：A. B. Berkelaar 等[140]在连续时间的完全市场背景下，利用幂效用函数研究了具有损失厌恶特征的行为投资者的动态最优投资策略，发现具有损失厌恶特征的投资者在初始投资中风险资产的投资比例较少；F. J. Gomes[141]在 Barberis 等[89]提出的线性价值函数基础上，对损失域内的线性损失厌恶模型(Linear Loss Aversion Model, LLA)进行改造，形成三段式的线性损失厌恶模型，并对投资者资产配置和交易量进行了研究，实证研究发现投资者面对进一步的损失可能会变为风险寻求，而在已盈利的情况下对未来投资决策会变得更为保守；R. Jarrow 等[124]将损失厌恶以下偏矩的形式纳入到均值下偏矩投资组合模型中，当资产收益率服从正态分布时，最优资产配置与均值方差模型并不存在太大差异，但在资产收益率非正态分布情况下，二者显著不同；U. Schmidt 等[142]提出了一种基于线性累积前景理论的投资组合模型，并通过实例分析得出在投资组合问题上线性累积前景理论比对偶理论更具实际意义的结论；E. D. Giorgi 等[143]将前景理论与均值方差模型相结合，对投资组合优化问题和其有效前沿进行研究；He Xuedong 等[144]提出单期投资组合选择模型的分析处理方法，对参照点、损失厌恶程度和概率权重曲率的最优风险敞口进行比较静态分析；I. Fortin 等[145]借鉴 N. Barberis 等[89]的做法，将前景理论损失厌恶特征线性化后，通过数学变换建立起线性损失厌恶投资组合模型，并通过数学推导证明了线性损失厌恶模型与均值方差模型等的一致性，同时利用美国市场和欧洲市场数据实证研究了均值方差投资组合模型、CVaR 投资组合模型和线性损失厌恶投资组合模型下的最优资产配置情况；参照 I. Fortin 等[145]的研究模型与方法，金秀等[146, 147]实证研究了在中国市场条件下的最优资产配置，并进行了稳健性检验。国内关于损失厌恶与投资组合的研究还包括：徐绪松等[148]借鉴前景理论的思想，将投资者的效用函数表示为期末财富和财富变化的函数，并在效用函数中纳入损失厌恶偏好，建立基于损失规避的资产组合模型，实证研究了资产组合的有效前沿形式；周嘉南等[149]采用随机占优的方法，从理论上研究损失厌恶是否可以解释“好消息提前，坏消息延后”的现象，其认为不确定的消息所隐含的潜在损失会大大减少个体的期望效用；孙春花等[150]基于损失厌恶偏好，引入与满意准则一致且体现损失厌恶偏好的 VaR 作为风险指标，构建行为投资组合模型并利用中国市场数据进行实证研究。

在 I. Fortin 等[151]之后的研究中，考虑到投资者的边际损失并不会一直保持不变，而是随着损失的增加而增加，因此利用线性损失厌恶效用构建损失厌恶模型并不合适，于是便利用损失厌恶的二次形式构建了二次损失厌恶投资组合模型，并分析该模型与均值方差模型和 CVaR 模型在收益率服从正态分布时具有相同最优解的条件。相似的研究见之于 A. Siegmann 等[152]构建基于二次损失厌恶效用的投资决策模型，并将二次损失厌恶效用模型与线性效用模型进行比较，发现二次损失厌恶效用更适合研究固定收益养老基金的最优投资决策问题。A. Lucas 等[153]将线性损失厌恶效用、二次损失厌恶效用和均值方差模型引入套利基金的最优投资决策分析中，发现损失厌恶模型能取得最佳的投资组合收益的峰度和偏差统计特征。在上述研究中，损失厌恶的形式有线性损失厌恶、二次损失厌恶，但研究的共性在于研究时都假设投资者损失厌恶系数和参照点保持不变。

与 N. Barberis 等[89, 139]的认识一样，W. Zhang 等[154]的研究指出投资者的

损失厌恶程度和心理参照点会随市场状态和相对财富的变化而变化，损失厌恶系数和参照点恒定不变的假设不符合投资者的实际决策心理。米辉等[155]在完全市场框架下，假定投资者是损失厌恶的，研究了财富非负和带有基准下限约束条件下一般情形的动态投资组合选择模型，利用鞅方法求得投资者的最优期末财富水平，研究发现具有损失厌恶的投资者的最优财富随着市场状态的变化出现突变，在考虑基准下限约束条件下，投资者的投资策略相对保守可以避免由于突变所造成的大损失。I. Fortin 等[156]不仅认为线性损失厌恶模型对于损失域内不同位置、不同程度的损失不加以区分，同等对待，这与行为投资者的真实心理感知不一致，而且认同投资者损失厌恶系数与参照点会随投资者所处的收益或损失状态变动而变动，在此基础上，I. Fortin 等[156]在其拓展性研究中考虑静态情景和动态情景的不同损失厌恶特征，并建立相应的投资组合模型以进行实证研究。王佳等[157]考虑投资者的动态损失厌恶和对资产收益均值的模糊不确定特征，研究风险资产收益分布未知条件下的分布稳健性投资组合问题，结果表明积极投资者的投资绩效优于保守投资者的投资绩效，投资者损失厌恶系数越大，投资者的最优期末财富越低。

3.3　损失厌恶

3.3.1　损失厌恶的不同形式

在前景理论[7]和累积前景理论[60]中，收益和损失是一个相对概念，而非传统意义上的绝对概念，投资者的收益和损失被定义为相对于参照点的正负偏离程度，并将收益与损失区别对待，通过损失厌恶系数对损失赋予更大权重以刻画行为投资者的损失厌恶偏好，前景理论S形价值函数如下：

$$v(x)=\begin{cases}(x-\hat{x})^{\alpha}, & x-\hat{x}\geqslant 0\\ -\lambda(\hat{x}-x)^{\beta}, & x-\hat{x}<0\end{cases} \tag{3-1}$$

收益损失定义为相对于参照点 $\hat{x}$ 的偏离程度，即 $x-\hat{x}\geqslant 0$ 为收益，$x-\hat{x}<0$ 为损失。式中，$\lambda\geqslant 1$ 表示损失的厌恶程度，在图形上表现为价值函数曲线在损失区域比收益区域更加倾斜；α，$\beta\in(0,1]$，分别表示对于收益和损失的敏感性程度，表现为在收益域内为凹而在损失域内为凸，体现行为决策者对收益的风险规避和对损失的风险寻求特征。价值函数的凹凸性在一定程度上刻画

了决策者的行为偏好，揭示了参照点、损失厌恶等行为特征对投资者决策的影响，但正是这种不对称的凹凸性使前景理论价值函数在投资组合优化应用方面受到极大限制，虽然一些学者通过将前景理论价值函数转化成指数效用函数[158]或采用新的优化算法[159]研究幂效用函数下投资组合优化问题，但都存在计算复杂、转化后效果不佳等问题；D. Cumova 等[128]对前景理论进行拓展，利用偏矩测度基于参照点的损失和收益，构建了基于上偏矩与下偏矩（UPM-LPM）的一般化投资组合模型，通过上偏矩与下偏矩的参数设定，研究随着收益和损失不同风险态度的变化对投资组合有效前沿的影响。与上述完全遵循前景理论框架的研究不同，在不失一般性的前提下，许多学者或将标准前景理论中幂函数予以线性化改变，或采用线性损失厌恶模型，以使优化问题的求解简便化。

N. Barberis 等[89]结合投资者心理账户研究了线性前景理论模型（Linerar Prospect Theory Model, LPT）中的投资者股票回报率和动态损失厌恶下的私房钱效应（Housing Money Effect），在该模型中，前景理论价值函数参数 α 和 β 被设置为 1，使模型求解变得简便，该模型的效用函数可以简写为

$$v(x)=\begin{cases}(x-\hat{x}), & x-\hat{x}\geqslant 0\\ -\lambda(\hat{x}-x), & x-\hat{x}<0\end{cases} \tag{3-2}$$

或

$$v(x)=(x^{+})-\lambda(x^{-}) \tag{3-3}$$

其中，$x^{+}=\max(x-\hat{x},\ 0)$，$x^{-}=\max(\hat{x}-x,\ 0)$，分别表示 x 相对于参照点 $\hat{x}$ 的上偏程度与下偏程度；且有 $x-x^{+}+x^{-}=\hat{x}$，$x^{+}\geqslant 0$，$x^{-}\geqslant 0$，$x^{+}x^{-}=0$。

与此同时，基于下侧风险思想，另一种更一般化的损失厌恶函数也被广泛应用[124]，其效用函数基本形式如下：

$$u(x)=\begin{cases}u_1(x), & x\geqslant\hat{x}\\ u_1(x)-u_2(x), & x<\hat{x}\end{cases} \tag{3-4}$$

式中，$u_1(x)$ 和 $u_2(x)$ 为单调递增函数且 $u_1(x)$ 为凹函数；x 为组合收益率；$\hat{x}$ 为参照点。$u_2(x)$ 描述的是参照水平下侧损失的效用函数，通常以下偏矩形式表达：

$$LPM(\gamma,\ \hat{x})=\int_{-\infty}^{\hat{x}}(\hat{x}-x)^{\gamma}\mathrm{d}F(x) \tag{3-5}$$

其中，$\gamma>0$ 为给定的下偏矩阶数，$F(x)$ 为收益率的累积分布函数。当 $\gamma=1$ 时，包含一阶下偏矩的效用函数即为线性损失厌恶效用函数，由此可见，具有线性损失厌恶偏好的投资者的效用源自两部分，一部分来自投资组合带来的实际收益，另一部分源于对损失的厌恶，低于参照水平的收益带来负效用，减少投资者的满足感。

线性损失厌恶模型延续了前景理论价值函数中投资者对等量损失比等量收益更为敏感的心理特征，将位于参照点上侧的收益与位于参照点下侧的损失区别对待，但与前景理论模型的不同之处在于，线性损失厌恶模型是分段线性函数而非幂函数，因此在收益域与损失域内都是拟凹的，便于求解。然而，在前景理论价值函数中，投资者在收益和损失域内分别呈现风险厌恶与风险寻求偏好。线性损失厌恶模型对于损失域内不同位置、不同程度的损失不加以区分，同等对待，这与行为投资者的真实心理感知不一致[156]。通常，相较于小额损失，投资者对于大额损失更为厌恶[141]。因此，基于线性损失厌恶模型，引入二阶下偏矩来刻画损失厌恶，即令下偏矩中的 $\gamma=2$，低于参照点的损失部分将以二次非线性函数表示，能够更好地模拟行为投资者对于不同量级的损失厌恶。

综上所述，基于前景理论的思想，考虑投资者对收益和损失的非对称性评估，利用下偏矩方法，将动态参照点引入下偏矩中来刻画投资者的损失厌恶特征，进而构造基于参照点的下偏矩损失厌恶效用函数的一般形式：

$$v(x)=x-\lambda(\max[\hat{x}-x,\ 0])^{\gamma} \tag{3-6}$$

式中，x 为组合收益率；$\hat{x}$ 为参照点；$\gamma>0$ 为下偏矩阶数，当 $\gamma=1$ 时，$v(x)$ 为线性损失厌恶效用函数(Linear Loss Aversion)，当 $\gamma=2$ 时，$v(x)$ 为二次非线性损失厌恶效用函数(Quadratic Non-Linear Loss Aversion)；$\lambda\geqslant 1$，λ 为损失厌恶系数，λ 越大，行为投资者对损失的厌恶程度越大；$\max[\hat{x}-x,\ 0]$ 表示 $(\hat{x}-x)$ 和 0 之间的较大者，显然 $\max[\hat{x}-x,\ 0]\geqslant 0$。当 $v(x)$ 为二次非线性损失厌恶效用函数时，效用函数在收益域内为线性函数，而在损失域内为二次效用函数，二次非线性损失厌恶效用函数在全域内呈现风险厌恶偏好，这与现有主流研究的假定一致，同时风险厌恶效用函数具有良好的数学性质，被广泛应用于基于下偏矩方法的投资组合优化模型中。

3.3.2　动态损失厌恶与参照点更新

前景理论揭示了行为人在进行决策时的参照依赖，指出行为人的效用或价值不仅依赖于所取得的最终财富量，更依赖于其资产相对于参照点的变化程度，因此，前景理论将收益或损失定义为相对于参照点的相对量而非绝对量，价值函数既受到财富绝对值的影响，也受到主观参照点的影响。但前景理论并没有给出参照点的选择标准，在前景理论模型中只是将参照点定义为0，这显然与行为人决策的主观评价不符。事实上，参照点总是处于变动之中，甚至存在多种参照点，参照点的变动直接影响着价值函数或测量损失厌恶的下偏矩的变动[73]；不仅如此，损失厌恶系数也并非是一个固定常数，而是动态变量[160]，在现实投资决策中，投资者的损失厌恶程度也与市场状态及投资者相对财富状况的变化相关。而现有关于损失厌恶或下偏矩的投资组合模型中，大多考虑静态参照和不变的损失厌恶系数，或仅考虑一方面。

N. Barberis 等[139]基于私房钱效应构建了动态损失厌恶系数，一般而言，行为决策者在先期盈利后遭受损失其痛苦感会因前期的收益而被稀释，因此损失厌恶系数会有所减小，而在先期损失后继续遭受损失的人们通常会更加痛苦，损失厌恶系数会增大。基于上述认知，I. Fortin 等[145]和金秀等[146]在线性损失厌恶模型中构建了较为保守的两类动态损失厌恶系数和动态参照，具体而言：①当投资者前期获得收益后，其对损失的承受能力增强，损失厌恶系数减小，同时参照点也相较于基准参照点降低；当投资者前期遭受损失后，导致其对损失更加厌恶，损失厌恶系数变大，同时参照点维持基准参照点水平（动态情景一）。②当投资者前期获得收益后，其对于既得利益更加重视（即禀赋效应，Endowment Effect），因此其损失厌恶系数增加，而参照点水平维持当期基准水平；当投资者前期遭受损失后，其损失厌恶系数保持不变，而参照点相较于基准水平变大（动态情景二）。W. Zhang 等[154]和 I. Fortin 等[156]则考虑了较为激进的另外两种损失厌恶系数和动态参照情况：①某些投资者在先期遭受损失之后，后期会变得更为激进，对于潜在损失呈现风险寻求的偏好，能够承受更大的损失，以谋取弥补前期损失并取得盈利，因此其损失厌恶系数会降低，参照点水平也相应降低；而在先期获得盈利情况下，其损失厌恶系数与参照点保持不变（动态情景三）。②有些投资者始终风险厌恶，先期损失会导致其更加厌恶损失，损失厌恶系数增大且参照点也变大；前期获益后会导致其趋向保守，调低损失厌恶系数和参照点（动态情景四）。通过以上分析，为了全面研究不同情景条件下投资组合的优化问题，设定以下五种不同情景并设计其损失厌恶系数和参照点，具体参数构建如下。

静态情景损失厌恶模型参数：

$$\lambda_t=\lambda,\ \hat{r}_t=r_t^{\mathrm{f}} \tag{3-7}$$

动态情景一损失厌恶模型参数：

$$\lambda_t=\begin{cases}\lambda, & r_t\geqslant r_{t-1}\\ \lambda+\left(\dfrac{r_{t-1}}{r_t}-1\right), & r_t<r_{t-1}\end{cases},\quad \hat{r}_t=\begin{cases}\dfrac{r_{t-1}}{r_t}r_t^{\mathrm{f}}, & r_t\geqslant r_{t-1}\\ r_t^{\mathrm{f}}, & r_t<r_{t-1}\end{cases} \tag{3-8}$$

动态情景二损失厌恶模型参数：

$$\lambda_t=\begin{cases}\lambda+\left(\dfrac{r_{t-1}}{r_t}-1\right), & r_t\geqslant r_{t-1}\\ \lambda, & r_t<r_{t-1}\end{cases},\quad \hat{r}_t=\begin{cases}r_t^{\mathrm{f}}, & r_t\geqslant r_{t-1}\\ \dfrac{r_{t-1}}{r_t}r_t^{\mathrm{f}}, & r_t<r_{t-1}\end{cases} \tag{3-9}$$

动态情景三损失厌恶模型参数：

$$\lambda_t=\begin{cases}\lambda, & r_t\geqslant r_{t-1}\\ \lambda+\left(\dfrac{r_t}{r_{t-1}}-1\right), & r_t<r_{t-1}\end{cases},\quad \hat{r}_t=\begin{cases}r_t^{\mathrm{f}}, & r_t\geqslant r_{t-1}\\ \dfrac{r_{t-1}}{r_t}r_t^{\mathrm{f}}, & r_t<r_{t-1}\end{cases} \tag{3-10}$$

动态情景四损失厌恶模型参数：

$$\lambda_t=\lambda+\left(\frac{r_t}{r_{t-1}}-1\right),\quad \hat{r}_t=\frac{r_t}{r_{t-1}}r_t^{\mathrm{f}} \tag{3-11}$$

式中，λ 为初始损失厌恶系数；λ_t 为t 期损失厌恶系数；r_t^{f} 为t 期基准参照点；$\hat{r}_t$ 为t 期参照点；r_t 和r_{t-1} 分别为t 期和$(t-1)$期的资产毛收益率；$d_1=\dfrac{r_t}{r_{t-1}}$ 或 $d_2=\dfrac{r_{t-1}}{r_t}$ 构成动态状态系数。

行为投资者的决策常常受到狭窄框定的影响，所谓狭窄框定是指投资者分析问题时具有思维隔离、角度狭窄的一种倾向，在资产组合配置问题中表现为将一种资产或几种资产框定到一个取景框架中进行独立评价和计算。换言之，在动态情景中行为投资者损失厌恶系数和参照点的变动可能直接源于被狭窄框定单个资产的变动状态[161]。因此，基于狭窄框定的认知偏差，在实证研究中对模型动态系数的构建借鉴 N. Barberis 等[89]的做法：利用每个资产在第t 期和第$(t-1)$期的毛收益率$r_{n,t}$ 和$r_{n,t-1}$ 数据，按式(3-7)—式(3-11)分别计算不同情景下的第t 期第n 个资产的动态损失厌恶系数$\lambda_{n,t}$ 和动态参照点$\hat{r}_{n,t}$，然后利用每个资产的动态损失厌恶系数和动态参照点，计算第 t 期投资组合的动态损失厌恶系数 λ_t 和动态参照点 $\hat{r}_t$，即 $\lambda_t = \sum_{n=1}^{N} \lambda_{n,t}$，$\hat{r}_t = \sum_{n=1}^{N} \hat{r}_{n,t}$。在模型动态状态系数构建方面，区别于 I. Fortin 等[156]的做法，本书采用毛收益率进行构建，避免了动态状态系数因净收益的正负变动导致的动态系数小于 0 或不合理的过大情况的出现；同时，N. Barberis 等[89]在构建损失厌恶系数时将当期收益价值与历史观测期内平均水平进行比较，即动态系数为 $\frac{1}{T}\sum_{i=1}^{T} r_{t-i} \Big/ r_t$，基于投资者对近期损益状况更为敏感的认知，在构建动态系数时直接将当期毛收益率与上期收益率进行比较。在基准参照点的设置上，不同于以往研究中将基准参照点仅设置成单一不变的参照水平，本章研究采用动态时变的参照水平，设定投资者对资产收益进行同期比较，即 $\hat{r}_t = r_t^{\mathrm{f}}$，更符合投资者参照点的形成与更新机制[162]。

综上分析，本书在设置情景参数时汲取了现有代表性研究中的有益设计并进行改良，与以往研究的不同之处主要体现在：①基于狭窄框定的认知偏差，对组合中的资产收益率进行独立取景，据此计算动态损失厌恶系数和动态参照点；②利用当期和前一期的毛收益率构建动态系数，避免数据处理上的不合理，同时也更契合投资者对近期收益的锚定认知模式；③与既有研究采用一成不变的参照点不同，本书将基准参照点设计成时变的参照水平，更好地刻画了投资者参照点的动态性特征。

3.4 投资组合模型

设资产收益率列向量为 $\boldsymbol{r} = [r_1, r_2, \cdots, r_n, \cdots, r_N]^{\mathrm{T}}$，投资策略列向量为 $\boldsymbol{w} = [w_1, w_2, \cdots, w_n, \cdots, w_N]^{\mathrm{T}}$，其中元素 r_n 和 w_n 分别表示资产 n 的净收益率和分配于资产 n 的投资比例，$\sum_{n=1}^{N} w_n = 1$，$w_n \geqslant 0$。

假设投资者根据资产的历史收益率进行投资组合决策，在离散状态下的基于下偏矩测度的损失厌恶投资组合模型优化问题的一般形式可表示为：

$$\max_{w} \frac{1}{T}\sum_{t=1}^{T} \left(\boldsymbol{r}_t^{\mathrm{T}}\boldsymbol{w} - \lambda\left(\max[\hat{r} - \boldsymbol{r}_t^{\mathrm{T}}\boldsymbol{w},\ 0]\right)^{\gamma}\right)$$
$$\text{s.t.} \begin{cases} \boldsymbol{w}^{\mathrm{T}}\boldsymbol{e}_{N\times 1} = 1 \\ w_n \geqslant 0,\ n = 1,\ 2,\ \cdots,\ N \end{cases} \tag{3-12}$$

式中，$t=1, 2, \cdots, T$ 为收益率观测期标识；$\boldsymbol{r}$ 为 N 维收益率向量；$\boldsymbol{w}$ 为 N 维投资比例列向量；λ 为损失厌恶系数；$\hat{r}$ 为参照点；$\boldsymbol{e}_{N\times 1}$ 为元素均为 1 的 N 维元列向量；$\gamma > 0$ 为下偏矩阶数，当 $\gamma=1$ 时，上述模型转化为线性损失厌恶模型(LLA)，当 $\gamma=2$ 时，上述模型转化为非线性损失厌恶模型(Non-Linear Loss Aversion Model，NLA)。

基于二阶下偏矩测度的非线性损失厌恶模型(NLA)的效用函数为 $v(x)=x-\lambda(\max[\hat{x}-x, 0])^2$，投资者投资组合优化问题就是在预算约束内最大化二次非线性损失厌恶效用，二次非线性损失厌恶模型捕捉了投资者对于大额损失比小额损失更为敏感的心理特征，相较于线性损失厌恶模型将所有程度损失比量齐观，具有一定的改良性。

在上述模型的框架下，令基于组合收益率的下偏矩 $z_t^-=\max[\hat{r}-\boldsymbol{r}_t^{\mathrm{T}}\boldsymbol{w}, 0]=\max[\hat{r}-\sum\limits_{t=1}^{T} w_n r_{n,t}, 0]$ 为辅助变量用以测度损失厌恶程度，$\boldsymbol{z}^-$ 为元素为 z_t^- 的 T 维列向量[19]，则上述基于二阶下偏矩测度的非线性损失厌恶模型优化问题可转化成以下 $(N+T)$ 维的二次规划问题：

$$\min_{\boldsymbol{w}, \boldsymbol{z}^-}\left[-\frac{1}{T}\sum_{t=1}^{T}\boldsymbol{r}_t^{\mathrm{T}}\boldsymbol{w}+\frac{\lambda}{T}(\boldsymbol{z}^-)^{\mathrm{T}}\boldsymbol{z}^-\right]$$

$$\text{s.t.}\begin{cases}\boldsymbol{w}^{\mathrm{T}}\boldsymbol{e}_{N\times 1}=1\\ w_n\geqslant 0,\ n=1, 2, \cdots, N\\ \boldsymbol{z}^-\geqslant 0\\ \boldsymbol{R}\boldsymbol{w}+\boldsymbol{z}^-\geqslant \hat{r}\boldsymbol{e}_{T\times 1}\end{cases}\tag{3-13}$$

式中，$\boldsymbol{R}^{\mathrm{T}}=[\boldsymbol{r}_1, \boldsymbol{r}_2, \cdots, \boldsymbol{r}_T]=[r_{n,t}]_{N\times T}$；$\boldsymbol{r}$ 为 N 维收益率向量；$\boldsymbol{w}$ 为 N 维度投资策略向量；λ 为损失厌恶系数；$\hat{r}$ 为参照点；$\boldsymbol{z}^-=[z_t^-]_{T\times 1}$ 为 T 维列向量；λ，$\hat{r}$ 根据不同情景选定[式(3-7)—式(3-11)]；$\boldsymbol{e}_{T\times 1}$ 为元素均为 1 的 T 维列向量；$\boldsymbol{e}_{N\times 1}$ 为元素均为 1 的 N 维元列向量。这是有 $(N+T)$ 个决策变量，T 个不等式，一个等式的二次规划问题[163]，可求解其最优投资组合配置比例 $\boldsymbol{w}^*$。

类似地，对于线性损失厌恶投资组合模型(LLA)的优化问题为

$$\min_{w, z^-}\quad -\frac{1}{T}\sum_{t=1}^{T}\boldsymbol{r}_t^{\mathrm{T}}\boldsymbol{w}+\frac{\lambda}{T}\boldsymbol{1}_{T\times 1}^{\mathrm{T}}\boldsymbol{z}^-$$

$$\text{s.t.}\begin{cases} \boldsymbol{w}^{\mathrm{T}}\boldsymbol{e}_{N\times 1}=1 \\ w_n \geqslant 0,\ n=1,\ 2,\ \cdots,\ N \\ \boldsymbol{z}^{-}\geqslant 0 \\ \boldsymbol{R}\boldsymbol{w}+\boldsymbol{z}^{-}\geqslant \hat{r}\boldsymbol{e}_{T\times 1} \end{cases} \tag{3-14}$$

在现实市场投资行为中，总存在一定的交易成本，市场交易成本是投资交易中的固定支出成本，影响投资者投资回报，也可能影响投资者构建有效的投资组合。在单期决策问题中，采用线性交易成本函数，假设市场交易行为中买卖第 n 种资产的交易成本是该资产单位交易额的 c_n 倍，$\boldsymbol{c}=[c_1,\ c_2,\ \cdots,\ c_n]$ 为交易成本向量，因此在具有卖空约束条件下（$w_n \geqslant 0$）交易成本函数为 $c(w)=\sum_{n=1}^{N}c_n|w_n|=\sum_{n=1}^{N}c_n w_n$，将交易成本函数 $c(w)=\boldsymbol{c}^{\mathrm{T}}\boldsymbol{w}$ 代入上述 LPT 模型、LLA 模型和 NLA 模型中，可得到相应的存在市场交易成本的投资组合模型。

基于下偏矩测度损失厌恶的行为投资组合模型与既有的线性前景理论模型（LPT 模型）、线性损失厌恶模型（LLA 模型）相比具有一定改进和优势。该模型基于前景理论思想，融合参照点理论，并利用下偏矩技术构建的损失厌恶模型[式(3-6)或式(3-12)]具有更大的兼容性和普适性，通过简单的数学变换和参数设置，无论是 LPT 模型还是 LLA 模型都可以纳入其框架之中；基于下偏矩的损失厌恶模型为描述不同形态的损失厌恶提供了可能的框架，通过损失厌恶系数设定、参照点选择和下偏矩阶数，将前景理论、参照点理论等整合到统一模型之中，为考察投资者多样化的行为偏好对资产配置的影响提供思路；同时，下偏矩方法求解技术相对成熟，使得模型的求解具有可行性和便利性。

3.5 实证研究

本书在实证研究中利用中国证券市场数据，研究在静态和不同动态情景下的非线性损失厌恶投资组合模型（NLA）的表现，计算各种模型的最优投资组合权重、投资组合收益率和方差及其他绩效评价指标。同时，利用相同数据对于均值方差模型（M-V）、均值半方差模型（M-SV）、条件风险价值模型（CVaR）、线性前景理论模型（LPT）和线性损失厌恶模型（LLA）与非线性损失厌恶投资组合模型（NLA）进行比较研究。

3.5.1　数据来源与数据处理

实证研究中分别选取一种低风险资产和 10 种中高风险资产构建投资组合，具体而言，低风险资产选取上证国债指数（SH000012），上证国债指数是以上海证券交易所上市的所有固定利率国债为样本，按照国债发行量加权而成，反映了债券市场的整体变动状况，普遍被视为属于风险较低、收益率也较低的资产；中高风险资产选取上证 380 指数的 10 种行业指数（SH000104～SH000113），包括能源、材料、工业、可选消费、消费、医药、金融、信息、电信和公共事业等 10 个细分行业指数，上证 380 指数定位于成长性蓝筹股指数，主要反映成长性好、盈利能力强、流动性强且行业优势明显的蓝筹股的整体表现，其最为鲜明的特点是在成分股的选择中着重考虑了股票的成长性和收益性。利用上述 11 种资产的月度收益率作为实证基础数据，收益率计算公式为 $r_t = p_t / p_{t-1} - 1$，p_t 为 t 期资产收盘价格指数。实证研究将基准参照点设置成动态时变的参照点，采用银行定期存款（一年期）利率并进行月度折算后的同期月度收益率作为投资组合模型的基准参照点，以便于同期比较。样本估计期间为 2006 年 1 月到 2014 年 12 月，共计108 个月，估计期内市场经历了上升、下降、平整等状态，利用长期月度收益率数据既考虑了市场波动影响，也能消除短期突发因素引起的股价波动异常，反映该股长期市场表现的一般状况。所有数据来自 Wind 数据库。

投资组合中 11 种资产的描述性统计结果如表 3-1 所列。

表 3-1　资产收益率描述性统计(%)

统计量	均值	标准差	最小值	中位数	最大值
参照点 $\hat{r}$	0.242	0.048	0.186	0.247	0.339
SH000012	0.269	0.429	−0.959	0.263	2.260
SH000104	1.806	12.725	−39.680	1.535	40.179
SH000105	2.175	11.902	−31.676	2.670	39.521
SH000106	2.398	10.601	−26.112	2.961	38.106
SH000107	2.010	9.760	−28.637	1.825	35.362
SH000108	2.445	10.433	−26.056	3.273	36.577
SH000109	2.536	9.639	−22.232	2.911	35.908
SH000110	2.639	12.660	−29.982	1.519	45.557
SH000111	2.239	10.738	−24.048	2.101	31.963
SH000112	2.316	11.951	−27.994	2.735	36.397
SH000113	1.896	11.029	−26.179	1.299	40.597

3.5.2 模型设定与计算

实证研究利用11种资产收益率构建基于均值方差模型(M-V)、均值半方差模型(M-SV)、条件风险价值模型(CVaR)、线性前景理论模型(LPT)和线性损失厌恶模型(LLA)与非线性损失厌恶模型(NLA)等6类不同投资组合,其中,对于损失厌恶模型(LPT, LLA, NLA)考虑到不同投资者的损失厌恶程度并不完全相同,且损失厌恶程度并非一成不变,前期损益情况可能会影响后续投资组合决策,因此在实证研究中分别在静态情景[式(3-7)]和动态情景[式(3-8)—式(3-11)]5种不同情景下分别针对初始损失厌恶系数$\lambda=1, 1.5, 2, 2.25, 3, 4, 5$等7种不同损失厌恶程度进行投资组合优化计算,以考察不同情景下不同程度损失厌恶的投资组合情况,分别求解其最优投资组合配置比例、最优投资组合收益率和方差,并与传统投资组合模型(M-V, M-SV, CVaR)进行比较。为了更好、更全面地比较不同投资组合模型的投资绩效表现,引入常用的投资绩效评价指标夏普比率(Sharpe Ratio)、信息比率(Information Ratio)、索提诺比率(Sortino Ratio)和欧米伽比率(Omega Ratio),对不同投资组合模型进行进一步比较。夏普比率是基于传统风险计量思想,即以方差或标准差作为风险测度指标,计算投资组合每承受一单位总风险,会产生多少超额报酬;信息比率是超额收益均值与其标准差的比,与夏普比率从绝对收益和总风险角度来度量不同,信息比率基于主动管理的投资理念描述风险调整后的收益;索提诺比率与夏普比率类似,所不同的是索提诺比率区分了波动的好坏,借鉴下侧风险思想,在计算波动率时它所采用的不是标准差,而是在参照点以下的下半标准差;欧米伽比率则基于参照水平对位于参照点的上部收益与位于参照点的下侧损失进行比较。各类比率计算公式如式(3-15)—式(3-18)。

$$SharpeRatio=\frac{E(r_{\mathrm{p}})-r_{\mathrm{f}}}{\sigma_{\mathrm{p}}} \tag{3-15}$$

式中,$E(r_{\mathrm{p}})$为投资组合期望收益;r_{f}为无风险收益率;σ_{p}为投资组合标准差。

$$InformationRatio=\frac{E(r_{\mathrm{p}}-r_{\mathrm{b}})}{\sigma_{\mathrm{p}}} \tag{3-16}$$

式中,r_{p}为投资组合期望收益;r_{b}为基准收益水平;$E(r_{\mathrm{p}}-r_{\mathrm{b}})$为超额收益;$\sigma_{\mathrm{p}}$

为投资组合标准差。

$$SortinoRatio = \frac{E(r_p - r_b)}{DR} \tag{3-17}$$

式中，$E(r_p - r_b)$ 为超额收益；r_p 为组合中资产收益；r_b 为基准收益水平；$DR = \sqrt{\sum_{n=1}^{N}[(r_b - r_n)^+]^2/N}$ 为下侧风险；r_i 为组合中资产收益；$(r_b - r_n)^+ = \max(r_b - r_n,\ 0)$。

$$OmegaRatio = \frac{UPM}{LPM} \tag{3-18}$$

式中，$UPM = \max(r_p - r_b,\ 0)$；$UPM = \max(r_b - r_p,\ 0)$；$r_p$ 为组合中资产收益；r_b 为基准收益水平。

在计算上述评价指标时，分别采用无风险收益率和市场收益率作为基准收益率水平。其中，无风险收益率采用银行定期存款利率，市场收益率采用上证综指收益率，以便从不同程度和角度考察绩效，比较模型的有效性。

A. Tversky 和 D. Kahneman[60] 通过反复实验得出前景理论价值函数的损失厌恶系数 $\lambda = 2.25$，并被广泛采用。为了更好地研究不同损失厌恶程度下的投资组合优化问题，实证研究中以 2.25 为中间值，在 LPT 模型、LLA 模型和 NLA 模型中分别对初始损失厌恶系数 $\lambda = 1,\ 1.5,\ 2,\ 2.25,\ 3,\ 4,\ 5$ 等 7 种不同损失厌恶程度进行优化计算；基准参照点则采用同期无风险收益率进行同期参照。同时，在 LPT 模型、LLA 模型和 NLA 模型中均考虑静态情景[式(3-7)]和 4 种动态情景[式(3-8)—式(3-11)]，采用动态时变的损失厌恶系数与参照点，分析前期损益对不同类型投资者的投资组合决策影响。利用 Matlab R2010b 软件分别对 M-V、M-SV、CVaR、LPT、LLA 和 NLA 等 6 种模型进行计算，得到不同情景下不同参数设定的各种投资组合模型的最优组合配置比例 $\boldsymbol{w}^*$。不同模型最优投资组合配置比例及投资组合绩效评价指标分别列于表 3-2 和表 3-3。

3.5.3　模型稳健性

为了检验上述损失厌恶投资组合模型的稳健性，实证研究中构建了存在市场交易成本的损失厌恶投资组合模型，并在上述 5 种不同情景和 7 种不同程度损失厌恶系数的研究框架下，对具有市场交易成本的不同损失厌恶投资组合模

表 3-2 静态情景下不同投资组合模型的最优配置比例及评价指标(%)

静态情景	M-V	M-SV	CVaR	LPT		LLA		NLA	
				$\lambda=2.25$	平均值	$\lambda=2.25$	平均值	$\lambda=2.25$	平均值
配置权重									
SH000012	50.01	98.53	98.76	10.50	11.44	34.40	38.30	7.24	18.58
SH000104	0.00	0.00	0.23	7.99	7.87	8.99	1.99	0.25	1.65
SH000105	0.00	0.00	0.61	8.01	7.45	7.41	4.19	11.22	7.47
SH000106	0.00	0.08	0.00	9.25	9.36	0.00	3.90	15.11	11.58
SH000107	0.00	0.00	0.00	8.65	8.36	2.38	1.48	5.17	3.82
SH000108	0.00	0.00	0.40	9.63	9.85	0.00	11.32	11.66	13.68
SH000109	40.89	1.21	0.00	10.17	10.30	14.82	10.44	6.72	9.38
SH000110	9.11	0.18	0.00	9.27	9.29	3.38	7.01	19.36	14.00
SH000111	0.00	0.00	0.00	8.76	8.51	7.43	6.07	5.41	5.32
SH000112	0.00	0.00	0.00	9.12	9.20	5.56	5.01	11.42	9.18
SH000113	0.00	0.00	0.00	8.62	8.36	15.64	10.30	6.43	5.33
绩效指标									
均值	1.41	0.30	0.29	2.05	2.03	1.52	1.53	2.21	1.97
方差	0.23	0.00	0.00	0.84	0.82	0.44	0.40	0.94	0.74
夏普比率	24.59	14.26	12.51	19.75	19.83	19.24	20.66	20.24	20.63

（续表）

静态情景	M-V	M-SV	CVaR	LPT		LLA		NLA	
				λ=2.25	平均值	λ=2.25	平均值	λ=2.25	平均值
索提诺比率 A	43.07	25.30	22.24	32.37	32.53	31.47	34.41	33.64	34.35
欧米伽比率 A	193.19	157.53	149.30	168.80	169.17	168.35	174.58	171.16	173.10
信息比率	1.08	−249.56	−262.38	7.54	7.43	2.41	2.21	8.73	6.58
索提诺比率 B	1.57	−93.18	−93.71	11.26	11.10	3.48	3.29	13.26	9.95
欧米伽比率 B	102.99	1.36	1.13	122.47	122.14	106.83	106.51	126.22	119.76

注：表 3-2 列出了静态情景下不同投资组合模型的最优配置比例，其中，损失厌恶模型（LPT，LLA，NLA）分别针对 $\lambda = 1, 1.5, 2, 2.25, 3, 4, 5$ 等 7 种不同程度的损失厌恶系数进行实证，此处仅列了中间值 $\lambda = 2.25$ 的情况及 7 种不同损失厌恶系数下最优权重的平均值。索提诺比率 A 和欧米伽比率 A 是以无风险收益率为基准水平计算的，信息比率、索提诺比率 B 和欧米伽比率 B 是以市场收益率为基准水平计算的。

表 3-3　动态情景下不同损失厌恶投资组合模型的最优配置比例及评价指标（%）

动态情景	动态情景 1			动态情景 2			动态情景 3			动态情景 4		
	LPT	LLA	NLA	LPT	LLA	NLA	LPT	LLA	NLA	LPT	LLA	NLA
配置权重（平均值）												
SH000012	12.44	15.19	28.79	11.92	14.66	26.65	11.44	14.18	25.37	11.46	14.19	25.39
SH000104	7.06	6.21	2.84	7.38	6.54	3.71	7.65	6.81	4.12	7.67	6.83	4.12
SH000105	7.72	6.94	3.49	7.90	7.13	4.42	8.04	7.26	4.35	8.02	7.25	4.33
SH000106	8.93	8.62	7.48	8.91	8.60	7.66	8.90	8.60	7.67	8.90	8.59	7.67
SH000107	8.91	8.78	8.54	8.83	8.69	8.51	8.76	8.63	8.39	8.75	8.61	8.39

（续表）

动态情景	动态情景 1			动态情景 2			动态情景 3			动态情景 4		
	LPT	LLA	NLA	LPT	LLA	NLA	LPT	LLA	NLA	LPT	LLA	NLA
SH000108	9.44	9.39	8.45	9.40	9.35	9.39	9.38	9.33	8.52	9.37	9.33	8.52
SH000109	10.63	11.20	13.29	10.52	11.10	12.64	10.47	11.05	12.67	10.48	11.06	12.68
SH000110	8.85	8.36	7.85	8.85	8.36	7.94	8.86	8.37	7.86	8.85	8.36	7.84
SH000111	8.76	8.44	7.26	8.74	8.42	6.35	8.74	8.43	7.46	8.74	8.43	7.45
SH000112	8.58	8.23	5.31	8.74	8.39	5.35	8.88	8.53	6.22	8.88	8.53	6.21
SH000113	8.70	8.63	6.70	8.81	8.75	7.37	8.89	8.82	7.38	8.88	8.82	7.38
绩效指标（平均值）												
均值	2.02	1.96	1.72	2.02	1.97	1.76	2.03	1.98	1.78	2.03	1.98	1.78
方差	0.80	0.74	0.52	0.81	0.76	0.55	0.82	0.77	0.57	0.82	0.76	0.57
夏普比率	19.85	20.00	20.87	19.81	19.95	20.65	19.77	19.91	20.58	19.77	19.91	20.58
索提诺比率 A	32.58	32.87	34.75	32.49	32.77	34.29	32.42	32.69	34.12	32.42	32.69	34.12
欧米伽比率 A	169.33	170.02	174.38	169.12	169.80	173.34	168.97	169.64	172.96	168.97	169.64	172.96
信息比率	7.31	6.99	4.75	7.35	7.03	5.13	7.39	7.08	5.32	7.39	7.08	5.31
索提诺比率 B	10.90	10.41	7.03	10.97	10.48	7.59	11.03	10.55	7.87	11.03	10.54	7.86
欧米伽比率 B	121.73	120.72	113.84	121.86	120.87	114.96	122.01	121.02	115.56	121.99	121.01	115.53

注：表 3-3 列出了动态情景下不同损失厌恶投资组合模型的最优配置比例，对每种损失厌恶模型（LPT，LLA，NLA）分别针对 $\lambda=1，1.5，2，2.25，3，4，5$ 等 7 种不同程度的损失厌恶系数进行实证，此处仅列出了 7 种不同损失厌恶系数下最优权重的平均值。索提诺比率 A 和欧米伽比率 A 是以无风险收益率为基准水平计算的，信息比率、索提诺比率 B 和欧米伽比率 B 是以市场收益率为基准水平计算的。

表 3-4　静态情景下存在交易成本的不同投资组合模型的最优配置比例及评价指标(%)

静态情景	M-V	M-SV	CVaR	LPT		LLA		NLA	
				λ=2.25	平均值	λ=2.25	平均值	λ=2.25	平均值
配置权重									
SH000012	50.01	70.58	70.81	10.78	11.98	34.65	29.95	21.80	23.07
SH000104	0.00	0.00	0.00	8.16	7.98	2.85	1.41	4.97	3.93
SH000105	0.00	0.00	0.00	8.43	8.14	2.24	4.99	1.41	3.86
SH000106	0.00	0.00	0.00	9.17	9.02	5.93	5.98	7.71	10.11
SH000107	0.00	0.00	0.00	9.00	9.02	0.00	1.62	11.18	7.34
SH000108	0.00	0.00	0.00	9.22	9.28	3.31	11.22	12.50	8.82
SH000109	40.89	23.56	18.27	9.29	9.24	17.83	12.25	15.59	16.47
SH000110	9.11	5.86	10.93	9.58	9.42	6.31	8.10	9.59	9.53
SH000111	0.00	0.00	0.00	9.00	8.93	12.50	8.66	5.06	7.07
SH000112	0.00	0.00	0.00	8.45	8.14	6.87	6.81	6.91	4.93
SH000113	0.00	0.00	0.00	8.91	8.84	7.52	9.00	3.29	4.88
绩效指标									
均值	0.94	0.94	2.08	2.04	2.01	1.62	1.71	1.88	1.86
方差	0.08	0.08	0.88	0.84	0.81	0.42	0.51	0.61	0.61
夏普比率	25.12	24.71	19.59	19.64	19.67	21.19	20.80	21.02	21.09

(续表)

静态情景	M-V	M-SV	CVaR	LPT		LLA		NLA	
				λ=2.25	平均值	λ=2.25	平均值	λ=2.25	平均值
索提诺比率 *A*	44.16	44.36	32.07	32.18	32.24	35.32	34.58	35.01	35.22
欧米伽比率 *A*	196.38	193.77	168.10	168.32	168.47	176.18	174.45	174.67	175.15
信息比率	−15.02	−14.76	7.67	7.42	7.23	3.95	4.62	6.65	5.98
索提诺比率 *B*	−19.36	−19.25	11.47	11.08	10.78	5.77	6.86	9.92	8.95
欧米伽比率 *B*	66.41	67.48	122.88	122.07	121.44	111.29	113.56	119.61	117.71

注：表 3-4 列了静态情景下存在市场交易成本的不同投资组合模型的最优配置比例，其中，损失厌恶模型（LPT，LLA，NLA）分别针对 $\lambda = 1, 1.5, 2, 2.25, 3, 4, 5$ 等 7 种不同程度的损失厌恶系数进行实证，此处仅报告中间值 $\lambda = 2.25$ 的情况及 7 种不同损失厌恶系数下最优权重的平均值。索提诺比率 *A* 和欧米伽比率 *A* 是以无风险收益率为基准水平计算的，信息比率、索提诺比率 *B* 和欧米伽比率 *B* 是以市场收益率为基准水平计算的。

表 3-5　动态情景下存在交易成本的不同损失厌恶投资组合模型最优配置比例及评价指标(%)

动态情景	动态情景 1			动态情景 2			动态情景 3			动态情景 4		
	LPT	LLA	NLA	LPT	LLA	NLA	LPT	LLA	NLA	LPT	LLA	NLA
配置权重（平均值）												
SH000012	12.41	15.12	28.24	11.91	14.72	24.58	11.40	14.11	25.95	11.43	14.13	25.98
SH000104	7.07	6.42	4.12	7.93	7.47	5.74	7.73	7.03	5.47	7.75	7.06	5.52
SH000105	7.76	7.15	5.67	8.18	7.54	6.44	8.10	7.45	5.39	8.09	7.45	5.40
SH000106	8.84	8.52	8.67	9.01	8.76	6.50	8.90	8.58	7.57	8.89	8.58	7.57
SH000107	8.86	8.70	7.70	9.11	9.04	11.31	8.75	8.60	7.99	8.74	8.58	7.99

（续表）

动态情景	动态情景 1			动态情景 2			动态情景 3			动态情景 4		
	LPT	LLA	NLA	LPT	LLA	NLA	LPT	LLA	NLA	LPT	LLA	NLA
SH000108	9.55	9.50	7.81	9.22	9.22	6.52	9.37	9.32	7.95	9.37	9.32	7.94
SH000109	11.10	11.70	12.99	9.30	9.24	10.83	10.48	11.08	12.65	10.49	11.09	12.67
SH000110	8.61	8.19	7.98	9.35	9.11	8.14	8.88	8.44	8.14	8.87	8.44	8.13
SH000111	8.62	8.21	6.81	8.97	8.67	9.90	8.71	8.33	7.15	8.71	8.32	7.13
SH000112	8.68	8.22	4.65	8.14	7.50	3.27	8.85	8.42	5.78	8.84	8.41	5.75
SH000113	8.50	8.27	5.36	8.87	8.73	6.78	8.83	8.64	5.95	8.82	8.63	5.93
绩效指标(平均值)												
均值	2.02	1.97	1.73	2.02	1.96	1.77	2.03	1.98	1.76	2.03	1.98	1.76
方差	0.80	0.74	0.53	0.82	0.76	0.58	0.82	0.77	0.57	0.82	0.77	0.57
夏普比率	19.89	20.02	20.67	19.67	19.74	20.05	19.77	19.90	20.48	19.77	19.90	20.48
索提诺比率 A	32.65	32.91	34.30	32.23	32.38	33.06	32.41	32.67	33.89	32.41	32.67	33.89
欧米伽比率 A	169.49	170.12	172.98	168.46	168.78	170.07	168.94	169.56	172.13	168.94	169.55	172.11
信息比率	7.34	7.02	4.94	7.26	6.89	5.23	7.40	7.09	5.17	7.39	7.08	5.16
索提诺比率 B	10.95	10.45	7.29	10.83	10.25	7.71	11.04	10.56	7.64	11.03	10.55	7.63
欧米伽比率 B	121.83	120.82	114.34	121.54	120.35	115.14	122.02	121.04	115.09	122.01	121.02	115.06

注：表 3-5 列了动态情景下存在市场交易成本的不同损失厌恶投资组合模型的最优配置比例，对每种损失厌恶模型(LPT，LLA，NLA)分别针对 $\lambda = 1$，1.5，2，2.25，3，4，5 等 7 种不同程度的损失厌恶系数进行实证，此处仅报告 7 种不同损失厌恶系数下最优权重的平均值。索提诺比率 A 和欧米伽比率 A 是以无风险收益率为基准水平计算的，信息比率、索提诺比率 B 和欧米伽比率 B 是以市场收益率为基准水平计算的。

型及其资产优化配置进行实证研究。考虑到我国现行股市政策，买入和卖出资产的交易费用分别为当期交易额的0.3%，印花税为当期卖出额的0.1%，因此，实证研究中投资期内的交易成本为净买入交易额的0.3%和净卖出交易额的0.4%。考虑市场交易成本的各模型的最优投资组合配置比例及绩效指标列于表3-4和表3-5。

3.5.4 实证研究结果分析

1. 最优配置比例

不同模型的最优配置比例不尽相同，对于M-V模型、M-SV模型和CVaR模型，其最优配置比例相较于LPT模型、LLA模型和NLA模型等损失厌恶模型更为集中。具体而言，M-SV模型和CVaR模型将绝大部分资产配置于低风险的国债(SH000012)，M-V模型也将超过一半的资产配置于国债，同时将其余多数资产基本配置于SH000109中。无论是在静态情景下还是在动态情景下，三个损失厌恶模型配置于国债的比例与损失厌恶系数大小直接相关，损失厌恶系数越大，配置于国债的比例越高，配置于中高风险资产的比例越低；对于相同损失厌恶系数条件下，NLA模型的国债配置比例在多数情景下要显著高于LPT模型和LLA模型；LLA模型在静态情景中配置了较多的低风险的国债，显著高于LLA模型在动态情景下的配置；相反，NLA模型在静态情景中国债的配置比例要显著低于其在动态情景的配置；LPT在所有模型中对于资产的配置较为均衡。这反映了投资者的损失厌恶程度和损失厌恶的测度方式对于投资者投资组合决策具有较大影响，同时，资产最优配置策略在静态情景和动态情景中呈现出差异性，说明情景参数设置或前期损益对于投资者配置会产生一定影响，但在四种动态情景中配置情况差异并不显著，即基于前期损益的不同偏好对于后期投资者决策的影响不及前几个因素显著。

在中高风险资产的配置中，几乎所有模型都偏好于SH000109资产，其配置比例几乎在所有情景和相同损失厌恶系数条件下均高于其他中高风险资产的配置比例，仅在静态情景下LLA模型和NLA模型的配置中表现略微逊色。SH000109相较于其他中高风险资产，具有较高的均值(2.536%)和较低的标准差(9.639%)，且其最小值仅为−22.232，为中高风险资产中最低的，其他具有类似统计特征的中高风险资产诸如SH000108和SH000110也得到较高的配置比例，这反映了损失厌恶模型在配置资产时偏好于下侧损失和下侧风险较小的资产。

2. 绩效指标比较

从投资组合的均值和方差指标来看，M-V 模型的投资组合平均收益率和方差显著高于 M-SV 模型和 CVaR 模型，这主要因为后两者高比例配置于低风险低收益的国债，损失厌恶模型总体的平均收益率和方差高于 M-V 模型，且损失厌恶系数越大，组合收益均值越小，方差也越小；在 4 种动态情景下三类损失厌恶模型的收益均值和方差相差不大，但在静态情景下，NLA 模型具有较高的收益均值和较低的收益方差，优于 LPT 模型和 LLA 模型；结合夏普比率和信息比率来看，M-V 模型的夏普比率略优于损失厌恶模型，这主要因为夏普比率是基于均值方差模型设定的，但从信息比率来看，损失厌恶模型优于 M-V 模型、M-SV模型和 CVaR 模型，静态情景下 NLA 模型和 LPT 模型的绩效表现显著优于 LLA 模型，但在动态情景下，LPT 模型略微优于 NLA 模型和 LLA 模型，表现得更为稳健。

索提诺比率和欧米伽比率的绩效指标计算上，考虑了以无风险收益率和市场收益率两种基准水平，其中，无风险收益率采用银行定期存款利率，市场收益率采用上证综指收益率。在采用无风险收益率作为基准水平时，传统的 M-V 模型、M-SV 模型和 CVaR 模型略优于损失厌恶模型，但以市场收益率为基准水平计算的索提诺比率和欧米伽比率，损失厌恶模型要显著优于传统模型。三类损失厌恶模型在该两项比率上差异并不明显，总体而言，在以无风险收益率为计算基准的索提诺比率和欧米伽比率指标上，NLA 模型优于 LPT 模型和 LLA 模型；相反，在以市场收益率为计算基准的索提诺比率和欧米伽比率指标上，LPT 模型和 LLA 模型表现得仅略大于 NLA 模型，究其原因是 NLA 模型对大额损失更为敏感所致，但 NLA 模型的绩效评价指标并没有显著降低，说明 NLA 模型对不等额损失厌恶的有效捕捉。

对于相同模型从不同情景来看，LLA 模型在动态情景下的表现好于静态情景；而 NLA 模型在静态情境下的表现好于动态情景；LPT 模型则表现得较为稳健。不同情境下，当损失厌恶系数越大，所有损失厌恶投资组合模型的低风险资产配置比例越高，说明其他条件相同，投资者损失厌恶程度越严重，投资策略越趋向于保守。

上述研究结论与金秀等[146]和 I. Fortin 等[156]的实证结果基本一致，但 I. Fortin等[156]基于不同动态情景下的研究发现，保守型投资者(动态情景一、二)在绩效指标上略优于激进型投资者(动态情景三、四)，但基于中国市场数据并未发现二者有显著差异，总体而言，较为激进的投资者绩效表现略高于较为保守的投资者，这也与风险收益匹配原则相适应；同时，对于损失厌恶模型而言，在静态情景下的投资绩效指标与动态情景下的投资绩效指标之间有一定差异，说明前期的损益情况确实会影响投资者的资产配置效率。

综合考虑上述统计指标，基于损失厌恶模型的投资组合比传统投资组合模型具有更高的均值收益率，且在绩效指标上表现好于传统投资组合模型；在损失厌恶模型中，非线性损失厌恶模型（NLA）具有较低的风险和可观的收益均值，且捕捉了投资者对大额损失更敏感的心理特征，线性前景理论模型（LPT）与线性损失厌恶模型（LLA）总体具有类似的投资效果，但在不同情景下，LPT 的绩效表现比 LLA 更为稳健。在实证研究中利用存在市场交易成本的模型对上述各类模型进行稳健性检验，其主要结果与上述结论基本一致，从而验证了模型的稳健与有效。

3.6 本章小结

损失厌恶描述了投资决策主体对于损失与收益的效用感知差异，是行为经济理论的核心概念，并在行为投资组合研究中得到广泛应用。然而，现有的关于损失厌恶的研究对其测度并未达成共识，不同损失厌恶模型各有优劣，但无论是哪种方法，都是基于将参照点以上的上侧收益与位于参照点以下的下侧损失区别看待的原则。

本书借鉴下偏矩风险测量思想，建立了基于下偏矩的损失厌恶行为投资组合模型，既有效融合了前景理论思想，又避免了现有研究常见的对前景理论的生搬硬套，通过设计 5 种不同情景来模拟投资者的不同情态的损失厌恶系数和动态参照点，使模型更加契合投资者的真实行为偏好，特别是构建了基于二阶下偏矩测度的非线性损失厌恶投资组合模型，该模型抓取了行为投资者对大额损失更为厌恶的心理特征，并通过一系列实证研究将其与传统投资组合模型和当前常见的线性前景理论模型及线性损失厌恶模型进行比较。研究发现基于损失厌恶的投资组合模型优于传统的投资组合模型；静态情景下非线性损失厌恶模型优于线性损失厌恶模型；在动态情境下损失厌恶模型之间的差异并不明显；当投资者的损失厌恶系数越大，三种损失厌恶投资组合模型中低风险资产的配置比例会越高；基于损失厌恶的投资组合模型具有较好的稳健性。

本章研究在损失厌恶模型构建和实证过程中，将测度损失厌恶的参照点设置成无风险收益率，这与现有的主流研究做法一致，但关于参照点的形成与更新机制的研究表明，行为投资者可能存在多重且变动的参照点，这需要日后进一步深入研究。与此同时，越来越多的研究探讨了心理账户对投资组合模型的影响，虽然对于心理账户的形成与划分尚存分歧，但考虑不同层次心理账户的损失厌恶投资组合模型具有一定的探索意义。

第4章　基于心理账户与损失厌恶的行为投资组合研究

本章基于前景理论和三参照点理论，建立了单心理账户和三心理账户下的线性前景理论行为投资组合模型，并利用中证基金指数数据构建了不同市场状态下的行为投资组合，实证研究了在不同损失厌恶系数、不同参照点、不同心理账户资金配置条件下单心理账户和多心理账户损失厌恶行为投资组合模型的最优资产配置策略和投资组合绩效，并与传统的投资组合模型进行比较，研究发现线性前景理论模型更加关注下侧损失风险，具有多心理账户框架的行为投资者关注潜力寻求和抱负实现，更注重投资的安全性。

引例

你是否决定去看演出？

A. Tversky和D. Kahneman于1981年在*Science*(《科学》)杂志上发表文章，来研究人们在决策判断过程中的心理认知规律，并介绍了一个“演出实验”[164]。该实验假设今晚你打算去听一场音乐会，有以下两种情景：

情景一：你已于昨晚花费100美元购入一张门票，当你准备出发去听音乐会的时候，发现丢失了100美元，试问你还会去听音乐会吗？

情景二：如果当你准备出发去听音乐会的时候，发现丢失了音乐会的门票，此时如果你想继续听音乐会就必须花费100美元重新购票，试问你还会去听音乐会吗？

对183人进行情景一的心理实验，结果88%的被试者选择会去看，仅有12%的被试者选择不会；对200人进行情景二的心理实验，结果46%的被试者选择会去看，54%的被试者选择不会。

这是一个关于心理账户的实验，以上两种不同情景的问题描述，导致实验参与者的答案迥异，有悖于传统经济学的“理性”原则，因为不管是丢失 100 美元的现金还是丢失 100 美元的门票，从理性分析角度来看，损失的金钱价值都是 100 美元。但为何会出现这种与“理性”背离的现象呢？同样，现实生活中，我们经常会看到消费者将辛辛苦苦赚来的钱存起来舍不得花，而如果幸运地得到一笔意外之财，消费者就会有迅速花掉的倾向。上述两个例子显示，与传统经济学分析中资金是“可替代”的假设不同，心理学家认为在人们决策思维受限于框定效应偏差，不同用途、不同来源的资金是“不一样”的，造成这种区隔的原因在于人们的心里存在心理账户。

油价下降后的加油决策

2008 年金融危机时，美国的汽油价格大幅度地下降。根据经济学基本原理，油价下降会给消费者带来好处，在既定经济预算内消费者应该会减少汽油的开支，同时增加其他方面的开支。但 J. S. Hastings 和 J. M. Shapiro[165] 的研究显示，在这段时间里美国家庭在汽油方面的开支占家庭总开支的比例，非但没有下降，反而有所上升。对于任何一个家庭来说，在汽油方面支出的 1 美元，和在食物或者家具方面支出的 1 美元没有任何区别。一个理性的家庭，会对家庭开支进行统筹安排。

这种现象一度让经济学家感到困惑，但是用“心理账户”就不难解释这种行为。对于这些司机来说，他们脑中有一个被分割开来的“加油账户”，比如每月 500 美元，当汽油价格下跌后，大多数美国人都选择了购买更好的汽油。比如本来一名司机习惯买 92 号汽油，在汽油价格下跌后他去选择加 95 号汽油。因此，当汽油价格下跌时，司机们忽然觉得相同的 500 美元可以买到更好的油，做出这种选择似乎也就可以理解了。

钱真的都一样吗？谨防“私房钱效应”

假如你现在有两种选择：

情景一：你确定获利 5 000 元；

情景二：你有 50%机会获利 10 000 元，50%无利可图。

如果根据期望效用理论，情景一和情景二的期望值是相同的，因此理性投资者在这两个情景下的选择应是一致的。但相关实验表明，被试者们更倾向于选择情景一。

但是，假设你刚在市场上赚了 10 000 元，你会选哪个呢？大部分被试者的选择发生了反转，被试者们更倾向于选择情景二。理由是被试者“输得起”。

如果将条件改为假设被试者已经损失了 10 000 元，被试者们又会倾向于选择情景一，即人们更愿意确定的 5 000 元收益的实现。

从行为金融的角度来看，投资者面对相同期望值的选择问题时呈现偏好反转，本质是投资者心理偏差问题，即投资者会随着投资收益得失而改变投资策略。通常获利后，投资者会觉得赢来的钱是“多”出来的，从而掉以轻心，过度乐观地投资，甚至动用过大杠杆等，心理学上称之为私房钱效应[166]。所谓私房钱效应，又称为宿资效应，描述的是人们在进行资金决策时，相较于辛苦赚来的钱，人们会更轻率地使用赢来的、捡来的意外之财。从投资管理角度而言，私房钱效应就是指人们更敢将投机获得的收益投入到风险更高的资产上。另外，当投资者亏损后，经常会畏首畏尾，不敢投资，从而平白丧失了获利和平反败局的机会，即心理学上的蛇咬效应(Snake Bite Effect)。其实，从沉没成本的角度来看，当投资亏损后，失去的已经失去了，不应该基于过去的沉没成本去影响未来投资策略选择和投资决策，应该着眼于未来进行投资。

从心理账户的角度看，私房钱效应的产生正是由于人们对不同来源的资金进行心理账户划分、归集和计算。

4.1 引言

心理账户最早由 Richard Thaler 在 1985 年提出，是人们普遍存在的一种行为偏差，它是指人们在心理上对于经济结果的分类记账、编码、估值与预算过程，揭示了人们在进行资金财富决策时的心理记账方式和心理运算法则。心理账户与传统经济学的逻辑运算方式不同，经常以不可预期的方式影响着人们的决策过程，使个体决策的结果偏离遵循理性经济法则分析的结果。心理账户揭示了人们总是根据资金来源、资金所在及资金用途等因素对资金进行归类的心理偏差，一方面，不论是个体、家庭还是企业等都存在各种心理账户系统；另一方面，心理账户偏差贯穿于决策主体在金融交易中追踪与估值的过程中，在投资管理、资产定价、消费决策、储蓄理论等各领域均得到了证实[167]。

以“理性人”假设为基础的投资组合理论认为，投资者只关注组合投资的期望收益，而不关心特定个体资产的局部收益。事实恰恰相反，行为投资组合理论认为投资者通常会有多个心理账户，是一个金字塔形的多层投资结构模型，行为投资者会把资金归入不同的心理账户来进行核算管理，一般认为，最底层为安全账户，最高层为风险账户，最底层的安全账户是用来维持投资者的生存水平、避免贫困，保障投资者的基本财富水平，最高层的风险账户是用来进行风险投资以获取高额的回报，使投资者实现富有的。正是基于上述认知，H. Shefrin 和 M. Statman[9] 开创了行为投资组合理论（Behavioral Portfolio Theory, BPT），将投资者心理账户划分为安全账户与风险账户两类，并进行了行为资产配置研究；N. Barberis 等[89] 的 BHS 模型中，从狭窄框定出发，对于资产收益的心理账户设计了个体心理账户和组合心理账户。但对于心理账户的划分理论上并没有严格统一的标准，因不同的决策问题、决策环境、决策目标和个人行为特征而异，不同研究角度所采取的方法也不尽相同，这也极大限制了当前基于心理账户的行为投资组合研究的发展。

通过本书第 3 章的研究发现，现有的基于损失厌恶的行为投资组合模型多考虑单心理账户情形或忽略心理账户的影响，而关于心理账户的投资组合研究又常常忽视投资者的损失厌恶等行为偏好。正如 D. Kahneman 和 A. Tversky[7] 在提出前景理论时所强调的，行为决策者在进行决策时存在框定依赖和参照依赖，H. Shefrin 和 M. Statman[9] 也认为投资者会在心理账户框定影响下将资产组合与特定的收益目标和风险态度相联系，建立相应的参照体系独立评估，因此，将心理账户的框定依赖与前景理论参照依赖结合具有内在必然性。

本章在融合心理账户理论与参照点理论的基础上，创新性地建立了基于多心理账户多重参照的损失厌恶行为投资组合模型。在理论建模过程中，与既往研究考虑单心理账户框架下的建模不同，本章所做的研究是基于心理账户理论与参照点理论的共通之处，推演了多心理账户框架下的损失厌恶模型，并在研究中首次引入最新的三参照点理论，设计了基于三重参照效应的心理账户结构；在实证研究中，利用公开的市场数据，设计了三参照点的构建体系和数据选择标准，为三参照点理论在行为金融中的应用研究提供了思路。同时，利用具有损失厌恶特征的效用函数，构建单心理账户和多心理账户的损失厌恶投资组合模型，并实证分析不同心理账户结构对具有损失厌恶偏好的行为投资者的资产配置影响。

4.2　文献回顾

现有关于心理账户的文献与研究主要有两个方面，一方面是关于心理账户的研究，这一方面的研究主要从心理学的角度，以心理学实验的方法探究心理账户的形成机制[168]、影响因素[59, 169]、心理账户形式[170, 171]和心理账户对决策行为的影响模式[172-175]等。

另一方面是关于心理账户的应用研究，在金融投资领域的研究主要集中在投资者效用和投资组合方面，其代表性成果是 H. Shefrin 和 M. Statman[9]根据 L. L. Lopes[76]的 SP/A 理论结合前景理论开创了行为投资组合理论。行为投资组合理论认为投资者构建投资组合，是基于对不同资产风险程度的认识和投资者个人目的，从而形成一种金字塔式的行为投资组合，如同马斯洛的需求层次理论，在投资组合金字塔中人们通常会将各层次的资产组合与特定的收益目标和风险态度相联系，而忽略各层次心理账户的相关性。H. Shefrin 和 M. Statman[9]对单心理账户和两个心理账户下的投资组合优化问题进行了研究，并与均值方差模型进行比较，但该模型只是在或有债权的基础上构建了一个严密的理论研究框架，而用 Cobb-Douglas 函数作为投资者效用函数，这给模型求解带来了困难，特别是其有效前沿呈现非凹曲线形状，不符合投资者决策心理。对此，马永开等[176]根据行为投资组合理论模型，将 SP/A 理论扩展到多心理账户的情形，用实际证券构造行为证券组合，提出了容易求解的多心理账户证券组合投资决策模型。茅力可[177]研究了金融市场中投资者心理账户的价格溢出效应，在心理账户框架下对资产价格进行了研究。Lim[178]在“最大化快乐编辑假设”基础上，利用前景理论对投资者的心理账户计算规则和资产交易策略进行了研究，对股票溢价之谜等金融异象进行了解释。欧阳洪等[179]借鉴了需求层次理论，利用与 N. Barberis 等[89]研究相同的效用函数，构建了具有层次参照的一般资本资产定价理论模型分析动态资产配置。彭飞等[180]结合行为资产组合理论构建了基于一阶下偏矩方法的行为投资组合模型，讨论了单心理账户和多心理账户下该投资组合模型有效前沿与均值方差模型有效前沿的相似性。S. Das 等[181]在传统的均值方差模型和 VaR 模型框架下，将不同层次的心理账户与不同的收益目标和风险厌恶系数相联系，把投资者财富分配到不同层次的心理账户中，研究心理账户框架下的投资组合模型和资产配置策略，该研究的一个突出特点是把心理账户、账户参照点融合到均值方差模型中；M. Alexandre 等[182]在 S. Das 等[181]的基础上进行拓展研究，认为投资者不仅面临投资组合的风险，还有投资的背景风险，并对投资的背景风险进行了深入研究；J. Gordon 等[183]在 S. Das 等[181]认为投资者在有些情况下会委托投资经理人进行投资的观点上做了扩展，对投资者如何将自己的财富分配到不同的心理账户和不同的投资经理人进行了深入探讨；于淑静[184]借鉴不确定决策的方法，以行为投资组合理论模型为基础，建立了多心理账户下的证券投资组合模型并对其进行了求解；丁韶华等[92]考虑证券投资组合决策中心理账户因素，基于 Copula 函数和信息熵原理，构建了心理账户交互作用下行为证券组合风险度量优化模型，投资者的预期水平越高，其所承担的风险就越高，投资者心理账户间的替代性越强或越弱均会使组合的风险增加。

上述这些研究将心理账户引入投资组合研究中，建立了相应的心理账户行为投资组合理论模型，为考虑投资者心理账户行为偏差的资产组合研究提供了理论和方法支持。但大多数基于传统投资组合模型的思路探讨心理账户对资产配置的影响，忽视了诸如损失厌恶、多重参照依赖等行为偏好特征，而 D. Kahneman 和 A. Tversky[7]在提出前景理论时就主张将心理账户与损失厌恶相结合；同时，由于心理账户的形成机制、划分标准和心理运算规则尚无统一标准，因此上述研究中对心理账户的设定都较为主观和局限。本章研究在借鉴最新参照点理论研究成果的基础上，基于三参照点理论建立多心理账户的损失厌恶模型，试图破除现有研究存在的局限，拓展心理账户研究视角。

4.3　模型理论基础

4.3.1　损失厌恶与线性前景理论

前景理论将收益和损失定义为相对于行为决策者决策参照点的正负偏离程度，并通过损失厌恶系数对损失赋予更大权重，将收益与损失区别对待，前景理论 S 形价值函数如下：

$$v(x)=\begin{cases}(x-\hat{x})^{\alpha}, & x-\hat{x}\geqslant 0\\ -\lambda(\hat{x}-x)^{\beta}, & x-\hat{x}<0\end{cases} \tag{4-1}$$

当 $(x-\hat{x})\geqslant 0$ 定义为收益，当 $(x-\hat{x})<0$ 定义为损失。式中，$\lambda\geqslant 1$ 表示损失的厌恶程度；α, $\beta\in(0, 1]$，分别表示决策者对于收益和损失的敏感性程度，体现为价值函数在收益域内的凹性和在损失域内为凸性，为了避免这种不对称的凹凸性给投资组合优化带来的复杂性，遵循 N. Barberis 等[89]的做法，将前景理论价值函数刻画风险态度的参数 α 和 β 设置为 1，使前景理论价值函数转变为两段线性函数形式，记作：

$$v(x)=(x^{+})-\lambda(x^{-}) \tag{4-2}$$

式中，$x^+ = \max(x - \hat{x}, 0)$，$x^- = \max(\hat{x} - x, 0)$，分别表示 x 相对于参照点 $\hat{x}$ 的上偏程度与下偏程度，且有 $x - x^+ + x^- = \hat{x}$，$x^+ \geqslant 0$，$x^- \geqslant 0$，$x^+ x^- = 0$。

在不确定离散状态下，设有 S 种不确定状态，p_s 和 x_s 为不确定状态 s 发生的概率和结果，由于行为决策者普遍存在认知偏差，前景理论同时定义了在不确定状态下行为决策者的主观概率函数，描述了行为决策者对客观概率的心理扭曲，其典型特征是对小概率事件的高估和对大概率事件的低估，记 π_s 为经前景理论权重函数调整后的主观概率，$\pi_s = \pi(p_s)$。于是在不确定状态下，基于线性前景理论的前景值或效用为

$$V = \sum_{s=1}^{S} \pi_s v(x_s) = \sum_{s=1}^{S} (\pi_s^+ x_s^+ - \lambda \pi_s^- x_s^-) \tag{4-3}$$

4.3.2 心理账户与多重参照点

行为金融认为决策主体的有限理性，使得人们往往偏离完全理性决策，R. H. Thaler[2] 提出“享乐主义编辑假说”(Hedonic Editing Hypothesis)，认为人们在进行经济决策时实际上就是对收益和损失进行估价，在心理运算过程中并非追求理性认知上的期望效用最大化，而是追求情感上的满意最大化，并进一步提出了人们在经济决策时会受限于心理账户的影响，根据资金的来源和用途将其划入不同的账户中进行独立或合并计算等，并形成一系列心理运算法则。行为投资者对于收益和损失的隔离效应，也在一定程度上受到心理账户的框定影响，而弗里德曼-萨维奇之谜(Friedman-Savage puzzle)和投资实务中常见机构投资者将其持有的资产进行分层隔离管理无不印证着心理账户对投资者构建投资组合策略的影响。

行为投资组合理论中，投资者基于对不同资产收益与风险程度认识构建了一种具有层次区隔的金字塔式的行为投资组合，对各层次的资产组合设定相应参照点进行独立评价，遵循满意准则而非期望效用最大化准则进行决策。具体而言，H. Shefrin 和 M. Statman[9] 的行为投资组合模型是建构在 L. L. Lopes[76] 的 SP/A 理论之上，利用下侧概率作为风险测度指标，刻画投资者不同层次心理账户收益诉求和风险，建立了单心理账户和多心理账户框定下的投资者总体效用最大化的投资组合模型，但与 SP/A 理论的结合应用还有进一步拓展的空间。SP/A 理论反映的是投资者在面对不确定市场环境进行投资时恐惧和希望这两种情感，对市场的恐惧使投资者渴求安全性，而对财富的贪婪又使投资者在决策

时寻求升值潜力和实现目标抱负，该理论深刻揭示了投资者在安全(Security)、潜力(Potential)和抱负水平(Aspiration)三个不同层次的内在心理需求，为投资者基于行为投资组合理论进行分层资产组合管理提供了一个理论框架。

心理账户对资产组合的框定是前景理论的框定依赖的一种显著情形，D. Kahneman和 A. Tversky[58]认为决策者在进行决策时会在心理账户框架内分类记账、编码和评估。而 H. Shefrin 和 M. Statman[9]的行为投资组合模型实质是使期望收益或效用达到某一水平的概率最大化过程，忽略了行为投资者对于收益与损失的不同敏感性和心理账户内的参照依赖。虽然前景理论据此将收益和损失定义为对参照点的偏离程度，但前景理论并没有对参照点的形成和选择进行过多阐释，只是将参照点设置成单一不变，而越来越多关于参照点的研究表明，决策中的参照点并非是一成不变的，行为决策者可能有多个参照点[82]，M. Baucells 等[162]研究了投资者进行金融决策时的参照点形成机制，发现投资者决策时会根据历史收益状况不断更新参照点；每个决策者拥有不同的财富水平、损益体验和抱负水平，因而其决策的结果也不尽相同[185]。关于参照点的形成和选择，学术界有不同的观点，王晓田和 Johnson 提出的三参照点理论(TRP)近年来受到越来越多的关注，三参照点理论将众多的参照点集成为符合人们决策心理同时被大量研究证实对决策具有关键性影响的三类参照点，即将参照点归纳为底线(MR)、现状(SQ)和目标(G)，并将心理价值 x 划分为失败 ($x < MR$)，损失 ($MR \leqslant x < SQ$)，获益 ($SQ \leqslant x < G$) 和成功 ($x > G$) 4 个价值区域，认为首先是避免失败，其次是获得成功，再次是决策结果在现状基础上有所上下。王晓田和王鹏通过实验检验了该三类参照点对行为决策的影响最为显著，并在此基础上提出了基于三参照点的决策模型。事实上，TRP 理论与 SP/A 理论具有内在一致性，TRP 理论中的底线要求反映了 SP/A 理论中的安全性诉求，两种理论都遵循“安全第一”的决策准则；现状偏好是对投资潜力水平的兼顾；较高的目标寻求体现了投资者所愿实现的抱负水平，这为构建多心理账户下的损失厌恶投资组合模型提供了可行而坚实的理论基础。

4.4　投资组合模型

4.4.1　单心理账户投资组合模型

假设市场上有 N 种备选资产供选择，资产的收益向量为 $\boldsymbol{r}=[r_1, r_2, \cdots,$

r_n, …, $r_N]^T$，设投资者的投资策略向量为 $\boldsymbol{w}=[w_1, w_2, \cdots, w_n, \cdots, w_N]^T$，$n=1, 2, \cdots, N$，$r_n$ 为资产 n 的收益率，w_n 为配置于资产 n 的比例，则投资组合收益为 $r_p=\boldsymbol{w}^T\boldsymbol{r}$；记 $R_p=r_p-\hat{r}$ 为经参照点调整后的收益率，称之为相对收益率，在前景理论定义中，当 $R_p>0$ 时为收益，当 $R_p<0$ 时为损失。

假设行为投资者采用线性前景理论价值函数进行投资决策，即价值函数中参数 $\alpha=\beta=1$，则价值函数为

$$v(r_p)=R_p^+-\lambda R_p^- \tag{4-4}$$

式中，$R_p^+=\max(r_p-\hat{r}, 0)$，$R_p^-=\max(\hat{r}-r_p, 0)$；$R_p^+$，$R_p^-$ 分别为经参照点调整的收益或损失程度；r_p 为资产组合收益率；$\hat{r}$ 为参照点，且有 $r-R^++R^-=\hat{r}$，$R^+\geqslant 0$，$R^-\geqslant 0$，$R^+R^-=0$。

假设资产独立同分布，则在离散时间条件下，资产某一状态 s $(s=1, 2, \cdots, S)$ 下的资产收益率向量为 $\boldsymbol{r}_s=[r_{1s}, r_{2s}, \cdots, r_{Ns}]^T$，则状态 s 下投资组合收益率为 $r_{ps}=\boldsymbol{w}^T\boldsymbol{r}_s$；状态发生的客观概率向量为 $\boldsymbol{p}=[p_1, p_2, \cdots, p_s]^T$，$p_s$ 为状态 s 发生的客观概率，经前景理论权重函数调整后的主观概率为 $\pi_s=\pi(p_s)$。

假设投资者进行资产配置时，依据资产 T 期历史收益率进行预测决策，每一期 $t(t=1, 2, \cdots, T)$ 的资产收益率视为一种状态 s 收益率，且投资者对于每期历史收益率赋予等权，即令 $\pi_s=p_t=\dfrac{1}{T}$，则投资组合前景价值为

$$V=\sum_{t=1}^{T}p_t v(r_{pt})=\sum_{t=1}^{T}p_t(R_{pt}^+-\lambda R_{pt}^-) \tag{4-5}$$

式中，$R_{pt}^+=\max(r_{pt}-\hat{r}_t, 0)$，$R_{pt}^-=\max(\hat{r}_t-r_{pt}, 0)$。

于是，在单心理账户框架下，投资组合决策问题可描述为

$$\begin{gathered}\max V=\frac{1}{T}\sum_{t=1}^{T}(R_{pt}^+-\lambda R_{pt}^-)\\ \text{s.t.}\ \sum_{n=1}^{N}w_n=1,\ w_n\geqslant 0\end{gathered} \tag{4-6}$$

上述投资组合优化问题可以转化为关于均值与下偏矩的模型：

$$\begin{gathered}\max_{w}\quad V=\frac{1}{T}\sum_{t=1}^{T}[r_{pt}-(\lambda-1)R_{pt}^-]-\hat{r}\\ \text{s.t.}\ \sum_{n=1}^{N}w_n=1,\ w_n\geqslant 0\end{gathered} \tag{4-7}$$

这个优化问题等价于：

$$\min_{w,\ R_p^-} \quad V = -\frac{1}{T}\sum_{t=1}^{T}[\boldsymbol{w}^{\mathrm{T}}\boldsymbol{r}_t - (\lambda - 1)\boldsymbol{e}_{T\times 1}^{\mathrm{T}}\boldsymbol{R}_p^-]$$

$$\text{s.t.}\begin{cases} \boldsymbol{w}^{\mathrm{T}}\boldsymbol{e}_{N\times 1} = 1 \\ w_n \geqslant 0,\ n = 1,\ 2,\ \cdots,\ N \\ \boldsymbol{R}_p^- \geqslant 0 \\ \boldsymbol{w}^{\mathrm{T}}\boldsymbol{r}_t + \boldsymbol{R}_p^- \geqslant \hat{\boldsymbol{r}} \end{cases} \tag{4-8}$$

式中，$\boldsymbol{r}$ 为 N 维收益率向量；$\boldsymbol{w}$ 为 N 维度投资比例向量；λ 为损失厌恶系数；$\boldsymbol{R}_p^-$ 是元素为 R_{pt}^- 的 T 维列向量；$R_{pt}^- = \max(\hat{r}_t - \boldsymbol{w}^{\mathrm{T}}\boldsymbol{r}_t,\ 0)$ 为关于参照点 $\hat{r}_t$ 的一阶下偏矩，用以测量损失风险；$\hat{\boldsymbol{r}}$ 为参照点 T 维列向量；$\boldsymbol{e}_{T\times 1}$ 为元素均为 1 的 T 维列向量；$\boldsymbol{e}_{N\times 1}$ 为元素均为 1 的 N 维列向量。

将式(4-8)称为单心理账户线性前景理论模型(SMA-LPT)。该模型是基于前景理论模型通过简单代数转化而来[19]，具有均值-下偏矩形式，模型利用下偏矩有效捕捉了前景理论中损失厌恶这一重要行为特征，模型表明投资者的效用或价值源自两部分，一部分是来自于投资组合收益满足感，另一部分是损失厌恶或损失风险引起的不足。该模型与彭飞等[180]构造的下偏矩投资组合模型和 I. Fortin 等[145]的线性损失厌恶模型具有内在一致性，但该模型兼顾心理账户和损失厌恶两种投资者典型行为特征，避免了现有研究中常常顾此失彼的困境；同时，利用下偏矩可以很好地度量投资者基于不同参照点的损失厌恶效用，更进一步，通过设定下偏矩阶数可以考察不同形态的损失厌恶偏好，例如若将上述模型中的下偏矩阶数改成二次，同时将参照点设置成收益均值，模型便转化为均值半方差模型，与传统投资组合模型具有良好的兼容性。

通过模型转化，上述模型有 $(N+T)$ 个决策变量，T 个不等式约束和一个等式约束的线性规划问题，该模型一定有最优解且求解更为简便[163]，可求解其最优投资组合配置比例 $\boldsymbol{w}^*$。

4.4.2　多心理账户投资组合模型

在多心理账户框定效应下，行为决策者的满足感来自每个心理账户带来的效用之和，各心理账户之间相互独立并具有一定层次性。假设行为投资者具有层次性的 M 个心理账户，各心理账户之间相互独立区隔，令 W_m 为投资者分配

到第 m 个心理账户的资金比例,即心理账户的决策权重, $\sum_{m=1}^{M} W_m = 1$, $m = 1$, 2, …, M。不同层次的心理账户具有不同的收益目标和风险态度,一般而言,低层次心理账户较之高层次的心理账户具有较低的参照点和较大的风险容忍度,在单心理账户投资组合模型中,用一阶下偏矩测度损失风险,显然,对于同样收益率,当参照点取值越大,其下偏矩(损失风险)也越大。

在多心理账户决策框架下,对 N 种备选资产在 M 个心理账户框架中配置, w_n^m 为心理账户 m 中第 n 种资产的配置比例, $\sum_{m=1}^{M}\sum_{n=1}^{N} w_n^m = 1$,则投资者投资策略矩阵为 $\boldsymbol{w} = [w_n^m]_{N\times M}$;同时,记 $\boldsymbol{w}(m)$ 为 $\boldsymbol{w}$ 的第 m 列列向量,为投资者在心理账户 m 中的资产配置策略,则 $\boldsymbol{w}(m)^{\mathrm{T}}\boldsymbol{e}_{N\times 1} = W_m$。

$$\min_{w,\ R_p^{m-}} \quad V = -\frac{1}{T}\frac{1}{M}\sum_{m=1}^{M}\left[\sum_{t=1}^{T}\boldsymbol{w}(m)^{\mathrm{T}}\boldsymbol{r}_t - (\lambda - 1)\boldsymbol{e}_{T\times 1}^{\mathrm{T}}\boldsymbol{R}_p^{m-}\right]$$

$$\text{s.t.}\begin{cases} \boldsymbol{e}_{N\times 1}^{\mathrm{T}}\boldsymbol{w}\boldsymbol{e}_{M\times 1} = 1 \\ \boldsymbol{w}(m)^{\mathrm{T}}\boldsymbol{e}_{N\times 1} = W_m \\ w_n^m \geqslant 0,\ m = 1,\ 2,\ \cdots,\ M;\ n = 1,\ 2,\ \cdots,\ N \\ \boldsymbol{R}_p^{m-} \geqslant 0 \\ \boldsymbol{w}(m)^{\mathrm{T}}\boldsymbol{r}_t + \boldsymbol{R}_p^{m-} \geqslant \hat{\boldsymbol{r}}^m \end{cases} \tag{4-9}$$

式中, $\boldsymbol{r}$ 为 N 维收益率向量, $\boldsymbol{w}(m)$ 为代表第 m 个心理账户 N 维度投资比例向量; $\boldsymbol{w}$ 投资者投资策略矩阵; λ 为损失厌恶系数; $\boldsymbol{R}_p^{m-}$ 是元素为 R_{pt}^{m-} 的 T 维列向量; $R_{pt}^{m-} = \max[\hat{r}_t^m - \boldsymbol{w}(m)^{\mathrm{T}}\boldsymbol{r}_t,\ 0]$ 为关于参照点 $\hat{\boldsymbol{r}}_t^m$ 的一阶下偏矩; $\hat{r}^m$ 为第 m 个心理账户的参照点 T 维列向量; $\boldsymbol{e}_{T\times 1}$ 为元素均为 1 的 T 维列向量; $\boldsymbol{e}_{N\times 1}$ 为元素均为 1 的 N 维列向量。

将式(4-9)称为多心理账户线性前景理论模型(MMA-LPT)。具有多心理账户特征的行为投资者的总效用价值源自资产配置在各心理账户产生的效用的加权平均之和。

通过模型转化,对于每个心理账户模型 (m),都有 $(N + T)$ 个决策变量, T 个不等式约束和一个等式约束的线性规划问题,该模型一定有最优解,可求解第 m 个心理账户最优投资组合配置比例 $\boldsymbol{w}(m)^*$ 和投资者最优投资策略矩阵 $\boldsymbol{w}^*$。

根据 SP/A 理论和 TRP 理论，考虑具有三个心理账户的线性前景理论投资组合模型（TMA-LPT），作为多心理账户行为投资组合模型的一个研究特例。按照 SP/A 理论，将心理账户划分成安全性账户、现状潜力账户和抱负水平账户，令 $m=\mathrm{f},\ \mathrm{s},\ \mathrm{g}$，分别作为三类账户的标识，在三类层次心理账户上，根据 TRP 理论分别对应的每个心理账户设置参照点为 $\hat{r}^{\mathrm{f}}$，$\hat{r}^{\mathrm{s}}$，$\hat{r}^{\mathrm{g}}$，且有 $\hat{r}^{\mathrm{f}} \leqslant \hat{r}^{\mathrm{s}} \leqslant \hat{r}^{\mathrm{g}}$，参照点具有次序性以保证基于三参照点的心理账户的层次性。

前景理论自创立之初就主张将心理账户与损失厌恶相结合进行研究，但由于学界对于心理账户的形成机制、划分标准和心理运算规则尚无共识，因而极大限制了多心理账户的投资组合研究。多心理账户线性前景理论模型（MMA-LPT 模型）基于前景理论思想，通过糅合参照点理论和心理账户理论，设计了基于多重参照效应的多心理账户结构，并将多重参照点损失厌恶纳入模型之中，是对现有关于心理账户投资组合研究的一个推进；同时，作为多心理账户线性前景理论模型的一个特例，三心理账户线性前景理论模型基于最新的三参照点理论研究成果，对投资者最重要的三类心理账户进行建模，首次将三参照点理论应用与金融研究相结合，使三参照点理论从理论层面走向投资实践成为可能。

4.5　实证研究

实证研究中利用中国证券市场数据，研究单心理账户和多心理账户框架下基于线性前景理论模型（LPT）的投资组合构建与表现，计算单心理账户和多心理账户投资组合模型的最优投资组合权重，并计算各模型的组合收益率和方差及其他绩效评价指标等考察投资组合的表现，同时，利用相同数据建立基于均值方差模型（M-V）、均值半方差模型（M-SV）、条件风险价值模型（CVaR）的投资组合，并进行比较研究。此外，实证研究中考察了各模型在不同损失厌恶参数设置以及在市场处于上升、下降和盘整阶段的投资组合构建表现情况。

4.5.1　研究数据与方法

实证研究中采用中证基金指数数据进行研究，中证基金指数的编制全面反映了中国开放式基金市场的整体绩效表现，为投资者在该市场的投资提供更为丰富的分析工具和收益评价基准。选取中证股票基金指数（H11021. CSI）、中证混合基金指数（H11022. CSI）、中证债券基金指数（H11023. CSI）和中证货币基金指数(H11025. CSI)作为构建投资组合的资产，这 4 类指数分别代表不同风险收益类型的资产，一般认为，股票基金具有高风险、高收益特征，混合基金具有较高的风险和较高的收益，债券基金具有较低的风险和较低的收益，而货币基金是典型的低风险、低收益资产，选取此 4 类具有差异性的代表性资产，有助于研究投资组合模型在不同参数和市场条件下对不同类型资产的配置偏好。利用上述 4 种资产的月度收益率作为实证研究基础数据，收益率计算公式为 $r_t = P_t/P_{t-1} - 1$，P_t 为 t 期资产收盘价格指数。实证研究所采用的估计数据的选取区间为 2005 年 1 月到 2014 年 12 月共计 120 个月，估计期内市场经历了上升、下降、盘整等状态，利用长期月度收益率数据既考虑了市场波动影响，也能消除短期突发因素引起的股价波动异常，反映该股长期市场表现的一般状况。所有数据来自 Wind 数据库。

对模型进行最优化求解时，借鉴 B. Dirisa 等[186]采用的 Out-of-Sample Evaluation(OSE)方法，假设投资者每月进行一次投资决策，投资者基于资产过去 12 期(一年)的历史收益率进行预测决策并构建投资组合，在考察期内依据此方式滚动更新投资决策。因此，在采取全样本进行估计时，可以得到 2006 年 1 月到 2014 年 12 月共计 108 期的最优投资组合配置，依据这 108 期最优投资组合配置比例可以得到不同资产的多期平均最优配置比例。同时，利用这 108 期数据构建了不同心理账户框架下线性前景理论模型的投资组合收益率和方差。为了更好、更全面地比较不同投资组合模型在不同参数与市场条件下的投资绩效表现，引入常用的投资绩效评价指标夏普比率、信息比率、索提诺比率和欧米伽比率，对不同投资组合模型进行进一步考察。在计算上述评价指标时，分别采用无风险收益率和市场收益率作为基准收益率水平，无风险收益率采用银行定期存款利率，市场收益率采用上证综指收益率(SH000001)，以便从不同程度和角度比较模型的有效性。

实证研究中考察期从 2005 年 1 月到 2014 年 12 月共计 120 个月，考察期内市场经历了上升、下降、盘整等阶段，显然不同的市场状态下资产的收益率与风险有所不同，针对不同状态下的市场投资者应调整投资策略，在市场处于上升阶段应投资于高收益资产以求得超额收益，而在市场处于下降阶段应投资于较为稳健的资产以规避市场风险。基于此，根据考察期内中证基金指数(H11020. CSI)走势，将考察期内的资产收益数据根据市场状态不同分成三类：上升状态(Bullish Market)(2005 年 1 月—2007 年 10 月，2008 年 11 月—2009 年 7 月，2014 年 5 月—2014 年 12 月，共计 51 期)、下降状态(Bearish Market)(2007 年 11 月—2008 年

10 月，2010 年 11 月—2012 年 1 月，共计 27 期）、盘整状态（Congested Market）（2009 年 8 月—2010 年 10 月，2012 年 2 月—2014 年4 月，共计 42 期），如图 4-1 所示。

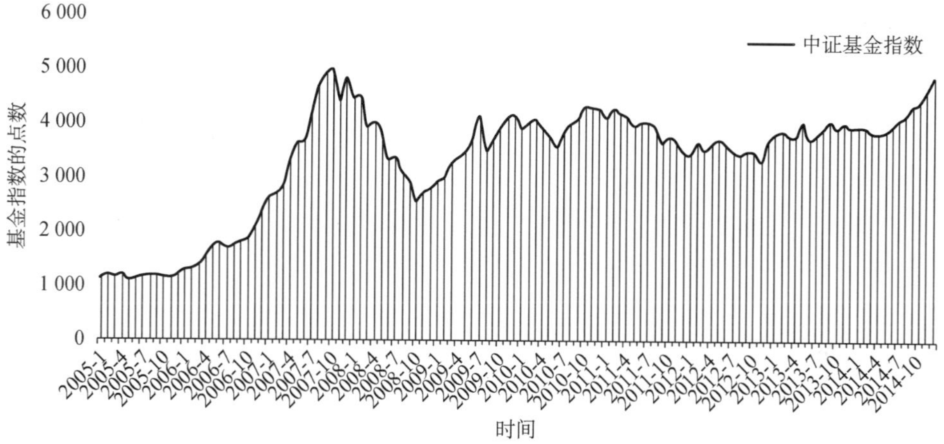

图 4-1　中证基金指数走势图

利用不同状态下的市场收益数据作为投资决策依据，采用 OSE 方法进行估计，假设投资者每月进行一次投资决策，投资者基于资产过去 6 期（半年）的历史收益率进行预测决策并构建投资组合，考察不同市场状态下的投资组合决策与绩效。数据描述性统计结果如表 4-1 所列。

表 4-1　数据描述性统计（%）

	统计量	Riskfree	SH000001	H11020.CSI	H11021.CSI	H11022.CSI	H11023.CSI	H11025.CSI
全样本	均值	0.24	1.17	1.37	1.60	1.43	0.66	0.25
	标准差	0.05	8.75	5.81	7.36	6.28	1.18	0.10
	偏度	61.77	−22.08	−16.33	−23.98	−19.34	−31.23	35.79
	最小值	0.19	−24.63	−14.84	−19.90	−16.88	−3.12	0.09
	中位数	0.25	0.97	1.93	2.27	2.11	0.58	0.25
	最大值	0.34	27.45	17.29	19.81	18.76	3.00	0.54
上升状态	均值	0.21	5.70	4.48	5.49	4.67	1.20	0.22
	标准差	0.04	7.73	4.99	6.08	5.32	1.03	0.11
	偏度	138.13	37.64	39.06	29.30	45.18	−31.11	111.99

（续表）

统计量		Riskfree	SH000001	H11020. CSI	H11021. CSI	H11022. CSI	H11023. CSI	H11025. CSI
上升状态	最小值	0.19	−9.55	−7.87	−9.10	−8.32	−1.70	0.09
	中位数	0.19	5.62	3.07	4.54	3.33	1.30	0.17
	最大值	0.32	27.45	17.29	19.81	18.76	3.00	0.54
下降状态	均值	0.29	−4.99	−3.10	−4.00	−3.40	0.07	0.28
	标准差	0.04	8.77	5.62	6.97	6.00	1.16	0.06
	偏度	−43.76	−70.63	−17.42	−20.47	−15.66	20.92	32.01
	最小值	0.21	−24.63	−13.11	−17.99	−13.99	−2.75	0.17
	中位数	0.29	−4.32	−2.11	−2.72	−2.09	0.19	0.27
	最大值	0.34	8.00	9.50	11.08	9.76	2.78	0.40
盘整状态	均值	0.23	−0.37	0.47	0.47	0.61	0.38	0.26
	标准差	0.03	6.91	4.64	6.36	5.29	1.12	0.11
	偏度	−17.70	−50.77	−66.38	−56.11	−70.21	−63.80	−14.51
	最小值	0.19	−21.81	−14.84	−19.90	−16.88	−3.12	0.10
	中位数	0.25	−0.15	1.33	1.47	1.69	0.26	0.28
	最大值	0.29	14.60	10.04	14.16	11.06	2.45	0.45

描述性统计结果显示，股票基金(H11021. CSI)具有较高的均值收益和标准差，其次是混合基金(H11022. CSI)和债券基金(H11023. CSI)，货币基金(H11025. CSI)具有较为稳健的收益和较小的标准差；在市场处于上升阶段时股票基金和混合基金能够取得较高的收益，但在市场处于下降阶段时其损失程度也较大；在市场处于盘整阶段时混合基金的表现好于股票基金；对于债券基金和货币基金而言，在不同市场状态下其表现相对稳健。

为了将线性前景理论模型与传统投资组合模型进行比较，实证研究利用相同方法与数据建立基于均值方差模型(M-V)、均值半方差模型(M-SV)、条件风险价值模型(CVaR)的投资组合，并进行比较研究。

4.5.2 模型设定与参数

假设投资者进行资产配置时，依据资产 T 期历史收益率进行预测决策，每一期历史收益率在投资组合决策中具有相同的影响权重，即设 $p_t = 1/T$；在单心理账户框架下，投资者依据单心理账户线性前景理论模型(SMA-LPT)进行投资决策；在多心理账户框架下，投资者依据多心理账户线性前景理论模型(MMA)进行投资决策，在具体实证研究中，采用基于SP/A理论和TRP理论的三心理账户线性前景理论模型(TMA-LPT)作为研究模型。

参照点与心理账户划分是构建投资组合模型的关键因素。根据SP/A理论和TRP理论，将心理账户划分成安全性账户、现状潜力账户和抱负水平账户，对应每个账户设置底线参照点 $\hat{r}^{f}$，现状参照点 $\hat{r}^{s}$ 和目标参照点 $\hat{r}^{g}$，且有 $\hat{r}^{f} \leqslant \hat{r}^{s} \leqslant \hat{r}^{g}$。根据式(4-9)建立三心理账户线性前景理论投资组合模型(TMA-LPT)，以此研究多心理账户下的投资组合问题。在实证研究中，底线参照点 $\hat{r}^{f}$ 设置成无风险收益率，无风险收益采用银行定期存款(一年期)利率并进行月度折算后的同期月度收益率(均值为0.24%)，反映资金的时间价值，体现安全性；现状参照点 $\hat{r}^{s}$ 采用构建投资组合的资产(H11021.CSI，H11022.CSI，H11023.CSI，H11025.CSI)历史收益率算术平均值与底线参照点 $\hat{r}^{f}$ 的孰大值(均值为2%)，其内在含义是现状应好于历史收益状况且不应低于无风险收益；目标参照点 $\hat{r}^{g}$ 采用市场收益率即中证基金指数(H11020.CSI)与现状参照点 $\hat{r}^{s}$ 的孰大值(均值为3.1%)，体现投资者追赶时髦(Catching up with the Joneses)的内在心理[187]，表明追求较高的风险报酬。参照点满足 $\hat{r}^{f} \leqslant \hat{r}^{s} \leqslant \hat{r}^{g}$。

在式(4-8)单心理账户投资组合实证研究中，将参照点分别设置成底线参照点 $\hat{r}^{f}$、现状参照点 $\hat{r}^{s}$ 和目标参照点 $\hat{r}^{g}$，构建三个独立的单心理账户模型，研究不同的心理账户或参照点对于投资组合决策的影响。

在式(4-9)三心理账户投资组合实证研究中，对于不同心理账户配置不同的初始资金比例，用以反映不同心理账户在行为投资者决策中的影响，具体而言，在三心理账户线性前景理论投资组合模型(TMA-LPT)中，分别对安全性账户、现状潜力账户和抱负水平账户按照60%∶30%∶10%，60%∶10%∶30%，30%∶60%∶10%，30%∶10%∶60%，10%∶60%∶30%，10%∶30%∶60%配置投资资金，心理账户资金配置比例实际是行为投资者赋予不同心理账户不同的决策权重，反映行为投资者构建投资组合时对安全、潜力以及抱负的不同寻求程度。

线性前景理论模型中，参数 $\alpha=\beta=1$，因此只需关注损失厌恶系数 λ。A. Tversky和D. Kahneman[60]通过反复实验得出前景理论价值函数的损失厌恶系数 $\lambda=2.25$，并被广泛采用，为了更好地研究不同损失厌恶程度下的投资组合优化问题，实证研究中以2.25为中间值，在SMA-LPT模型和TMA-LPT模型中分别将损失厌恶系数 $\lambda=1.5$，2，2.25，3，4，5 这 6 种不同损失厌恶程度进行优化计算，以考察损失厌恶系数对行为投资者决策的影响。

综上所述，实证研究中构建了均值方差模型(M-V)、均值半方差模型(M-SV)、条件风险价值模型(CVaR)等三类传统投资组合模型和单心理账户(SMA-LPT)和三心理账户(TMA-LPT)等两类线性前景理论模型，对于两类线性前景理论模型设置了 6 个不同损失厌恶系数，同时通过 SMA-LPT 模型又考察了三类参照点对投资组合的影响，在 TMA-LPT 模型中考虑了不同账户的权重，并利用市场整体数据和市场处于上升、下降、盘整等三种不同状态的数据从多维度对不同类型投资组合模型的投资策略与绩效进行了研究。数据的处理与优化计算则利用 Matlab R2010b 软件完成。

4.5.3 实证研究结果分析

1. 最优配置比例

由表 4-2 可知，当市场处于上升阶段时，M-V 模型、M-SV 模型和 SMA-LPT 模型均倾向于配置高收益的股票基金资产(H11021.CSI)，其配置比例约为 80%，而对于低收益的货币基金(H11025.CSI)配置比例极低，说明市场行情较好时投资者的乐观心理。与此不同，CVaR 模型在市场上升阶段的资产配置较为平均；相反，在市场处于下降阶段时投资者避险情绪增加，各模型均高比例配置风险较低的债券基金(H11023.CSI)和货币基金。然而，在盘整阶段，SMA-LPT 模型相较于传统投资组合模型，更偏好于具有较低风险的债券基金和货币基金，二者之和超过 60%，这主要因为 SMA-LPT 模型对下侧损失风险更为关注所致，这点也体现在 M-SV 模型和 CVaR 模型中；利用全样本数据进行估计时，其结论与盘整阶段的结论相似，因为在较长投资期内，市场风险与收益总在不断调整与再平衡。对于混合基金(H11022.CSI)而言，无论是传统模型还是 SMA-LPT 模型，其配置比例都较低，这可能是因为相对于股票基金，其收益较低而风险相当，造成其对投资者的吸引力不如股票基金。

在 SMA-LPT 模型中，当选取较低的参照点 $\hat{r}^{f}$ 时(SMA1)，最优资产配置策略是明显偏好于低风险的货币基金，特别是在市场处于下降阶段时，其配置比例高达 93.65%，即使在市场上升阶段，其仍然将少量资产配置于低风险资产；而在构建投资组合时，选取较高的参照点 $\hat{r}^{s}$ 或 $\hat{r}^{g}$ 时(SMA2，SMA3)，最优资产配置策略相较于 SMA1 则显得略微激进，在不同阶段其高收益资产配置比例都高于 SMA1 的配置比例，在选择较低风险资产时更倾向于具有较高收益的债券

表 4-2　传统投资组合模型与单心理账户投资组合模型最优配置比例(%)

模型	全样本				上升阶段				下降阶段				盘整阶段			
	H11021.CSI	H11022.CSI	H11023.CSI	H11025.CSI	H11021.CSI	H11022.CSI	H11023.CSI	H11025.CSI	H11021.CSI	H11022.CSI	H11023.CSI	H11025.CSI	H11021.CSI	H11022.CSI	H11023.CSI	H11025.CSI
Panel A																
MV	35.36	14.12	35.69	14.83	82.22	4.44	13.33	0.00	0.00	0.00	29.99	70.01	30.21	21.39	28.54	19.87
MSV	18.64	7.09	46.89	27.38	80.00	6.67	13.33	0.00	0.00	0.00	29.64	70.36	24.47	18.61	32.75	24.17
CVaR	23.95	17.54	28.94	29.57	33.94	23.51	23.39	19.15	0.31	0.20	28.52	70.97	24.95	20.06	26.01	28.98
Panel B $\lambda=2.25$																
SMA1	25.00	1.85	26.85	46.30	80.00	4.44	11.11	4.44	0.00	0.00	9.52	90.48	25.00	5.56	27.78	41.67
SMA2	26.85	4.63	42.59	25.93	80.00	4.44	15.56	0.00	0.00	0.00	14.29	85.71	22.22	13.89	30.56	33.33
SMA3	28.70	8.33	42.59	20.37	80.00	6.67	13.33	0.00	0.00	0.00	23.81	76.19	22.22	11.11	38.89	27.78
Panel C Mean λ																
SMA1	23.15	2.93	21.14	52.78	78.15	3.70	11.85	6.30	0.00	0.00	6.35	93.65	14.35	6.02	32.87	46.76
SMA2	25.93	6.02	42.13	25.93	78.89	4.44	16.67	0.00	0.00	0.00	13.49	86.51	14.35	17.59	33.80	34.26
SMA3	28.24	7.56	43.06	21.14	80.37	6.30	13.33	0.00	0.00	0.00	21.43	78.57	14.35	19.91	39.35	26.39

注：Panel A 列出了 M-V 模型、M-SV 模型、CVaR 模型的最优配置比例；Panel B 列出了损失厌恶系数 $\lambda=2.25$ 时的最优配置比例；Panel C 列出了 $\lambda=1.5, 2, 2.25, 3, 4, 5$ 这 6 种不同损失厌恶系数的最优配置比例的均值；SMA1、SMA2、SMA3 分别表示模型采用不同参照点 $\hat{r}^f$，$\hat{r}^s$，$\hat{r}^g$。

基金而非货币基金；事实上，SMA1 模型等价于行为投资者只设置了一个安全性心理账户，而 SMA2 和 SMA3 模型等价于行为投资者只设置了一个现状潜力账户或抱负水平账户，不同类型的账户反映投资者内在的心理偏好，而这种偏好就体现在对于资产的选择上。

在对 SMA-LPT 模型和 TMA-LPT 模型进行实证研究时，分别对损失厌恶系数 $\lambda=1.5, 2, 2.25, 3, 4, 5$ 这 6 种不同损失厌恶程度进行优化计算（限于篇幅，仅列出 $\lambda=2.25$ 和不同损失厌恶系数最优权重的均值），发现不论是在单心理账户还是多心理账户框架下，其他条件既定，遵循线性前景理论进行投资决策的行为投资者，其最优投资策略随着 λ 的增大而趋向于保守，即损失厌恶系数增大，行为投资者配置于高风险资产的比例降低而配置于低风险资产的比例相应上升。

在 TMA-LPT 模型中，设置三个层次心理账户：安全性账户（参照点 $\hat{r}^f$）、现状潜力账户（参照点 $\hat{r}^s$）和抱负水平账户（参照点 $\hat{r}^g$），并对三个账户分别配置不同比例资金进行投资组合构建，以考察心理账户区隔对投资组合构建和绩效的影响。总体而言，与 SMA-LPT 模型相比，利用全样本估计的 TMA-LPT 模型资产最优配置策略更为平均化，反映多心理账户框架下对安全性、潜力、抱负三者的兼顾；在市场上升阶段，TMA-LPT 模型与 SMA-LPT 模型相同，具有积极的投资策略，寻求高收益资产配置，但 TMA-LPT 模型会少量配置低风险的货币基金；而在市场下降阶段，二者具有相同的避险选择，只是在低风险资产的选择上略有不同；TMA-LPT 模型在盘整阶段的投资策略与采用全样本进行估计的投资策略相似，同时，与 SMA-LPT 模型相比，其最优配置结构也相近。在对 TMA-LPT 模型进行实证研究时，分别按照 60%∶30%∶10%，60%∶10%∶30%，30%∶60%∶10%，30%∶10%∶60%，10%∶60%∶30%，10%∶30%∶60%配置心理账户投资资金，考察投资资金在心理账户配置差异时对最优投资策略的影响。表 4-3 列出了不同的心理账户资金配置策略下行为投资者最优资产配置比例，由表 4-3 可知，一方面，采取不同心理账户资金配置策略，并未引起最终最优资产配置比例的显著性差异，这主要是由于投资资金在心理账户间的配置差异并不显著；另一方面，同一策略下账户间不同的资金配置比例却影响着行为投资者在资产选择上的偏好，当行为投资者更加关注安全性时，对安全性账户就会配置高比例资金（TMA6∶3∶1 或 TMA6∶1∶3），相应的其在风险较低的资产上配置比例会显著提高；但当行为投资者对现状潜力或抱负水平账户配置较高比例资金时（如 TMA3∶6∶1 或 TMA1∶3∶6），不论市场处于哪种状态，其在收益较高资产上的配置比例的变动并不明显，仅在中等风险和中等收益资产的配置比例上变动显著，这说明采用 TMA-LPT 模型的行为投资者即使对实现潜力或抱负水平具有追求，但其决策依然遵循“安全第一”准则，这也体现了多心理账户线性前景理论模型对行为投资者多样投资目标和多种心理诉求兼顾的内在本质。实证研究还对心理账户资金按照 50%：30%：20%，50%：20%：30%，30%：50%：20%，30%：20%：50%，20%：50%：30%，20%：30%：50%进行配置（限于篇幅，此处略），其结果与上述结果相似，验证了上述结论的稳健性。

2. 投资组合绩效评价

表 4-4 列出了传统投资组合模型的绩效表现和 SMA-LPT 与 TMA-LPT 投资组合模型在不同损失厌恶系数条件下绩效指标的均值，指标计算时采用无风险收益率作为计算基准水平。对于所有模型，当市场处于上升阶段时，投资组合都能取得较高的均值收益和良好的绩效；其次是盘整阶段，与采用全样本估计时的表现相似；当市场处于下降阶段时，组合收益较低，但组合标准差也较小。在传统投资组合模型中，M-V 模型的表现略好于 M-SV 模型和 CVaR 模型，前者各项绩效指标都优于后者；与前景理论模型相比，M-V 模型略优于 SMA-LPT 模型和 TMA-LPT 模型，这主要是因为基于线性前景理论的模型对下侧损失风险更为敏感，但与同样基于下侧风险思想的 M-SV 模型和 CVaR 模型相比，总体而言，SMA-LPT 模型和 TMA-LPT 模型比 M-SV 模型和 CVaR 模型表现得更好。在 SMA-LPT 模型中，行为投资者选取较高的参照点并据此设置单心理账户，如此反而能取得更高的收益和更好的绩效。由表 4-2 可知，当行为投资者设置较高的心理账户时，其配置中高收益资产比例上升而低风险资产比例下降，而基金相较于市场上的股票而言，其风险较低且收益相对稳定，因此提高股票基金或混合基金的配置比例可以取得更好的表现。在 TMA-LPT 模型中，选取了三种心理账户资金配置策略（TMA6：3：1，TMA3：6：1，TMA1：3：6），分别表示行为投资者对安全性、现状潜力和抱负水平实现的偏好，计算结果显示，对于高层次心理账户更为关注的行为投资者反而能取得更好的绩效表现。研究中，在计算绩效指标时，还采用上证综指收益率作为基准水平（限于篇幅，未在表中列出），对模型表现从另一角度考察，其总体结论与采用无风险收益率作为基准水平计算的结果相似，但信息比率、索提诺比率和欧米伽比率均较小，特别在下降阶段或盘整阶段个别模型的个别指标呈现负数，原因有两方面：一方面，从长期而言，上证综指的回报水平远高于无风险收益；另一方面，

表 4-3　三心理账户投资组合模型最优配置比例(%)

配置比例	全样本				上升阶段				下降阶段				盘整阶段			
	H11021.CSI	H11022.CSI	H11023.CSI	H11025.CSI	H11021.CSI	H11022.CSI	H11023.CSI	H11025.CSI	H11021.CSI	H11022.CSI	H11023.CSI	H11025.CSI	H11021.CSI	H11022.CSI	H11023.CSI	H11025.CSI
Panel A $\lambda=2.25$																
TMA6∶3∶1	25.93	3.33	33.15	37.59	80.00	4.67	12.67	2.67	0.00	0.00	12.38	87.62	20.56	5.28	33.06	41.11
TMA6∶1∶3	26.30	4.07	33.15	36.48	80.00	5.11	12.22	2.67	0.00	0.00	14.29	85.71	20.56	4.72	34.72	40.00
TMA3∶6∶1	26.48	4.17	37.87	31.48	80.00	4.67	14.00	1.33	0.00	0.00	13.81	86.19	21.39	9.44	32.22	36.94
TMA3∶1∶6	27.41	6.02	37.87	28.70	80.00	5.78	12.89	1.33	0.00	0.00	18.57	81.43	21.39	8.06	36.39	34.17
TMA1∶6∶3	27.22	5.46	41.02	26.30	80.00	5.11	14.44	0.44	0.00	0.00	16.67	83.33	21.94	11.67	33.33	33.06
TMA1∶3∶6	27.78	6.57	41.02	24.63	80.00	5.78	13.78	0.44	0.00	0.00	19.52	80.48	21.94	10.83	35.83	31.39
Panel B Mean λ																
TMA6∶3∶1	24.49	4.32	29.63	41.56	78.59	4.19	13.44	3.78	0.00	0.00	10.00	90.00	14.35	10.88	33.80	40.97
TMA6∶1∶3	24.95	4.63	29.81	40.60	78.89	4.56	12.78	3.78	0.00	0.00	11.59	88.41	14.35	11.34	34.91	39.40
TMA3∶6∶1	25.32	5.25	35.93	33.50	78.81	4.41	14.89	1.89	0.00	0.00	12.14	87.86	14.35	14.35	34.07	37.22
TMA3∶1∶6	26.48	6.02	36.39	31.11	79.56	5.33	13.22	1.89	0.00	0.00	16.11	83.89	14.35	15.51	36.85	33.29
TMA1∶6∶3	26.34	6.17	40.31	27.18	79.26	4.93	15.19	0.63	0.00	0.00	15.16	84.84	14.35	17.13	35.37	33.15
TMA1∶3∶6	27.04	6.64	40.59	25.74	79.70	5.48	14.19	0.63	0.00	0.00	17.54	82.46	14.35	17.82	37.04	30.79

注：Panel A 列出了损失厌恶系数 $\lambda=2.25$ 时的最优配置比例；Panel B 列出了 $\lambda=1.5$，2，2.25，3，4，5 这 6 种不同损失厌恶系数的最优配置比例的均值；安全性账户、现状潜力账户和抱负水平账户分别按照 60%∶30%∶10%，60%∶10%∶30%，30%∶60%∶10%，30%∶10%∶60%，10%∶60%∶30%，10%∶30%∶60%配置心理账户投资资金。

表 4-4　不同投资组合模型绩效指标(%)

Panel A	M-V				M-SV				CVaR			
	全样本	上升	下降	盘整	全样本	上升	下降	盘整	全样本	上升	下降	盘整
均值	1.11	1.59	0.37	1.10	0.81	0.53	0.37	0.99	0.95	1.16	0.38	0.99
标准差	0.39	0.67	0.04	0.39	0.23	0.22	0.04	0.33	0.32	0.43	0.04	0.34
夏普比率	22.18	20.28	36.00	21.81	24.90	12.99	36.02	22.45	22.30	21.35	35.75	21.96
信息比率	22.08	20.22	35.66	21.72	24.73	12.89	35.68	22.34	22.19	21.27	35.30	21.85
索提诺比率	35.73	32.22	66.57	35.02	40.94	19.42	66.63	36.21	35.90	34.17	65.14	35.26
欧米伽比率	1.93	2.45	1.14	1.92	1.61	1.31	1.14	1.80	1.76	1.99	1.14	1.80
Panel B	**SMA1**				**SMA2**				**SMA3**			
	全样本	上升	下降	盘整	全样本	上升	下降	盘整	全样本	上升	下降	盘整
均值	0.72	1.52	0.28	0.68	0.89	1.56	0.31	0.83	0.94	1.59	0.34	0.88
标准差	0.22	0.63	0.01	0.20	0.27	0.64	0.02	0.26	0.30	0.66	0.03	0.28
夏普比率	22.57	20.26	26.53	26.08	23.80	20.42	34.10	23.89	23.48	20.29	36.05	23.89
信息比率	22.39	20.21	28.52	25.81	23.66	20.37	35.02	23.72	23.35	20.24	35.97	23.74
索提诺比率	36.17	32.18	56.83	43.22	38.81	32.50	68.85	38.92	38.21	32.24	68.38	38.98
欧米伽比率	1.52	2.38	1.04	1.4.02	1.69	2.42	1.07	1.63	1.75	2.46	1.11	1.69

（续表）

Panel C	TMA6∶3∶1				TMA3∶6∶1				TMA1∶3∶6			
	全样本	上升	下降	盘整	全样本	上升	下降	盘整	全样本	上升	下降	盘整
均值	0.79	1.54	0.30	0.74	0.84	1.55	0.30	0.79	0.91	1.57	0.33	0.85
标准差	0.24	0.64	0.02	0.22	0.26	0.64	0.02	0.24	0.29	0.65	0.02	0.26
夏普比率	23.16	20.31	31.74	24.91	23.50	20.36	33.50	24.33	23.52	20.32	35.67	24.00
信息比率	23.00	20.26	33.35	24.70	23.35	20.31	34.65	24.15	23.38	20.27	35.90	23.84
索提诺比率	37.42	32.28	66.76	40.88	38.15	32.38	68.60	39.76	38.25	32.31	69.13	39.16
欧米伽比率	1.60	2.40	1.05	1.54	1.65	2.41	1.06	1.59	1.72	2.44	1.09	1.65

注：Panel A 列出了传统投资组合模型绩效表现；Panel B 列出了 SMA-LPT 模型投资组合绩效；Panel C 列出了三种心理账户资金配置策略下的 TMA-LPT 模型投资组合绩效；Panel B 和 Panel C 列出了 $\lambda = 1.5, 2, 2.25, 3, 4, 5$ 这六种不同损失厌恶系数时模型投资组合绩效指标的均值；夏普比率、信息比率、索提诺比率、欧米伽比率等计算均以无风险市场收益率为基准；除欧米伽比率以数值比例表示外，其余指标均以百分比形式表示。

实证研究中构建投资组合时采用的数据均是基金系列数据，通常认为基金回报率低于股票市场回报率。

4.6　本章小结

损失厌恶与心理账户是行为金融的两大核心发现，现有研究大多关注于损失厌恶对行为投资者资产配置的影响，而对于心理账户框架下行为资产配置的研究较少。本书借鉴线性前景理论和线性损失厌恶模型，建立了单心理账户线性前景理论模型，在此基础上，结合 SP/A 理论和三参照点理论建立了具有层次性的三心理账户线性前景理论行为投资组合模型，并进行实证研究。

实证研究利用不同市场状态下的中证基金指数数据建立单心理账户和三心理账户线性前景理论投资组合模型，考察了不同损失厌恶系数、不同参照点、不同心理账户资金配置在不同市场状态下的最优资产配置策略和投资组合绩效，并与传统的投资组合模型进行比较，主要有以下几点结论：①相较于传统模型，LPT 模型更加关注下侧损失风险，在构建资产配置时，更偏好收益较好而下侧损失较小的资产；②心理账户的设置反映了行为投资者的心理偏好，越注重安全性的投资者越偏好低风险资产，而寻求实现抱负水平的投资者则更偏好高收益资产，但依然遵循“安全第一”的投资准则；③LPT 模型损失厌恶系数增大，行为投资者配置于高风险资产的比例就会降低，而配置于低风险资产的比例就会相应上升；④在市场上升阶段，TMA-LPT 模型与 SMA-LPT 模型具有相似的积极投资策略，而在市场下降阶段，二者都趋向于保守投资，但在低风险资产的选择上略有不同；⑤遵循 LPT 模型进行投资决策时，适度提升目标寻求减小风险厌恶，有助于取得更好的投资绩效。研究认为依据线性前景理论模型进行决策的行为投资者更加关注下侧损失风险，具有多心理账户框架的行为投资者不仅关注潜力寻求和抱负实现，还更注重投资的安全性。

本章从现有研究对心理账户划分尚无统一标准的局限出发，尝试性地对前景理论损失厌恶特征、参照点理论和心理账户理论进行整合，构建了基于多心理账户参照效应的损失厌恶行为投资组合模型；首次将参照点理论的最新成果三参照点理论引入行为金融研究中，建立了具有典型性的安全性账户、现状潜力账户和抱负水平账户这三个层次性账户，并设计了具备操作可行性和数据可得性的三参照点选取体系，为三参照点理论在行为投资组合的应用提供思路和方法，为后续研究奠定基础。

第 5 章　基于前景价值与下偏二阶矩的行为投资组合研究

本章基于前景价值与下偏二阶矩构建了行为投资组合模型，该模型兼顾投资者的价值与风险感知，在行为投资组合框架下，以区间数的方式将三参照点理论与前景理论参照效应相结合，用基于前景价值的下偏二阶矩计量风险，建立投资组合优化模型，并利用有序加权平均算子求解。实证研究发现基于前景价值和下偏二阶矩的投资组合模型与传统投资组合模型具有相似的有效前沿和更优的性质。基于前景价值与下偏二阶矩的投资组合模型拓展和丰富了投资组合理论。

引例

不患寡而患不均？

D. Kahneman 和 A. Tversky 做过一个有趣的实验，在商品和服务价格相同的情况下，如下两种情景你更倾向于选择哪一种：

情景一：其他同事年收入为 6 万美元，你的年收入为 7 万美元；

情景二：其他同事年收入为 9 万美元，你的年收入为 8 万美元。

实验结果表明绝大部分被试者选择了前者。显而易见，如果单纯从个人收入角度而言，人们毫无疑问会选择情景二，但正是因为有了参照水平，扭转了人们的选择偏好，从而做出不理性的抉择。可见，多数人对得失的判断往往是以某参照点为依据的，人们在进行决策时，不仅依赖于最终结果产生的绝对效用，更会受到相对于参照点的相对价值的影响。这也就不难解释中国人常说的“不患寡而患不均”，所以社会治理中为何强调“公平正义比阳光更重要”。

5.1 引言

投资决策的核心问题是在收益与风险之间进行权衡与优化，实现投资者的效用最大化。1952 年，H. M. Markowitz 开创了现代投资组合理论，以期望效用理论为基础，用方差刻画投资风险，建立了均值方差模型的经典投资组合分析范式，此后众多的研究在此框架下进行深化和创新，并对均值方差模型的局限性进行了探讨与改进[188]，并拓展到多期决策问题上[189]。

一方面，期望效用理论无法解释诸如阿莱悖论（Allais Paradox）等问题，Friedman 和 Savage 通过研究发现人们对待风险的态度并非始终一致，由此进一步对期望效用理论提出了挑战。Herbert Simon 认为人们并不总是用完全理性的方式去寻求最佳方案，而是在有限理性范围内采用令人满意的最优化原则。均值方差模型建立在传统理性经济人假设和有效市场假设的经典金融分析框架下，追求期望效用最大化，但基于完全理性经济人假设和期望效用理论的经典金融理论对金融市场异象解释乏力。由此，自 20 世纪 70 年代末兴起的行为金融，将行为科学的研究成果应用于金融市场研究，从有限理性人假设出发，在投资决策分析中考量投资者的偏好、认知、情绪等心理因素对于决策的影响，对经典金融理论进行补充和改进。D. Kahneman 和 A. Tversky[7] 创立了前景理论，通过参照点效应、价值函数和权重函数等刻画了投资者损失厌恶、确定性偏好、框定效应、变动风险态度等决策行为特征，并成为行为金融的最重要理论成果之一得以广泛应用。

另一方面，由于风险很大程度上取决于个体心理感受后进行主观价值判断的概念，因此方差度量风险从其诞生之日起就备受质疑[13]。首先，方差计量风险要求资产收益率服从正态分布或投资者具有二项式效用函数；其次，方差将对均值的正负偏差等同对待，这与投资者的真实心理感知不同，行为金融研究发现投资者对于损失更为敏感，心理赋权更大；再次，用方差度量风险是基于风险未来收益率的不确定性或易变性的认识，而根据 Fishburn 的研究，他认为易变性或不确定性并不是风险的本质属性，因此用收益率的变异性来描述风险不合适；最后，方差计算放大了大偏差的风险，却缩小了小偏差的风险，从而就会忽视小偏差风险的累积作用[14]。鉴于此，许多研究将重点放在风险的度量上，寻求替代方差的方法，使其具备理论的完善性和计量的便利性，改善损失的真实感受对投资行为的影响，解决方差方法中收益率正态分布的假设等问题，寻求更佳的资产配置模型，因此基于下侧风险度量思想，相继出现了下半方差、绝对偏差、下半绝对偏差、风险价值（VaR）及条件风险价值（CVaR）等测量方法并建立相应的投资组合模型。

针对均值方差模型的不足，标准金融理论中对于资产组合选择的改进研究一般都从上述两个方面分别开展，一是根据期望效用最大化原则，通过修改效用函数研究投资组合优化；二是根据收益风险匹配原则，即在一定风险范围内最大化期望收益，或在一定的期望收益水平上最小化风险。作为行为金融理论的基石，前景理论修正了理性经济人对经济结果的期望准则，取而代之的是以前景理论价值函数作为测度工具，对相对于参照点的收益和损失进行价值评估，力求更为准确地拟合行为人对经济结果的心理感知效用；同时，人们普遍厌恶模糊和不确定性[190]，这就导致人们在决策时普遍具有确定性偏好。传统意义上将风险定义为损失的不确定性[191, 192]，即风险源于波动性且仅限于损失部分，这与行为金融理论观点有共通之处。

鉴于此，沿袭传统投资组合的分析思路，本章将借鉴均值方差模型的框架，以前景理论价值函数来评价行为投资者的收益和损失，从而取代传统的客观收益率，利用基于前景价值的下偏二阶矩度量行为投资者价值感知的不确定性和模糊厌恶，同时利用区间数形式刻画投资者的三重参照效应和投资者对价值与风险认知的模糊性偏差，构建基于前景价值和下偏二阶矩的行为投资组合模型，尝试将行为金融理论的前景理论与标准金融理论的收益风险分析范式进行糅合，并实证研究行为资产配置状况。

5.2 文献回顾

5.2.1 前景理论与投资组合研究

作为行为金融理论的核心理论基础，前景理论自问世以来便引人注目，众多学者和研究致力于将其应用于资产组合和定价的研究中，然而由于S形价值函数和复杂的概率转化权重函数，极大限制了前景理论的全面应用[158, 193]，于是更多的研究将关注点锁定在诸如损失厌恶这样显著的行为偏好上，并取得了前文所述的丰硕成果。边慎等[194]认为在一个理性人应当遵循的代数结合律公理的条件下，前景理论和期望效用理论的结论是一样的，但前景理论因其对投资者心理特征的有效捕捉，使前景理论在金融投资领域的应用仍然取得可喜的成果。

D. E. Giorgi 等[158]利用标准前景理论的价值函数和权重函数从理论上对投资者资产组合问题进行研究，探究前景理论在资产定价方面的意义，并提出应用前景理论进行投资组合研究的改进意见，并在其后研究中采用累积前景理论对金融市场一般均衡条件进行了分析[143, 195]；饶贵添[196]总结了现有研究中价值函数的形式，并利用价值函数对股票市场进行了实证研究；W. Zhang 等[154]基于前景理论对股票市场价格进行研究，投资者对前期损失和前期收益的不对称心理感知会影响到投资者的资产配置行为；Zhu 等[197]以基于前景理论构建期望效用函数，利用数值方法对损失厌恶系数与风险资产的关系进行模拟；余成波[198]在资本资产定价模型的基础上嵌入前景理论模型，构建了广义资本资产定价模型；张海峰[199]和张维等[200]借鉴行为金融理论中关于前景理论的研究成果，构造了一类基于前景理论决策框架的代表性投资者，并在此假设基础上推导出基于前景理论的资产定价模型，通过数值模拟发现，前景理论可以很好地解释金融市场的波动不对称现象；熊晶晶等[201]将价值函数纳入行为投资组合模型中，以建立单心理账户和多心理账户的投资组合模型；张海峰等[202]基于随机占优理论，对中国市场进行经验研究，结果表明投资者整体上呈现出前景理论的决策偏好特征，即在牛市中风险厌恶者更喜欢无风险资产，而在熊市中风险追求者更喜欢风险资产。

纵观这些研究，更多的是建立在前景理论价值函数的基础上，而对权重函数有所忽略，究其原因在于权重函数的计算相当复杂，不易于应用，但这并不影响研究的基本结论，一方面，客观概率转化为主观权重后差异性不大，另一方面，“在很多时候人们的决策仅仅受结果的影响，而跟概率没有关系，结果是风险决策最基本的维度，概率只是附加性的、次要的”[43]。这些研究对前景理论在资产组合和定价方面进行了有力探索，使研究者不再拘泥于某一特定的行为特征，有助于前景理论与金融理论的进一步融合，也为本章研究的开展提供了借鉴。

5.2.2 下偏矩与投资组合

T. Foo 等[203]、J. Estrada[126]等以半方差计量投资组合风险，认为均值半方差模型优于均值方差模型；在求解均值半方差模型最优解上，J. Estrada[126]提出了一种启发式算法。关于下侧风险的计量更一般化、更具代表性的理论成果之一是 W. V. Harlow[16]提出的下偏矩方法，在此之前 V. S. Bawa[204]、P. C. Fishburn[205]等都运用下偏矩进行资本市场均衡分析和风险度量，为偏矩方法的应用奠定了基础。所谓下偏矩方法是指引入风险基准水平(Risk Benchmark)，着重考察收益率分布在参照基准水平左边对风险的构成作用，用来改善方差对风险度量的不足，并据此建立相应的投资组合模型。事实上，在理论研究与金融实践中常用的 VaR 模型或 CVaR 模型也是基于下侧风险或损失的思想，R. T. Rockafellar 等[206]对条件风险价值投资组合优化问题进行了拓展性研究，其后关于在险价值的投资组合模型层出不穷。在计算下偏矩统计量时，W. V. Harlow[16]采用预先给定一组权重和股票，通过构造实验分布的方法计算下偏矩，不仅计算复杂且求解参数困难。

汪贵浦等[19]针对此问题对 Harlow 模型进行了线性转化，使得模型求解得以简化且能得到投资组合一阶下偏矩的精确值；在此基础上，邓勇[24]借鉴下偏矩的思想，利用半方差作为风险计量方法，提出了一个能包含投资者预测因素的半方差组合选择模型；彭飞等[180]结合行为资产组合理论构建了基于一阶下偏矩方法的行为投资组合模型，讨论了单心理账户和多心理账户下该投资组合模型有效前沿与均值方差模型有效前沿的相似性；方勇等[207]运用中国市场数据以区间数表示收益率与一阶下偏矩，构建了投资组合模型并进行实证分析；刘勇军[208]基于下偏矩和下半方差对多期模糊条件下的投资组合进行了系统研究。上述研究中，利用一阶下偏矩作为风险度量，在计算上有其便利性，但却忽视了证券之间的相关性，借鉴方差协方差性质与研究思路，利用二阶下偏矩及协二阶下偏矩可弥补一阶下偏矩的不足，D. Cumova 等[125]重点讨论了二阶下偏矩的性质及其内生性与外生性问题，建立投资组合模型并提出解法，通过实证研究对比均值半方差模型，D. Cumova 等[128]还进一步建立了基于上偏矩与下偏矩（UPM-LPM）的一般化投资组合模型，通过上偏矩与下偏矩参数的设定，研究随着收益和损失不同风险态度的变化对投资组合前沿的影响，将前景理论价值函数也纳入研究之中；黄薏舟等[209]借鉴方差思想，利用关于某一常数的二阶矩度量风险，并在此基础上建立起了基于均值-二阶矩分析方法的投资组合理论；U. Ayub 等[210]将基于二阶下偏矩的投资组合模型与均值方差模型、均值半方差模型进行比较，并对上述模型从组合规模、收益偏度、优化算法上进行了稳健性研究。

关于下偏矩的投资组合研究理论成果颇丰，上述所列文献仅是冰山一角，下偏矩捕捉的是人们对于下侧损失的风险感知，较之方差更为合理，但长久以来由于其计算不便故限制了它的广泛应用，D. Cumova 等[125]对于二阶矩的性质的探讨使下偏二阶矩具有与方差相似的统计性质和计算简便性，为下偏二阶矩在投资组合中的应用提供了条件，同时，其所构建的 UPM-LPM 理论框架更具有包容性。

5.3　投资组合模型

综上文献研究，一方面基于行为科学研究基础，针对期望效用对有限理性人的行为特征解释不足的问题，利用前景理论价值函数，建立纳入行为偏好的投资组合优化模型；另一方面是改进风险计量方法，特别是利用能更好地描述行为人心理风险感知的半方差、下偏矩方法，建立相应的均值下侧风险模型，拓展了投资组合研究的宽度。但现有研究鲜有对这两方面综合考虑的，D. Cumova 等[125, 128]虽然建立了一般化的 UPM-LPM 模型，对二者进行了糅合，但却将基准之上的收益与基准之下的风险完全对立考虑；此外，前景理论与下偏矩方法均强调参照点或基准水平，将收益损失或风险描述为对某一参照基准的偏差，二者在研究思想上契合，分析逻辑上具有相似之处，这为二者的融合应用提供了条件，但无论是前景理论还是下偏矩方法均回避了参照点的选择与确定这一重要问题。当前利用前景理论或下偏矩方法进行投资组合分析的研究中，普遍将参照点设置成单一且确定的值，这与实际的投资者决策心理不符，而随着行为科学研究的深入，多重参照效应与动态参照点越来越受到学界认可。鉴于相关研究中的不足，下文将沿袭均值方差模型的分析思路与框架，基于前景理论价值函数和下偏矩方法，引入三参照点理论，并利用区间数刻画多重参照效应和投资者模糊认知，构建基于前景价值和二阶下偏矩的行为投资组合模型，然后利用中国市场数据进行实证研究，拓展了行为投资组合研究。

5.3.1　前景价值与狭窄框定

D. Kahneman 和 A. Tversky[7]创立了前景理论，前景理论的价值函数揭示了几个特点：①价值的载体是财富的改变而不是财富的最终状态，并以相对参照点的偏离程度为标准；②价值函数在参照点以上是凹的，而在参照点以下是凸的，显示人们对于收益的风险回避态度和对于损失的风险寻求态度，即当 $x>0$ 时，有 $v'(x)\geqslant 0$，$v''(x)\leqslant 0$；当 $x<0$ 时，有 $v'(x)\geqslant 0$，$v''(x)\geqslant 0$，且对于收益和损失都呈现出敏感性递减规律；③收益变化的斜率小于损失变化的斜率，反映了人们对等量损失的心理感知比等量收益的心理感知更为敏感，刻画了“损失厌恶”的行为特征。

根据 A. Tversky 和 D. Kahneman[60]的前景理论，其价值函数如下：

$$v(x)=\begin{cases}(x-\hat{x})^{\alpha}, & x-\hat{x}\geqslant 0\\ -\lambda(\hat{x}-x)^{\beta}, & x-\hat{x}<0\end{cases} \tag{5-1}$$

收益损失定义为相对于参照点 $\hat{x}$ 的偏离程度，即 $x-\hat{x}\geqslant 0$ 为收益，$x-\hat{x}<0$ 为损失。式(5-1)中，α，β 分别表示对于收益和损失的敏感程度，表现为价值函数曲线的凹凸性，在本章中将不再对其进行线性化处理，参照A. Tversky等[60]和现有研究的成果，设 $\alpha=\beta=0.89$；λ 表示损失的厌恶程度，在图形上表现为价值函数曲线在损失区域比收益区域更加倾斜。这种S形曲线的价值函数体现了决策者面临收益时趋向于规避风险、面临损失时趋向于追求风险的偏好特性，这更加符合行为人的决策心理。

前景理论的另一个发现是行为决策者进行决策时普遍存在框定依赖。框定依赖是一种典型的启发式简化造成的认知偏差，狭窄框定是其典型代表。所谓狭窄框定是指投资者分析问题时具有思维隔离、角度狭窄的倾向，在资产组合问题中，狭窄框定表现为将一种资产或几种资产框定到一个取景框架中进行独立评价和计算，换言之，决策的行为主体的效用直接源于狭窄框定中的资产，而不是来自资产对总体财富的贡献[161]。前景理论价值函数的非全局凹性使其在资产组合优化的应用受到局限，狭窄框定效应有效规避了这一问题。假设市场上的投资者对组合资产进行评估时，存在强狭窄框定效应，即对于资产组合中的每一种资产独立评价和计算其前景价值[211]。设投资者备选资产池中的证券收益率向量为 $\boldsymbol{r}^{\mathrm{T}}=[r_1, r_2, \cdots, r_i, \cdots, r_N]$，其中，$r_i$ 为第 i 种证券收益率；设投资者的投资比例向量为 $\boldsymbol{w}^{\mathrm{T}}=[w_1, w_2, \cdots, w_i, \cdots, w_N]$，其中，$w_i$ 为组合中配置到证券 i 的比例，且 $0\leqslant w_i\leqslant 1$，$\sum_{i=1}^{N} w_i=1$，则资产组合的前景价值定义为

$$v(r_{\mathrm{p}})=\boldsymbol{w}^{\mathrm{T}}\boldsymbol{v}(r_i-\bar{r})=\boldsymbol{w}^{\mathrm{T}}[\eta(\boldsymbol{r}-\bar{\boldsymbol{r}})^{\alpha}-(1-\eta)\lambda(\boldsymbol{r}-\bar{\boldsymbol{r}})^{\beta}] \tag{5-2}$$

式中，r_{p} 为组合收益率；$\bar{r}$ 为参照点；当 $r_i\geqslant 0$ 时，$\eta=1$，否则 $\eta=0$。

5.3.2 三参照点区间与模糊厌恶

前景理论首次提出决策的参照依赖效应，将收益与损失定义为财富现状相对于参照点的偏离，以价值函数来描述决策者效用，但价值函数虽然刻画了投资者的损失厌恶特征和对待收益损失的风险态度的不一致性，却将参照点设定为单一且确定的水平，没有深入探讨参照点在决策中的效应。

近期越来越多的研究表明行为决策者可能存在多个参照点[82]。决策者们

拥有不同的财富水平、损益体验和抱负水平，因而对相同结果会有不同的评价，并通过不同的心理机制影响决策[185]。参照点并不唯一且常常以不确定范围出现，如以价格区间形式呈现[212]，或以随机变动形式存在[213]，这说明投资者的心理参照点具有一定的模糊性。然而，参照点的不唯一性或多重性主要通过两种模式影响决策：一种是整合模式（Integrated Mechanism），即多种参照信息通过加权合并形成新的单一决策参照点；另一种是独立模式（Segregated Mechanism）[214]，即假设人们会同时考虑多个参照点，并在比较后做出整体判断，三参照点理论（TRP）[81]是其中的典型代表。

三参照点理论将决策的多重参照效应归纳为底线（MR）、现状（SQ）和目标（G）三个具有显著影响的参照点[75]，这三个参照点将结果分为四个区域：成功、收益、损失、失败，不同参照点所带来的心理影响在三个参照点中的排序是 MR>G>SQ，表明避免失败是最重要的，其次是取得成功，最后才是维持现状。TRP 理论与 L. L. Lopes[76]的 SP/A 理论有异曲同工之妙，SP/A 理论认为人们在做不确定性决策时，既关注安全性（S）和升值潜力（P），同时还渴求抱负（A），但 TRP 理论厘清了纷繁复杂的参照点体系并从中归纳出底线、现状与目标三参照点，对其决策心理机制进行了理论建构，并验证了其有效性，为多重参照点的相关应用研究奠定了基础。

基于 TRP 理论与 SP/A 理论，假定投资者决策符合三参照点理论的决策心理机制，设第 i 种证券的三参照点为 r_i^{MR}，r_i^{SQ} 和 r_i^{G}，且一般情况下有 $r_i^{MR} \leqslant r_i^{SQ} \leqslant r_i^{G}$，于是构成一个三参数的不确定参照点区间 $\bar{r}_i = [r_i^{MR},\ r_i^{SQ},\ r_i^{G}]$。$r_i^{MR}$ 是投资底线，即投资者进行投资的最低安全保障，体现“安全第一”的原则，如传统投资分析中常用的无风险收益率是底线参照点的典型代表之一，而现实投资决策中，投资者设定的止损线是投资者自身所能承受的最大损失程度，其本质也是底线参照，反映投资者对财富的安全诉求；r_i^{SQ} 反映投资现状偏好，行为经济学实验表明，投资者面对不确定前景的行动时，更倾向于无作为而维持现状（即使这种现状可能恶化），体现投资者对于采取行动改变现状所承受风险的厌恶，投资实务中的消极型投资管理策略常常通过复制一个与市场结构相同的指数组合，以排除非系统性风险的干扰而获得与市场相近的投资回报；r_i^{G} 揭示投资者的抱负水平，行为金融理论认为，投资者的效用不仅源自货币收益的最大化，其投资行为也是为了实现自我目标和获得自豪感，当投资回报超出一定预期水平就会极大增加投资者的成就感与满足感。

设投资者备选资产池中的证券收益率向量为 $\boldsymbol{r}^{\mathrm{T}}=[r_1, r_2, \cdots, r_i, \cdots, r_N]$，其中，$r_i$ 为第 i 种证券收益率；设投资者的投资比例向量为 $\boldsymbol{w}^{\mathrm{T}}=[w_1, w_2, \cdots, w_i, \cdots, w_N]$，其中，$w_i$ 为组合中配置到证券 i 的比例，且 $0\leqslant w_i\leqslant 1$，$\sum_{i=1}^{N} w_i=1$，根据前景理论对收益和损失的定义，收益或损失是相对于参照点的正偏离或负偏离的程度；因此，证券 i 相对于三参照点的偏离可以表示为三参数形式的损益区间：$\tilde{r}_i=r_i-\bar{r}_i=[r_i-r_i^{\mathrm{G}}, r_i-r_i^{\mathrm{SQ}}, r_i-r_i^{\mathrm{MR}}]$，且一般情况下有 $(r_i-r_i^{\mathrm{G}})\leqslant(r_i-r_i^{\mathrm{SQ}})\leqslant(r_i-r_i^{\mathrm{MR}})$，用向量表示证券损益区间为 $\tilde{\boldsymbol{r}}^{\mathrm{T}}=[\tilde{r}_1, \tilde{r}_2, \cdots, \tilde{r}_N]$，投资组合的损益区间为 $\tilde{r}_{\mathrm{p}}=\boldsymbol{w}^{\mathrm{T}}\tilde{\boldsymbol{r}}$。

基于三参照点，投资者投资于证券 i 的损益区间可划分为四个部分：当 $r_i-r_i^{\mathrm{MR}}<0$ 时，证券 i 是完全损失的，证券 i 既没有保证投资底线收益，更没有实现投资者目标；当 $r_i-r_i^{\mathrm{G}}>0$ 时，表明证券 i 是完全收益，证券 i 既实现最低报酬标准，同时还超过预期目标，达成心理抱负，带来额外成就价值；当 $r_i-r_i^{\mathrm{SQ}}>0$ 时，说明投资者收益水平好于现状参照水平，但没有实现目标，心理感知为收益；当 $r_i-r_i^{\mathrm{SQ}}<0$ 时，说明投资者收益水平不如现状参照水平，心理感知为损失，如图 5-1 所示。

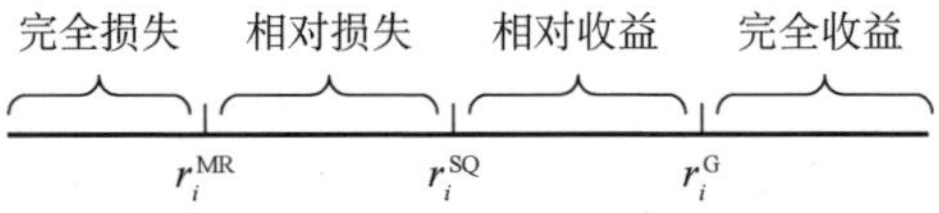

图 5-1　收益与损失区间划分

综上所述，在狭窄框定作用下，依据前景理论价值函数，基于三参照点区间的投资组合前景价值为

$$v(\tilde{r}_{\mathrm{p}})=\begin{cases}\dfrac{1}{T}\sum\limits_{i=1}^{N_1}\sum\limits_{t=1}^{T}w_i(\tilde{r}_{it})^{\alpha}, & \tilde{r}_{it}\geqslant 0\\ -\lambda\dfrac{1}{T}\sum\limits_{i=1}^{N_2}\sum\limits_{t=1}^{T}w_i(-\tilde{r}_{it})^{\beta}, & \tilde{r}_{it}<0\end{cases}\tag{5-3}$$

式(5-3)可改写为

$$v(\tilde{r}_{\mathrm{p}})=\frac{1}{T}\sum_{i=1}^{N}\sum_{t=1}^{T}w_i v(\tilde{r}_{it})=\frac{1}{T}\sum_{t=1}^{T}\left[\eta\sum_{i=1}^{N_1}w_i(\tilde{r}_{it})^{\alpha}-(1-\eta)\lambda\sum_{i=1}^{N_2}w_i(\tilde{r}_{it})^{\beta}\right]\tag{5-4}$$

式中，$\tilde{r}_{it}$ 为第 i 个证券在 t 时刻相对参照点的收益率区间数，$i=1, 2, \cdots, N$，$t=1, 2, \cdots, T$；N_1，N_2 分别为收益率 r_{it} 相对于不同参照点的收益或损失的证券数量，$N_1+N_2=N$；如果 $\tilde{r}_{it}\geqslant 0$，则 $\eta=1$，否则 $\eta=0$。

三参照点区间虽然在理论上合理描述了投资者决策的参照依赖，但区间数是一个模糊数，一方面在模型求解中存在困难，另一方面投资者普遍厌恶模糊性，因此需要将模糊区间数转为确定实数。模糊区间数转化为确定实数的方法较多，其中美国著名学者 R. R. Yager 等[215]在 1988 年提出了一种有序加权平均(Ordered Weighted Averaging, OWA)算子，该算子是一种独特的多属性信息集结方法，已在信息融合、决策分析、人工智能、模糊系统等诸多领域得到了广泛应用；之后，R. R. Yager 等[215]又提出了一种连续区间数据有序加权几何(Continuous Interval Argument OWG, C-OWG)算子，为集成连续区间数据信息提供了有效途径。为了将三参照点区间数转化为实数，便于求解模型的同时，又保证区间数描述的参照效应信息得到最大保留，借鉴 R. R. Yager 和汪新凡[216]的方法，利用三参数区间有序加权平均算子(Continuous Three Parameters Interval Argument OWA, CP-OWA)对三参数区间数进行集成处理。

定义 1：三参数区间数 $[x, y, z]$，其中 $x, y, z\in\mathbf{R}$，$x\leqslant y\leqslant z$，令：

$$\begin{aligned} g_{\rho 1, \rho 2}([x, y, z]) &= \frac{g_{\rho 1}([x, y])+g_{\rho 2}([y, z])}{2} \\ &= \frac{1}{2}\left\{\left[x\left(1-\int_0^1 \rho_1(u)\mathrm{d}u\right)+y\int_0^1 \rho_1(u)\mathrm{d}u\right]+\right. \\ &\quad \left.\left[y\left(1-\int_0^1 \rho_2(u)\mathrm{d}u\right)+z\int_0^1 \rho_2(u)\mathrm{d}u\right]\right\} \\ &= \frac{1}{2}\left\{x\left[1-\int_0^1 \rho_1(u)\mathrm{d}u\right]+\right. \\ &\quad \left. y\left[1+\int_0^1 \rho_1(u)\mathrm{d}u-\int_0^1 \rho_2(u)\mathrm{d}u\right]+z\int_0^1 \rho_2(u)\mathrm{d}\mu\right\} \end{aligned} \tag{5-5}$$

为三参数区间有序加权平均算子，简称 CP-OWA 算子。

式中，ρ_1，ρ_2 为基本的单位区间单调(Basic Unit-Interval Monotonic, BUM)函数，$\rho_1(\mu)=\mu^{\tau}$，$\rho_2(\mu)=\mu^{\frac{1}{\tau}}$，对于任意 BUM 函数 ρ_1，ρ_2，均有 $x\leqslant g_{\rho 1, \rho 2}([x, y, z])\leqslant z$。

利用上述方法,便可将区间数表达的前景价值转化为确定实数表达的前景价值,且有效保证了三个参照点对前景价值形成的参照效应作用。

5.3.3 下偏二阶矩与确定性偏好

下侧风险是指将收益水平相对于参照基准水平以下部分作为风险计量,测量下侧风险的方法都涉及基准水平收益率分布左侧的某种矩,因而被称作下偏矩方法。下偏矩反映了投资者对正负偏差不一致的心理感受,同时以下偏矩为目标函数的优化模型可以为投资者提供比均值方差模型更多的损失保护,与前景理论思想不谋而合。

传统的风险计量方式如方差关注于收益对均值的波动,下侧风险思想则认为风险是源于损失发生的不确定性。基于前景理论的认识,投资者的决策准则不再基于客观收益率的数值,而是基于相对参照点的收益和损失的价值感知,人们普遍厌恶模糊和不确定性,导致人们在决策时普遍具有确定性偏好,而价值感知的波动特别是下侧波动容易引起投资者的心理模糊感知,导致投资者从收益和损失获得的价值被这种模糊的不确定性抵消,这种价值的不确定性可以视为一种风险,并可以用下偏二阶矩予以描述。

定义 2:设 X 为离散型随机变量,则

$$LPM(\gamma,\ \hat{x}) = \frac{1}{T}\sum_{x<\hat{x}}^{\hat{x}} (\hat{x} - x)^{\gamma} \tag{5-6}$$

为其一个下偏矩。

式中, $\hat{x}$ 为给定的参照基准水平, $\gamma > 0$ 为给定的矩的阶数, T 为观测样本量;若 $\hat{x}$ 为均值, $\gamma = 0$, 则下偏矩转化为半方差。

根据参照点理论,将基于前景理论的下偏矩定义为实际前景价值相对于参照点前景价值的偏离,即:

定义 3:证券 i 关于参照区间 $\bar{r}_i$ 的前景价值下偏二阶矩为

$$LPM_i = E(\{\min[v(r_{it} - \bar{r}_{it}) - v(\bar{r}_{it}),\ 0]\}^2) \tag{5-7}$$

定义 4:证券 i, j 关于参照区间 $\bar{r}_i$ 的前景价值对称协下偏二阶矩为

$$\begin{aligned} CLPM_{ij} = E(&\{\min[v(r_{it} - \bar{r}_{it}) - v(\bar{r}_{it}),\ 0]\} \cdot \\ &\{\min[v(r_{jt} - \bar{r}_{jt}) - v(\bar{r}_{jt}),\ 0]\}) \end{aligned} \tag{5-8}$$

类似方差与协方差定义，可定义：$\zeta_{ij}=\dfrac{CLPM_{ij}}{\sqrt{LPM_i LPM_j}}$ 为证券 i，j 关于下偏矩的相关系数，当且仅当 LPM_i，LPM_j 均不为 0 时，于是有 $CLPM_{ij}=\zeta_{ij}\sqrt{LPM_i LPM_j}$；若 LPM_i，LPM_j 为 0，则定义 $\zeta_{ij}=0$。

定义 $LPM_{\mathrm{p}}=\tilde{\delta}_{\mathrm{p}}=\sum_i^N\sum_j^N w_i w_j\tilde{\delta}_{ij}$ 为投资组合协下偏二阶矩，$\mathrm{Std}LPM_{\mathrm{p}}=\sqrt{\delta_{\mathrm{p}}}$ 为投资组合标准协下偏二阶矩。

关于 LPM 和 $CLPM$ 的区间数计算，根据以下公式：

$$LPM_i=\tilde{\delta}_i=\frac{1}{T}\sum_t^T\{\min[v(r_{it}-\bar{r}_{it})-v(\bar{r}_{it}),\ 0]\}^2 \tag{5-9}$$

$$\begin{aligned}\tilde{\delta}_i=\frac{1}{T}\sum_t^T(&\{\min[v(r_{it}-r_{it}^{\mathrm{MR}})-v(r_{it}^{\mathrm{MR}}),\ 0]\}^2,\\&\{\min[v(r_{it}-r_{it}^{\mathrm{SQ}})-v(r_{it}^{\mathrm{SQ}}),\ 0]\}^2,\\&\{\min[v(r_{it}-r_{it}^{\mathrm{G}})-v(r_{it}^{\mathrm{G}}),\ 0]\}^2)\end{aligned} \tag{5-10}$$

$$\begin{aligned}CLPM_{ij}=\tilde{\delta}_{ij}=\frac{1}{T}\sum_{t=1}^T&\{\min[v(r_{it}-\bar{r}_{it})-v(\bar{r}_{it}),\ 0]\}\cdot\\&\{\min[v(r_{jt}-\bar{r}_{jt})-v(\bar{r}_{jt}),\ 0]\}\end{aligned} \tag{5-11}$$

$$\begin{aligned}\tilde{\delta}_{ij}=\frac{1}{T}\sum_{t=1}^T(&\{\min[v(r_{it}-r_{it}^{\mathrm{MR}})-v(r_{it}^{\mathrm{MR}}),\ 0]\}\cdot\\&\{\min[v(r_{jt}-r_{jt}^{\mathrm{MR}})-v(r_{jt}^{\mathrm{MR}}),\ 0]\},\\&\{\min[v(r_{it}-r_{it}^{\mathrm{SQ}})-v(r_{it}^{\mathrm{SQ}}),\ 0]\}\cdot\\&\{\min[v(r_{jt}-r_{jt}^{\mathrm{SQ}})-v(r_{jt}^{\mathrm{SQ}}),\ 0]\},\\&\{\min[v(r_{it}-r_{it}^{\mathrm{G}})-v(r_{it}^{\mathrm{G}}),\ 0]\}\cdot\\&\{\min[v(r_{jt}-r_{jt}^{\mathrm{G}})-v(r_{jt}^{\mathrm{G}}),\ 0]\})\end{aligned} \tag{5-12}$$

通过式(5-12)，可以得到关于三参照点的下偏二阶矩、协下偏二阶矩，对关于三参照点的下偏二阶矩、协下偏二阶矩进行排序以构造三参照点区间数，再根据上文所述的三参照点区间数集成方法(CP-OWA 算子)，将模糊的区间数转化成确定的实数，得到关于三参照点的协下偏二阶矩矩阵。

5.3.4　投资组合模型

根据上述定义与推导，基于最大化前景价值和最小化下偏二阶矩的决策原则，建立基于三参照点区间数的前景价值-下偏二阶矩[PTV-LPM(2)]投资组合优化模型：

$$\begin{aligned} \max v(\tilde{r}_{\mathrm{p}}) &= \frac{1}{T}\sum_{i=1}^{N}\sum_{t=1}^{T} w_i v(\tilde{r}_{it}) \\ &= \frac{1}{T}\sum_{t=1}^{T}\left[\eta\sum_{i=1}^{N_1} w_i(\tilde{r}_{it})^{\alpha} - (1-\eta)\lambda\sum_{i=1}^{N_2} w_i(\tilde{r}_{it})^{\beta}\right] \\ \text{s.t. } LPM_{\mathrm{p}} &= \tilde{\delta}_{\mathrm{p}} = \sum_{i}^{N}\sum_{j}^{N} w_i w_j \tilde{\delta}_{ij} \end{aligned} \tag{5-13}$$

或

$$\begin{aligned} \min LPM_{\mathrm{p}} &= \tilde{\delta}_{\mathrm{p}} = \sum_{i}^{N}\sum_{j}^{N} w_i w_j \tilde{\delta}_{ij} \\ \text{s.t. } v(\tilde{r}_{\mathrm{p}}) &= \frac{1}{T}\sum_{i=1}^{N}\sum_{t=1}^{T} w_i v(\tilde{r}_{it}) \\ &= \frac{1}{T}\sum_{t=1}^{T}\left[\eta\sum_{i=1}^{N_1} w_i(\tilde{r}_{it})^{\alpha} - (1-\eta)\lambda\sum_{i=1}^{N_2} w_i(\tilde{r}_{it})^{\beta}\right] \\ &= V \end{aligned} \tag{5-14}$$

满足 $\sum_{i=1}^{N} w_i = 1$。

式中

$$\begin{aligned} \tilde{\delta}_{ij} = \frac{1}{T}\sum_{t=1}^{T} &\{\min[v(r_{it} - \bar{r}_{it}) - v(\bar{r}_{it}),\ 0]\} \cdot \\ &\{\min[v(r_{jt} - \bar{r}_{jt}) - v(\bar{r}_{jt}),\ 0]\} \end{aligned} \tag{5-15}$$

上述两模型本质上是相同的，采用其中之一求解优化模型，即

$$\begin{aligned} \min \frac{1}{2} LPM_{\mathrm{p}} &= \frac{1}{2}\tilde{\delta}_{\mathrm{p}} = \frac{1}{2}\sum_{i}^{N}\sum_{j}^{N} w_i w_j \tilde{\delta}_{ij} \\ \text{s.t. } v(\tilde{r}_{\mathrm{p}}) &= \frac{1}{T}\sum_{i=1}^{N}\sum_{t=1}^{T} w_i v(\tilde{r}_{it}) \\ &= \frac{1}{T}\sum_{t=1}^{T}\left[\eta\sum_{i=1}^{N_1} w_i(\tilde{r}_{it})^{\alpha} - (1-\eta)\lambda\sum_{i=1}^{N_2} w_i(\tilde{r}_{it})^{\beta}\right] \\ &= V \end{aligned} \tag{5-16}$$

满足 $\sum_{i=1}^{N} w_i = 1$。

令拉格朗日函数为

$$L = \frac{1}{2}\boldsymbol{w}^{\mathrm{T}}\boldsymbol{\Sigma}\boldsymbol{w} + \theta_1(1 - \boldsymbol{e}^{\mathrm{T}}\boldsymbol{w}) + \theta_2[V - \underbrace{v(\tilde{\boldsymbol{r}})}_{v}{}^{\mathrm{T}}\boldsymbol{w}] \tag{5-17}$$

式中，$\boldsymbol{\Sigma}$ 为元素 $\tilde{\delta}_{ij}$ 的协下偏矩矩阵；$\boldsymbol{e}$ 为元素均为 1 的 $N \times 1$ 维列向量。

最优一阶条件为

$$\begin{aligned} &\frac{\partial L}{\partial \boldsymbol{w}} = \sum \boldsymbol{w} + \theta_1 \boldsymbol{e} - \theta_2 \boldsymbol{v} \\ &\text{s.t. } \boldsymbol{e}^{\mathrm{T}}\boldsymbol{w} = 1 \\ &\quad\ \boldsymbol{w}^{\mathrm{T}} v(\tilde{\boldsymbol{r}}) = V \end{aligned} \tag{5-18}$$

由上述方程得最优资产配置权重为

$$\begin{gathered} \boldsymbol{w}^* = \theta_1 \boldsymbol{\Sigma}^{-1}\boldsymbol{e} + \theta_2 \boldsymbol{\Sigma}^{-1}\boldsymbol{v} \\ \theta_1 = \frac{C - VB}{AC - B^2},\ \theta_2 = \frac{VA - B}{AC - B^2} \end{gathered} \tag{5-19}$$

其中，$A = \boldsymbol{e}^{\mathrm{T}}\boldsymbol{\Sigma}^{-1}\boldsymbol{e}$，$B = \boldsymbol{e}^{\mathrm{T}}\boldsymbol{\Sigma}^{-1}\boldsymbol{v}$，$C = \boldsymbol{v}^{\mathrm{T}}\boldsymbol{\Sigma}^{-1}\boldsymbol{v}$。

故，最小二阶下偏矩集的方程可表示为

$$\begin{aligned} \tilde{\delta}_{\mathrm{p}}^* &= \boldsymbol{w}^{\mathrm{T}}\boldsymbol{\Sigma}\boldsymbol{w} = \boldsymbol{w}^{\mathrm{T}}\boldsymbol{\Sigma}(\theta_1\boldsymbol{\Sigma}^{-1}\boldsymbol{e} + \theta_2\boldsymbol{\Sigma}^{-1}\boldsymbol{v}) \\ &= \theta_1\boldsymbol{w}^{\mathrm{T}}\boldsymbol{e} + \theta_2\boldsymbol{w}^{\mathrm{T}}\boldsymbol{v} = \frac{AV^2 - 2BV + C}{AC - B^2} \end{aligned} \tag{5-20}$$

该方程在前景价值-下偏二阶矩二维坐标系下表示为一条抛物线。

全局最小下偏二阶矩资产组合可由式(5-21)求得：

$$\frac{\partial \tilde{\delta}_{\mathrm{p}}^*}{\partial V} = \frac{2VA - 2B}{AC - B^2} = 0 \tag{5-21}$$

其前景价值 $V_0 = \dfrac{B}{A}$，其下偏二阶矩 $\tilde{\delta}_0 = \dfrac{1}{A}$。

全局最小下偏二阶矩资产组合是：

$$\boldsymbol{w}_0 = \frac{\boldsymbol{\Sigma}^{-1}\boldsymbol{e}}{\boldsymbol{e}^{\mathrm{T}}\boldsymbol{\Sigma}^{-1}\boldsymbol{e}} \tag{5-22}$$

5.4 实证研究

5.4.1 数据与数据处理

在实证研究中，选取上证 50 指数样本股中具有代表性的 25 只股票作为研究对象。上证 50 指数是根据科学客观的方法，挑选上海证券市场规模大、流动性好的最具代表性的 50 只股票组成的样本股，每半年调整一次，每次调整比例约为 10%，以便综合反映上海证券市场最具市场影响力的一批龙头企业的整体状况。依据上证 50 指数 2014 年 12 月公布的入选样本股名单，剔除入选次数较少的股票，剔除数据缺失严重或数据连续性不强的股票，保留在上证 50 指数历次调整名单中保持相对稳定的个股，最后得到 25 只股票。这 25 只股票长期位列上证 50 指数样本股名单，且均在 2006 年之前上市，具有良好的数据持续性。实证研究中选取这 25 只股票在 2006 年 1 月到 2014 年 12 月共计 108 个月的月度收益率，而利用长期月度收益率数据既考虑市场波动影响，也能消除短期突发因素引起的股价波动异常，反映该股长期市场表现的一般状况。对于均值方差、均值半方差模型分析中采用对数收益率，即第 t 月收益率为 $r_t = \ln P_{t+1} - \ln P_t$。数据来源于国泰安金融数据库(CSMAR)。数据预处理采用 Stata13 完成。各股收益率描述统计结果如表 5-1 所列。

表 5-1 各股收益率描述统计

股票代码	均值	最小值	最大值	标准差	半标准差
600000	0.026	−0.343	0.366	0.124	0.084
600010	0.020	−0.296	0.562	0.149	0.094
600015	0.021	−0.329	0.523	0.123	0.080
600016	0.024	−0.302	0.484	0.117	0.076
600018	0.011	−0.770	0.845	0.163	0.106
600028	0.014	−0.368	0.363	0.120	0.084
600030	0.037	−0.356	0.964	0.191	0.115
600031	0.035	−0.312	0.525	0.172	0.111
600036	0.021	−0.337	0.372	0.117	0.079
600050	0.014	−0.345	0.740	0.128	0.079
600089	0.029	−0.305	0.657	0.150	0.087

（续表）

股票代码	均值	最小值	最大值	标准差	半标准差
600104	0.029	−0.353	0.439	0.139	0.095
600111	0.044	−0.430	0.671	0.179	0.119
600196	0.026	−0.235	0.455	0.118	0.078
600256	0.029	−0.361	0.392	0.152	0.108
600332	0.023	−0.301	0.780	0.146	0.091
600383	0.032	−0.340	0.509	0.154	0.101
600406	0.030	−0.349	0.393	0.144	0.096
600518	0.037	−0.293	0.403	0.130	0.087
600519	0.031	−0.301	0.468	0.120	0.076
600547	0.043	−0.339	0.543	0.186	0.116
600583	0.018	−0.386	0.323	0.128	0.089
600585	0.026	−0.353	0.567	0.145	0.097
600837	0.043	−0.542	2.450	0.290	0.126
600887	0.027	−0.395	0.477	0.118	0.081

5.4.2　参照区间及模型参数选择

1. 参照点选择与构建

三参照点理论虽搭建了基于底线、现状和目标的参照效应框架，但其参照选择并无统一标准，对于不同情境下的决策问题，其选择标准与范围存在差异。鉴于投资研究中关于三参照点研究的文献较少，同时考虑数据的可得性，在实证研究中选用投资分析中被广泛应用的无风险收益率作为底线参照，并利用样本均值和市场同期收益率构造现状参照点和目标参照点。具体而言，实证研究中采用银行定期存款（一年期）利率作为底线参照点（MR）；选用样本均值与底线参照点的孰大值作为现状参照点（SQ）；选用上证指数同期市场收益率与现状参照点的孰大值作为目标参照点（G）。底线参照点反映资金的时间价值，体现行为投资者对于安全性的要求；现状参照点揭示了行为投资者的现状偏好特征，是投资者对于投资策略不应使其现状变差的诉求；目标参照点体现了行为投资者追求超越市场收益的目标，展现行为投资者内在抱负水平。

2. 价值函数参数设定

前景理论价值函数模型中涉及三个参数 α，β，λ，这些参数因实验条件、测算方法等的不同，相关的研究结果各有不同，目前被普遍接受的是 A. Tversky 和 D. Kahneman[217]对多次实验与测算的结果的最新总结，即实证研究中所采用的：$\alpha=\beta=0.89$，$\lambda=2.25$。

3. 区间数集成方法参数

对于三参数区间有序加权平均算子(CP-OWA)中的 BUM 函数，选取参数 $\tau=\frac{3}{4}$，即令 $\rho_1(\mu)=\mu^{\frac{3}{4}}$，$\rho_2(\mu)=\mu^{\frac{4}{3}}$。

5.4.3 实证研究结果分析

1. M-V 模型和 M-SV 模型

通过 Matlab R2010b 优化工具箱，利用 25 只股票 123 个月的月度收益率，可以得到均值方差(M-V)模型和均值半方差(M-SV)模型的投资组合有效前沿，如图 5-2 所示。M-V 模型和 M-SV 模型的有效前沿呈现相同形状，且二者在组合收益率低于 0.026 以下部分的斜率较大，在组合收益率高于 0.026 以上部分有效前沿的斜率趋于平缓，这反映了 M-V 模型和 M-SV 模型均表现出对于风险敏感性的递减特征；从位置上看，M-V 模型有效前沿位于 M-SV 模型的有效前沿的左上方，说明在相同的风险程度上，M-V 模型的组合收益要显著高于M-SV模型，这与主流研究结果一致，例如在期望收益等于 0.026 处，M-V 模型的标准差小于 0.1，低于 M-SV 模型的标准差(约为 0.13)。M-SV 模型只将

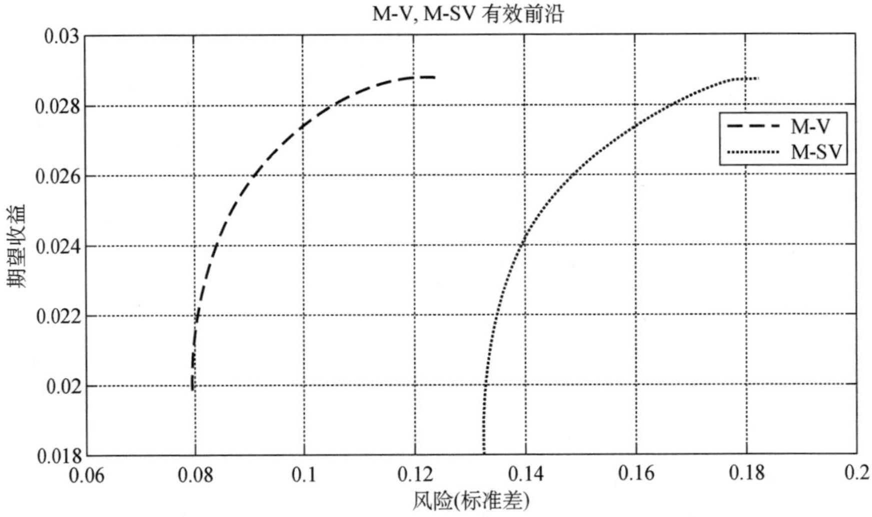

图 5-2 均值方差(M-V)模型和均值半方差(M-SV)模型的投资组合有效前沿

收益率相对均值的向下偏离视为风险，这更符合行为人的心理特征，相较于 M-V 模型，对风险更加敏感，因此在决策过程中，采用 M-SV 模型的决策者更趋于保守，导致 M-SV 模型的有效前沿在 M-V 模型的右侧。通过比较，基于下侧风险思想的均值半方差(M-SV)模型能够得到与均值方差(M-V)模型相似的有效资产组合，但在投资决策中，M-SV 模型比 M-V 模型更加风险趋避，这与现有的研究结论相吻合，也侧面反映了下侧风险思想，与行为投资者决策特征的吻合，其投资决策具有一定的有效性。

2. PTV-LPM 模型相关计算

(1) 根据前景理论对收益损失的定义，基于三参照点区间数，利用价值函数分别计算前景价值区间数，并利用三参数区间有序加权平均算子(CP-OWA)和 BUM 函数将前景价值区间数集成为确定实数；

(2) 根据前景理论公式计算三参照点的参照前景价值；

(3) 利用前景价值区间数与参照前景价值，根据协下偏二阶矩公式计算协下偏二阶矩矩阵，得到区间数表达的协下偏二阶矩矩阵；

(4) 利用三参数区间有序加权平均算子(CP-OWA)和 BUM 函数将前景价值区间数集成为确定实数；

(5) 利用前景价值及其协下偏二阶矩矩阵，进行投资组合优化计算，并得到有效组合权重；

(6) 根据有效前沿的组合权重，计算投资组合均值和协方差，画出均值-方差框架下的投资组合有效前沿。

基于参照区间的前景价值及其下偏矩的描述统计结果如表 5-2 所列。

表 5-2　各股基于参照区间的前景价值及其下偏矩(二阶)描述统计

股票代码	PTV	PTV*	LPM(2)	LPM(2)*
600000	(−0.124，−0.119，−0.031)	−0.101	(0.039，0.081，0.084)	0.072
600010	(−0.152，−0.145，−0.055)	−0.127	(0.054，0.093，0.097)	0.085
600015	(−0.133，−0.127，−0.034)	−0.108	(0.038，0.083，0.087)	0.075
600016	(−0.125，−0.12，−0.025)	−0.101	(0.033，0.078，0.081)	0.069
600018	(−0.167，−0.161，−0.063)	−0.141	(0.069，0.12，0.126)	0.111
600028	(−0.151，−0.145，−0.044)	−0.125	(0.046，0.094，0.099)	0.085
600030	(−0.122，−0.117，−0.043)	−0.102	(0.067，0.09，0.092)	0.085
600031	(−0.122，−0.117，−0.038)	−0.101	(0.064，0.093，0.095)	0.087

（续表）

股票代码	PTV	PTV*	LPM(2)	LPM(2)*
600036	(−0.13，−0.123，−0.031)	−0.105	(0.037，0.079，0.083)	0.071
600050	(−0.155，−0.148，−0.044)	−0.127	(0.04，0.098，0.102)	0.087
600089	(−0.128，−0.122，−0.036)	−0.105	(0.041，0.079，0.084)	0.072
600104	(−0.127，−0.121，−0.034)	−0.103	(0.05，0.087，0.091)	0.08
600111	(−0.112，−0.106，−0.027)	−0.09	(0.066，0.094，0.098)	0.089
600196	(−0.127，−0.121，−0.025)	−0.102	(0.034，0.082，0.087)	0.072
600256	(−0.138，−0.131，−0.041)	−0.113	(0.064，0.11，0.116)	0.101
600332	(−0.147，−0.14，−0.04)	−0.12	(0.048，0.105，0.112)	0.095
600383	(−0.13，−0.125，−0.039)	−0.108	(0.053，0.111，0.115)	0.1
600406	(−0.139，−0.133，−0.039)	−0.114	(0.049，0.112，0.117)	0.1
600518	(−0.11，−0.105，−0.012)	−0.086	(0.037，0.095，0.101)	0.084
600519	(−0.116，−0.111，−0.016)	−0.092	(0.029，0.087，0.09)	0.075
600547	(−0.124，−0.118，−0.031)	−0.101	(0.064，0.114，0.122)	0.105
600583	(−0.146，−0.139，−0.044)	−0.12	(0.049，0.091，0.096)	0.083
600585	(−0.138，−0.132，−0.043)	−0.114	(0.054，0.096，0.1)	0.088
600837	(−0.135，−0.129，−0.044)	−0.112	(0.075，0.13，0.134)	0.119
600887	(−0.129，−0.123，−0.025)	−0.103	(0.036，0.088，0.093)	0.078

注：PTV 为基于参照区间的前景价值区间数，PTV* 为经 CP-OWA 集成后的前景价值实数；LPM(2)为基于前景价值的二阶下偏矩区间数，LPM(2)* 为经 CP-OWA 集成后的二阶下偏矩实数。

3. PTV-LPM 有效前沿

下偏矩方法能够更好地描述风险，体现有限理性人的投资决策的行为特征。利用前景价值和下偏二阶矩构建投资组合模型并求得其均值方差有效前沿，如图 5-3 所示。

图 5-3 就不同参照点分别绘制了 PTV-LPM 模型的均值方差有效前沿，通过比较可以看出，选择较低参照点模型的有效前沿位于较高参照点模型的左上方，说明随着参照点的提高，行为投资者的风险忍受能力降低，对风险的敏感程度增加，在同一风险（标准差）水平上，其投资组合决策的收益水平相对较低，这在一定程度上反映出当行为投资者决策时，越风险规避，其投资绩效表现反而越不佳，这与风险收益匹配原则一致；相反，当投资者降低参照点，适当增加风险容忍度则有助于取得更好的组合收益；对于 PTV-LPM 模型的有效前沿，无论采取哪种参照点或集成三参照点，随着风险程度提高到一定程度，收益水平将呈现边际递减特征，在图像上表示为有效前沿趋于平坦；其有效前沿都呈现与 M-V 模型和 M-SV 模型相似的凹形曲线，但相对于采用底线参照点的模型的有效前沿，采用现状参照点和目标参照点的模型的有效前沿显得更为平坦，甚至其有效

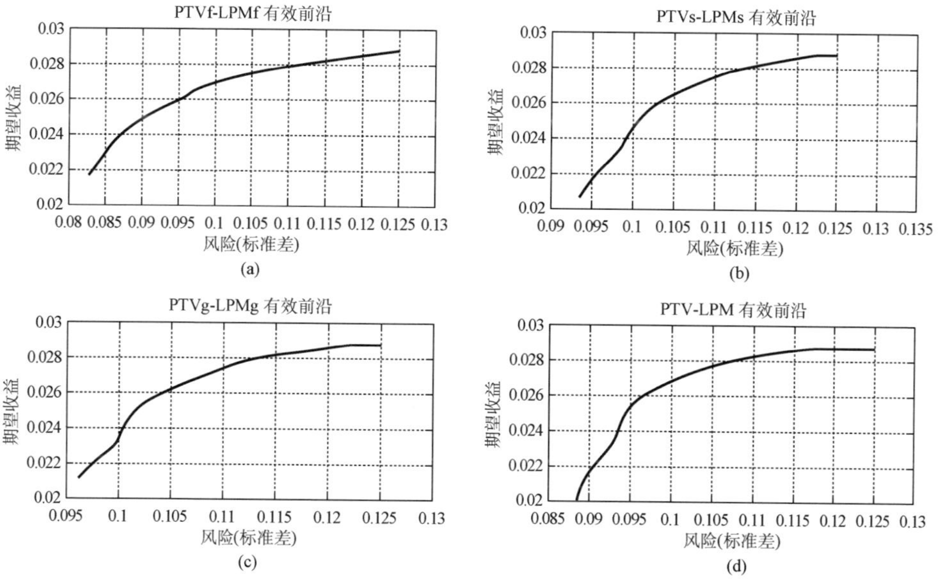

图 5-3　基于前景价值(PTV)与下偏二阶矩(LPM)的投资组合有效前沿

注:图(a)选择底线参照(MR)作为参照点;图(b)选择现状参照(SQ)作为参照点;图(c)选择目标参照(G)作为参照点;图(d)参照点为三参照点经 CP-OWA 集成后的值。

前沿并不那么光滑。

图 5-4 比较了 M-V 模型、M-SV 模型和 PTV-LPM 模型的有效前沿形式,其共同特征是呈凹形曲线,且随着风险或收益的提高,有效前沿趋于平坦,可以

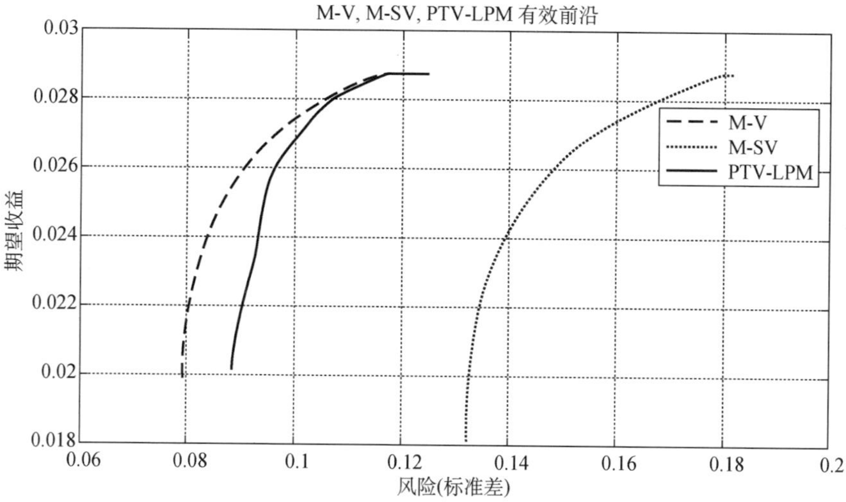

图 5-4　不同投资组合模型的有效前沿比较

看出,PTV-LPM 模型和 M-V 模型的有效前沿位于 M-SV 模型的有效前沿的左上侧,说明 PTV-LPM 模型和 M-V 模型可以取得比 M-SV 模型更为有效的投资组合。事实上,M-SV 模型可以视为 PTV-LPM 模型的一个特例,M-SV 模型考量的是下半方差,在 PTV-LPM 模型分析中,只需将下偏二阶矩的参照点设置为样本均值,下偏二阶矩便转化为下半方差。

PTV-LPM 模型的有效前沿与 H. Shefrin 和 M. Statman[9] 的单心理账户行为投资组合模型(BPT-SA)在低期望水平下的有效前沿相似,彭飞等[180] 的 LBPT 模型和 D. Cumova 等[125, 128] 的 UPM-LPM 模型的研究结果也与此相类似。从直观角度分析,凹形曲线有效前沿比较符合人们的投资决策心理,而徐绪松等[136, 137, 148] 基于收益与效用的有效前沿则依赖于参数设定且有效前沿具有非凹性,其有效前沿为向下倾斜的直线或曲线。

4. 投资组合绩效比较

为了进一步比较不同投资组合模型的有效性,引入基金评价中常用的夏普比率和欧米伽比率。夏普比率是基于传统风险计量思想,即以方差或标准差作为风险测度指标,计算投资组合每承受一单位总风险,会产生多少的超额报酬;欧米伽比率则通过选取基于基准水平,对位于基准水平上部收益程度与位于基准水平下侧损失程度进行比较,在实证研究中选取上证综指收益率作为基准水平来计算欧米伽比率。实证研究中选取不同模型有效前沿上的 1 000 个有效组合,分别计算这些有效组合的夏普比率和欧米伽比率,结果如图 5-5 和图 5-6 所示。

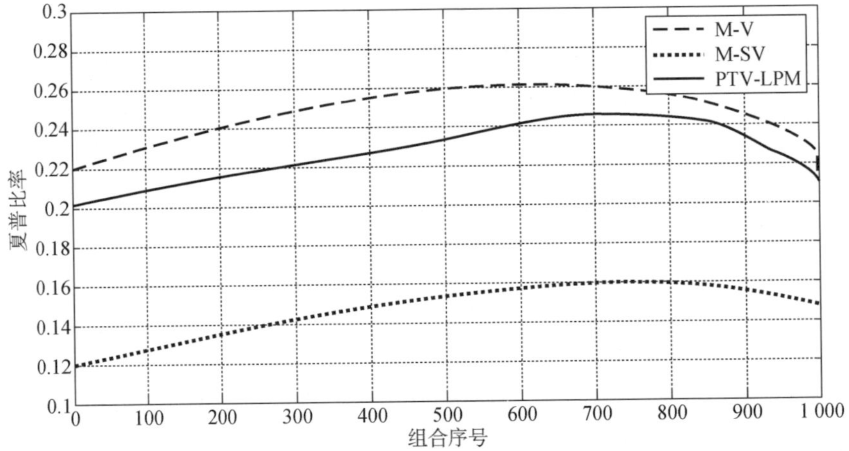

图 5-5 不同投资组合模型的夏普比率

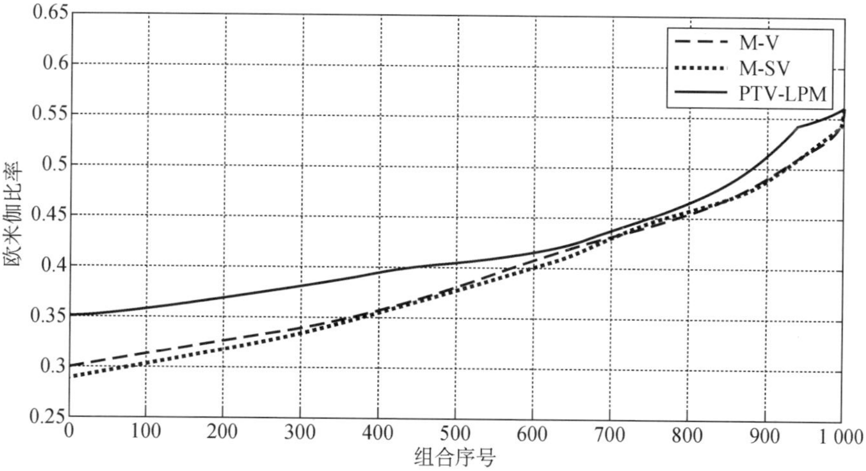

图 5-6　不同投资组合模型的欧米伽比率

在夏普比率比较上，M-V 模型和 PTV-LPM 模型的表现显著优于 M-SV 模型，M-V 模型的夏普比率仅略高于 PTV-LPM 模型，但 PTV-LPM 模型的夏普比率更为稳健，图像更为平坦。在欧米伽比率比较上，M-V 模型和 M-SV 模型的表现差异不大，但 PTV-LPM 模型的欧米伽比率总体要优于 M-V 模型和 M-SV 模型。

5.5　本章小结

H. M. Markowitz 建立均值方差投资组合模型，开创了现代投资组合理论，但以方差计量风险存在固有的局限性，且受到理论界的质疑。然而，传统的投资组合模型基于期望效用理论，假设完全理性人的存在，没有考虑决策者的行为特征和属性，缺乏现实基础。行为金融的兴起既给经典的标准金融理论带来一定挑战，又为标准金融理论与模型的修正与改良提供了新的视角与方法。

前景理论价值函数描绘了参照效应下收益损失的定义及其风险态度，揭示了损失厌恶特征，这更符合行为人对损益的价值感知，而基于下侧风险思想的下偏矩风险计量方法在研究思想上与前景理论的参照效应具有相似性与一致性，符合投资者决策心理与行为偏好特征。在此思想指导下，本章构建了基于前景理论价值函数及其下偏二阶矩的行为投资组合模型，并利用上证 50 指数中的 25 只样本股月度收益数据进行了实证研究，结果发现：①基于前景价值（PTV）

和下偏二阶矩(LPM)的投资组合模型具有与传统均值方差(M-V)模型或均值半方差(M-SV)模型相似的有效前沿,收益随着风险的逐步增大呈现边际递减效应;②通过对 PTV-LPM 模型的有效前沿的比较,较低的参照点的有效前沿位于较高参照点有效前沿左上方,说明投资者的风险容忍度越大,越有可能取得较好的组合收益,这与风险收益匹配原则一致;③在不同模型的投资绩效表现上,PTV-LPM 模型的夏普比率与M-V模型的夏普比率相差不大,但在欧米伽比率上,PTV-LPM 模型总体好于 M-V 模型和 M-SV 模型,说明 PTV-LPM 模型具有一定的优越性。

本章研究以前景理论价值函数度量投资者的损益感知,以前景价值的下偏二阶矩作为不确定风险度量,将前景理论价值函数刻画的投资者行为偏好特征纳入经典的均值方差分析框架中,建立基于前景理论价值函数及其下偏二阶矩的行为投资组合模型,对前景理论思想与均值方差模型的融合进行了尝试性研究。同时,在模型中引入有关参照点的最新研究成果,即三参照点理论,设计了三参照点体系并构建三参照点区间数,改变了以往研究中参照点设定的单一性问题,而以区间数表达的参照点也更好地刻画了投资者参照心理的模糊性,且改进了三参照点计算的分散性。本章研究是将标准金融理论与行为金融理论融合的一个创新性尝试,同时拓展了前景理论、三参照点理论的研究视角。PTV-LPM 投资组合模型将前景理论价值函数与下偏矩风险度量方法融合在均值方差模型的框架中,在研究中首次纳入三参照点理论,进一步拓展和丰富了投资组合理论。但三参照点理论只是多重参照效应的一种代表性理论,由于金融市场的复杂性与投资者心理的易变性,在实际决策问题中究竟选择何种参照点,学术界依然莫衷一是。因此,多重参照点的选择始终是一个值得进一步深入研究的问题,同时,本书中仅研究了单心理账户下的投资组合优化问题,对于多心理账户情境下的投资组合还有待日后进一步研究。

第6章　投资者损失厌恶情绪与资产定价研究

本章首先在均值方差模型框架下设计情绪影响函数并构建情绪投资组合模型，研究行为资产配置策略；然后基于损失厌恶特征设计投资者情绪，通过计量经济学模型研究投资者非理性因素对资产定价的作用。实证研究利用开放式股票型基金的收益数据，构建了基于三参照点理论的损失厌恶情绪，并利用上证指数收益和股票组合收益数据研究损失厌恶情绪对股票收益的总体效应(Aggregate Effects)和横截面效应(Cross-section Effects)。实证研究结果显示，损失厌恶情绪对股票收益具有显著的总体效应和横截面效应；损失厌恶情绪与股票收益高度相关并产生反转效应，同时影响股票市场条件波动，存在创造空间效应；损失厌恶情绪对股票收益的影响具有一定的持续性和衰减性，长期情绪对股票收益具有一定的正向预测作用；损失厌恶情绪是股票定价的一个不可忽略的因子，中、小盘股和成长股的收益更容易受到损失厌恶情绪的影响。此外，基于不同参照的损失厌恶情绪在不同程度上影响股票收益。

引例①

如何度量投资者情绪？——来自北大的研究

1. 什么是中国投资者情绪指数？

中国投资者情绪指数(China Investors' Sentiment Index，CISI)是在收集网络能反映投资者情绪的上亿条金融文本大数据的基础上，使用深度学习方法，度量文本信息所反映的中国投资者情绪。它一方面刻画了2008年以来金融市场中投资者的情绪变迁，另一方面能够实时追踪当下投资者的情绪变化。

① 引例中的资料来源于北京大学国家发展研究院网站(http://nsd.pku.edu.cn/zsfb/zgtzzqxzs/index.htm.)。

2. 为什么需要投资者情绪指数?

"黑天鹅""灰犀牛"类事件的频发,对于理解和预测市场状况提出了新的要求。除了采用度量经济和市场基本面的常见"硬"指标外,监管部门和政策制定者、投资者、企业、金融机构和学界亟须能够反映金融市场当下以及未来波动的情绪类"软"指标。但是,现有中国投资者情绪指数或采用有限问卷收集到的信息,或频率低、地域窄、缺乏延续性,或包含了情绪之外的其他信息,无法满足实际需求。

学术研究中对于投资者情绪的定义主要有两类:①噪声交易者关于股票未来股价预期偏离理性套利者信念的程度[46];②投资者基于对资产未来现金流和投资风险的预期而形成的一种信念。

国外对投资者情绪指标的选取主要包括以下三类:①客观指标。包括封闭式基金折价、IPO发行量及首日收益、交易量、共同基金净赎回、股票发行与债券发行比例等。②主观指标。包括个体投资者协会指数、投资者智能指数、证券分析师情绪指数、消费者信心指数。③复合指标。采用主成分分析法,将客观指标和主观指标等结合在一起。

国内现有关于投资者情绪的研究,大多是参考国外投资者情绪指数构建方法。指标的选取类似于国外主观、客观指标,并结合国内实际情况做适当调整。各机构也编制了若干指数,以主观指标为主,包括央视看盘指数、巨潮投资者信心指数、好淡指数、上海投资者信心指数。

但以上指标均存在一定的缺陷。基于交易行为的指标是市场多种力量下的均衡结果,不止反映投资者情绪。主观指标虽然能够反映受访者填写问卷时的情绪,但不能全面反映投资者在投资过程中的情绪。此外,多数机构编制的指数存续期短,甚至不再更新。随着互联网和深度学习的发展,基于文本大数据的投资者情绪日益受到重视,但采用文本大数据全面度量投资者情绪的市场需求尚未满足。

3. 中国投资者情绪指数构建方法

全网收集关于全部上市公司的投资者情绪相关的文本大数据。时间从2008年7月开始,截至2018年5月已收集了约1亿5千万条文本信息。利用中文分词技术对文本进行分词处理。利用Word2Vec技术,将文本中的词语向量化。对于国外的LM词典(T. Loughran & B. McDonald)运用翻译工具进行翻译和检查,构建中文版的LM词典。

在沪深300成分股中,选取200只股票,并对每只股票选取200条讨论帖子。由北京大学国家发展研究院教授、优秀博士生和硕士生、市场投资者共同组成人工标注团队，对4万条帖子进行人工标注。两人独立标注一条文本信息，根据其内容将其分为正、负、不确定三类，同时对每条帖子列出其包含的正、负关键词。标注完成后，保留标注分类一致的帖子，根据标注结果构建"中国金融情绪词典"，并获得中国金融市场投资者情绪标注集。

运用多种文本情绪算法检验稳健性。算法选择包括传统的词典法和机器学习方法。对于词典法，词典选取两部：中文版本的LM词典，专业标准团队构建的"中国金融情绪词典"。对每个帖子，统计帖子中正面和负面词语的数量，分别采用等权重法(Equal-Weighted, EW)和词频-逆文档法(Term Frequency-Inverse Document Frequency, TF-IDF)计算帖子的情绪得分。对于机器学习方法，分别采用支持向量机分类(Support Vector Classification, SVC)和卷积神经网络方法(Convolutional Neural Network, CNN)。在SVC方法下，结合两类词向量表示法，第一类为独热表示(One-Hot)，第二类为词向量表示(Word2Vec)。

对于词典法，直接计算其在测试集上(样本外)的分类准确性。对于深度学习法，先在标注集上训练模型，并根据验证集上表现最好的结果来确定模型的参数，选出最优模型。比较各种模型在测试集上的分类准确性。其中，词典法的总预测准确率约为75.65%，SVC+Word2Vec的总预测准确率约为81.45%，CNN的总预测准确率约为81.24%。

将训练好的最优模型应用到全部文本数据中，计算每个帖子的情绪得分。将不同股票帖子的情绪得分按照相应标准进行加总，构建不同指标体系的投资者情绪指数。

4. 中国投资者情绪指数指标体系

中国投资者情绪指数(China Investors Sentiment Index, CISI)包含一级指标(代表全部沪深股票的市场情绪指数)，和按行业、按时间频率和按板块等分类的二级子指数。其中，按照行业分类(参照Wind行业分类标准和申万行业分类标准)，包含八个大类：金融行业、制造行业、服务行业、信息行业(计算机、传媒、通信)、医药卫生行业、房地产行业、能源行业、消费行业。按照时间跨度分类，包含月度频率、周度频率、日度频率(全天情绪、隔夜情绪、午间情绪)以及日内半小时情绪。按照板块划分，包含沪深300、上证50、中证500、中小板、创业板情绪指数。

5. 中国投资者情绪指数包含了什么信息?

(1) CISI包含了投资者对市场已发生状况(如收益率、交易量、国际市场的表现)的情绪反映。投资者情绪指数和金融市场重大事件相吻合,如2015年6月爆发股灾,此后股市开始大跌,而投资者情绪指数在7月和9月分别处于历史(2008.07—2018.05)次低点和最低点。

(2) CISI还包含投资者对市场未来信息的预期。实证研究发现,该指数对市场收益率、波动、交易量均有一定的预测能力。

(3) 不同时间段的投资者情绪表现出不同的特征。交易时间段的平均投资者情绪显著低于非交易时间段(隔夜情绪)的平均投资者情绪。

(4) 不同行业的投资者情绪在过去十年也具有不同的特征。其中,医药行业的平均情绪最高,能源行业的平均情绪最低,消费行业的情绪波动最小,金融行业的情绪波动最大。

6. 中国投资者情绪指数有什么用?

作为度量投资者情绪的工具,CISI不仅包含过去的市场信息,也能在一定程度上反映投资意愿或投资者对市场走势的预期。对市场收益率、波动、交易量均有一定的预测能力。为相关部门制定政策和监管部门判断市场走势提供新的视角,为学界理解市场运行规律提供新的抓手。企业经营活动、金融机构存贷款决策、资产管理的新参考。

7. 研究实例:2019年1月中国投资者情绪指数发布

中国投资者情绪指数是通过收集网络能反映投资者情绪的上亿条金融文本大数据,使用深度学习方法来度量中国散户投资者情绪的新工具。该指数由北京大学国家发展研究院和百分点信息有限公司联合发布。本书在此介绍2019年1月中国投资者情绪关注度指数和情绪指数状况。

(1) 2019年1月:多重利好,情绪回暖。

(2) 2019年1月,基于沪深300上市公司计算的一级投资者情绪指数由上月41.4上涨到本月44.2,为过去12个月的最高值。

(3) 中证500、上证50、创业板和中小板4大板块的投资者情绪子指数较2018年12月均有显著提升。

(4) 消费、金融、稳定、周期和成长5大风格投资者情绪子指数较上月显著提升。

(5) 2019年1月,投资者对休闲服务、食品饮料、交通运输行业、采掘和公共事业等行业情绪最为乐观。

1）中国投资者情绪指数一级指数

（1）关注度指数大体持平

2019 年 1 月，投资者关注度指数为 121.7，同 2018 年 12 月的 123.3 相比存在微幅下降。虽然，该投资者关注度指数属于过去 12 个月的最低位，但是关注度下跌现象存在趋缓的趋势（图 6-1）。

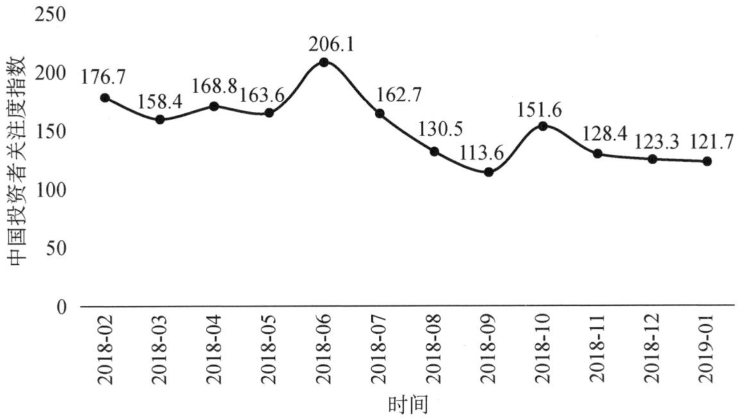

图 6-1　连续 12 个月中国投资者关注度指数变化情况

（2）情绪指数

2019 年 1 月，中国投资者情绪指数（CISI）为 44.2，比 2018 年 12 月上升约 6.8%，为过去 12 个月的最高水平。该指数表明，投资者情绪转为更加乐观（图 6-2）。

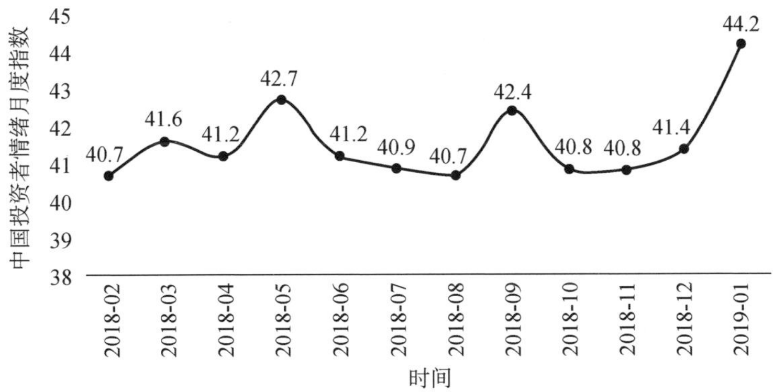

图 6-2　连续 12 个月中国投资者情绪月度指数

分析显示，这一乐观情绪并非由月度或者季节效应导致。根据国务院发展研究中心的《国内外金融市场周度报告》,2019 年 1 月大事包括第一周央行 1 月 4 日决定下调金融机构存款准备金率 1 个百分点、第二周新一轮中美贸易磋商进展积极、第三周因刘鹤副总理拟于 1 月底访美就经贸问题进行磋商、美联储主要决策者再次强调在决定未来是否进一步升息时保持耐心等。在上述背景下,2019 年 1 月前三周投资者情绪出现上涨趋势。虽然在第四周出现多家上市公司发布业绩亏损、商誉减值预告,但第四周的投资者情绪只出现微幅下跌,表明不少投资者将这些消息解读为上市公司短期释放利空、有利长期业绩增长的行为(图 6-3)。

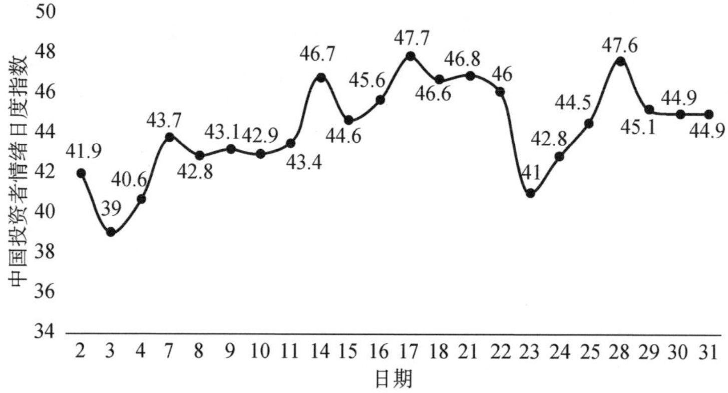

图 6-3　2019 年 1 月中国投资者情绪日度指数

2) 中国投资者情绪指数二级指数

(1) 投资者板块情绪指数

指数概览:四大板块投资者情绪指数回暖迹象明显。

2019 年 1 月,中证 500、上证 50、创业板和中小板四大板块的中国投资者情绪指数全面上涨,分别由 2018 年 12 月的 40.8, 41.9, 41.6 和 40.4 上涨到 42.4, 44.5, 44.5 和 42.8,表明降准、中美贸易磋商积极推进、开展定向中期借贷便利(Targeted Medium-term Lending Facility, TMLF)等措施,让投资者情绪在本月转为更加乐观(图 6-4)。

从各大板块单日表现来看(图 6-5),2018 年 12 月的前两周四大板块中国投资者情绪指数走势基本一致,后两周板块情绪指数走势分歧变大。央行降准、中美贸易磋商积极推进对各板块上市公司均有利好效应,而商誉减值、盈余亏损预告等对不同板块投资者的情绪影响不同,其中中证 500、创业板和中小板的投资者情绪指数在第四周均有下降。

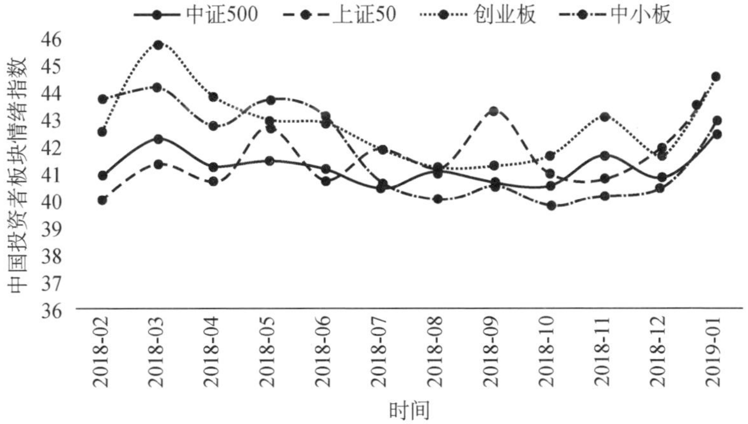

图 6-4　连续 12 个月中国投资者板块情绪指数

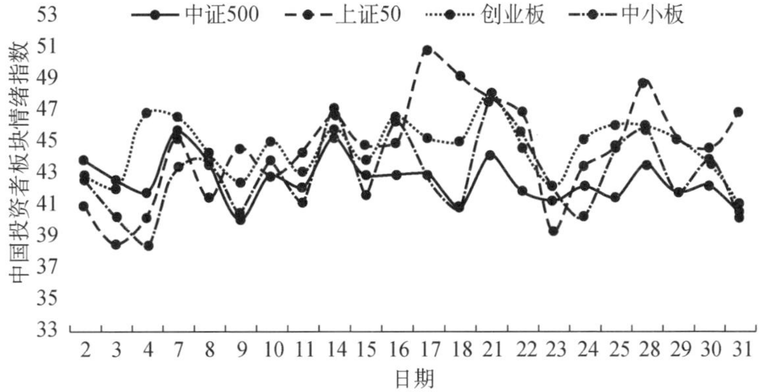

图 6-5　2018 年 12 月中国投资者板块情绪指数单日表现

(2) 行业投资者情绪子指数

指数概览:1 月休闲、食品、交通、采掘、公用事业向好。

从月度行业情绪看,2019 年 1 月中国投资者情绪最为乐观的五大行业分别是休闲服务(47.4)、食品饮料(47.3)、交通运输行业(44.6)、采掘(44.5)和公用事业(44.4),而投资者情绪最为悲观的五大行业分别是建筑装饰(40)、有色金属(39.6)、纺织服装(39.5)、综合(39)和通信(37.5)(图 6-6)。与上月相比,情绪排名升幅最大的五大行业分别是:家用电器(从第 22 升至第 9)、国防军工(从第 27 升至第 15)、医药生物(从第 12 升至第 7)、钢铁(从第 26 升至第 21)、建筑材料(从第 17 升至第 13)。

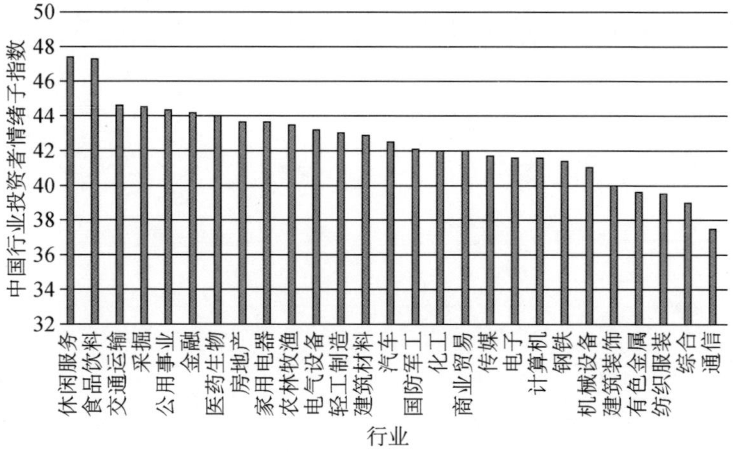

图 6-6　2019 年 1 月中国投资者行业情绪子指数平均排名

(3) 不同风格投资者情绪子指数

分风格指数表现：五大风格投资者情绪指数均趋好。

2019 年 1 月，投资者情绪指数按风格从高到低排序分别是消费(45.1)、金融(44.1)、稳定(43.4)、周期(42.4)、成长(41.4)，比上月分别增长了 3.7，2.7，1.2 和 1.5。同时，本月不同风格的投资者情绪指数不仅较上月存在大幅提升，而且达到过去 12 个月的最高点，即投资于不同风格股票的投资者情绪总体均出现回升态势(图 6-7)。

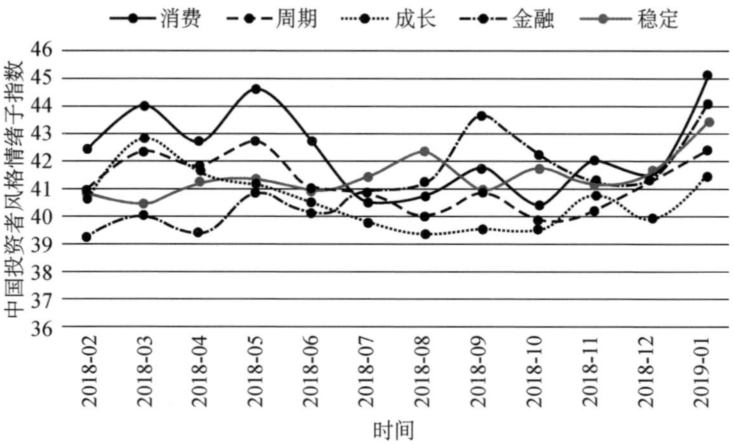

图 6-7　连续 12 个月中国投资者风格情绪子指数

8. 总结

虽然2019年1月末出现多家公司盈余亏损、商誉减值公告，但总体上，受多方利好消息影响，2019年1月投资者情绪指数较上月大幅上涨。这一上涨在不同板块、不同风格上市公司的投资者情绪中均有反映。就行业来看，2019年1月投资者对休闲服务、食品饮料和交通运输行业的情绪最为乐观。

6.1 引言

建立在有效市场假说基础上的传统标准金融理论认为股票的价格由股票的内在价值所决定，投资者依据无偏信息和理性预期进行决策。随着行为金融的兴起，金融市场上的异象引起人们的重视，并且对于标准金融理论的理性预期开始进行审视。行为金融理论认为，股票市场价格不仅依赖于股票的内在价值，还受到市场上投资者的认知偏差、心理因素和行为特征的影响，投资者的非理性行为会导致资本市场表现偏离经济基本面，投资者对未来的预期带有系统性偏差，而带有偏差的预期被称为投资者情绪，投资者情绪关系到市场是否有效、资产价格是否无偏地反映所有信息及投资者是否理性等问题[218]。J. B. De Long 和 A. Shleifer等首次将投资者情绪引入股票价格决定模型（DSSW 模型），该模型将市场参与主体分为理性预期的精明投资者（Sophisticated Investor）和非理性预期的噪声交易者（Noise Trader）。噪声交易者情绪在金融市场中持续存在，套利投资者将无法消除非理性因素导致的资产错误定价，噪声交易者的非理性预期所带来的额外噪声交易风险可以被市场定价，使得投资者情绪成为影响资产均衡价格的系统性风险，因此股票价格是由其理性的内在价值和非理性的噪声风险共同决定的。

6.2 文献回顾

自 DSSW 模型之后，国内外学者首先从市场整体出发研究投资者情绪是否影响市场整体收益并形成系统性风险，即投资者情绪的总体效应。之后又有学者考查了投资者情绪的横截面效应。G. W. Brown 等[219]研究发现情绪与股票市场的错误定价之间具有相关性，情绪变量与市场收益之间存在显著的正向关系，说明在市场情绪高涨期间，市场会倾向于高估股票价格。E. R. Lawrence 等[220]在资本资产定价模型中纳入投资者情绪，从而解释了股票的“异常波动率”

“股市泡沫”等现象。R. F. Stambaugh 等[221]的研究认为投资者情绪可以有效解释美国市场上的动量效应、财务困境效应、应激效应等 11 种资产定价异象。我国学者王美今和孙建军[222]认为投资者情绪是投资者决策中“基于情感的判断”,会对中国股票市场收益和波动产生影响。蒋玉梅等[223]探讨了投资者情绪对股票收益的总体效应与横截面效应,结果表明就总体效应而言,情绪与短期市场收益正相关,与长期市场收益负相关,说明投资者情绪对于股票收益会产生系统性的影响;就横截面效应而言,投资者情绪对不同特征的股票收益影响具有差异性。熊伟等[224]从理论和实证两个角度分析了股票特质波动率、股票收益与投资者情绪之间的动态关系,投资者情绪和股市流动性是影响中国股票市场高特质波动股票与低特质波动股票截面收益差异大小的重要原因。近年来,随着资本市场研究的深入,投资者有限理性和市场并非完全有效的观点得到认可,投资者情绪等非理性因素对资本市场的影响越来越受到学界关注。现有的研究结果表明,投资者并非完全理性,投资者的非理性预期模式是影响股票定价的一个系统因子。

现有文献关于投资者情绪的度量有直接和间接两种方式,直接度量方式主要通过问卷来调查投资者对市场未来走势的态度,根据被调查的投资者的乐观或悲观意见来构建市场情绪指标,例如央视看盘指数、新浪多空指数和华鼎多空民意调查数据等。直接度量方式能够较好地反映市场投资者的主观情绪,但受到客观条件限制,此方式只能涵盖市场上一定量的投资者的反馈意见,故由此构成的情绪指标可能存在偏颇。因此,目前更普遍的方法是采用间接度量方式,即通过获取市场上各种客观数据来作为市场投资者情绪的代理指标。间接度量法根据所采用的数据和指标的不同,又可分为综合情绪指数和单一情绪指数。采用综合情绪指标的研究主要借鉴了 M. Baker 等[225]的研究,利用股票换手率、封闭基金折价率、IPO 数量、IPO 首日平均收益率、IPO 首发股数、分红与不分红公司平均资产市值比的对数比率等 6 个变量构建了投资者情绪综合指标,研究股票收益率与情绪之间的关系;姚德权等[226]的研究表明投资者情绪与封闭式基金折价、IPO 数量、A 股新增开户数、市场换手率之间存在显著相关;宋泽芳等[227]利用封闭式基金折价率、IPO 首日收益率和数量、交易量等构造了综合情绪指标,且研究发现规模较大、波动率较高、市净率较高的股票易受情绪的影响;文凤华等[228]考察了积极情绪与消极情绪对收益的不同影响,发现正面情绪对股票收益有显著的正向影响,而负面情绪对其影响并不明显;马若微等[229]通过一致性和优越性分析表明 SENT 情绪指数对上证 A 股市场的投资者情绪具有较好的解释能力。

与综合情绪指标需要从众多变量中提取情绪因子不同,单一情绪指标具有直接、简便和易操作等优点。P. Corredor 等[230]认为，如果难以找全 M. Baker 等[225]研究中的 6 个因子，那么综合情绪指标的稳健性还不如单一指标；陆静等[231]认为，采用 M. Baker 等研究的 6 因子法构造指标难以应用于中国，因为中国股票市场 IPO 时断时续，使得与 IPO 相关的基础变量难以全面反映市场投资者情绪，而中国上市公司债券融资比例和股利分配率偏低，导致股权发行份额和股利溢价率这两个因子也无法刻画投资者情绪，因此许多研究都只涉及单一指标。现有研究中单一情绪指标主要包括消费者信心指数、好淡指数、投资者信心指数、央视看盘指数和证券投资基金等。A. Kumar 等[232]利用个人投资者的交易记录构建 BSI 指数，发现除了 Fama-French 三因子和动量因子外，BSI 指数也是股票横截面收益的一个定价因子；陆江川等[233]以好淡指数作为投资者情绪的代理变量，对股市横截面收益进行研究，发现周投资者情绪对股票横截面收益有正向影响。由于上述单一情绪指标数据可获得性差，许多研究利用证券投资基金相关数据进行情绪指标构建，一方面，证券投资基金是集合投资产品，其参与者涵盖众多机构投资者和个人投资者，与股票市场具有显著的关联效应，能够全面且有效地反映股票市场的投资者情绪；另一方面，证券投资基金的数据可得性较好。A. Frazzini 等[234]提出基于共同基金资金流量的情绪指标，发现前期具有较高情绪的股票在未来半年至一年的时间内收益呈下降趋势；A. Ben-Rephael 等[235]使用了美国市场上共同基金流量来度量投资者情绪；王春[236]以开放式股票型基金资金净流入作为投资者情绪的度量指标，并发现投资者情绪对股票市场收益具有正向反馈作用；T. Feldman[237]借鉴行为金融中损失厌恶效应，利用开放式基金构建了带有损失厌恶的投资者情绪指标，陆静等[231]在 T. Feldman[237]的研究基础上，利用 AH 股交叉上市股票对股票收益率进行了截面效应研究，发现投资者情绪高涨有助于推动股票价格上扬，并对未来价格具有一定的预测效应。但 T. Feldman[237]和陆静等[231]的研究中对于损失厌恶的刻画相对简单和片面，在构建投资者情绪指标时采用绝对收益率，而忽略了投资者损失厌恶中的参照依赖效应。

6.3　情绪与投资组合

6.3.1　情绪投资组合模型

投资者情绪是影响投资者投资决策的一个重要的非理性因素。Yu 等[238]

研究认为投资者情绪会影响到投资结果，当投资者情绪乐观时，投资者可能会不太关注风险，此时的风险厌恶系数较小，其投资策略偏向于积极进攻；当投资者情绪悲观时，投资者可能格外关注风险，此时的风险厌恶系数增大，其投资策略偏向于消极防御。不仅如此，陈其安等[239]的研究认为，投资者情绪会影响投资者风险厌恶系数和对资产收益的预期，一般而言，投资者情绪乐观时倾向于高估资产的预期收益，而投资者情绪悲观时倾向于低估资产的预期收益。

根据以上分析，假设当投资者情绪乐观时，投资者倾向于高估资产的收益预期，其风险厌恶系数减小；当投资者情绪悲观时，投资者倾向于低估资产的收益预期，其风险厌恶系数增加。设 s 为投资者情绪因子，当 $s=0$ 时，表示投资者理性；当 $s>0$ 时，表示投资者情绪乐观；当 $s<0$ 时，表示投资者情绪悲观；设 $f(s)$ 为投资者情绪影响函数，投资者情绪通过函数 $f(s)$ 对投资者风险厌恶系数和资产预期收益产生影响，参照 Yu 等[238]、陈其安等[239]和谢军[240]等的研究，投资者情绪影响函数采用指数形式，其一般形式为

$$f(s)=e^{as} \tag{6-1}$$

式中，s 为情绪因子；a 为待定系数，依据投资者情绪对资产收益预期和风险厌恶系数的作用来选取。

设资产收益率为 r，投资者对资产的风险厌恶系数为 γ，则情绪为 s 的投资者对资产收益率的预期为

$$r'=E_s(r)=re^{as} \tag{6-2}$$

情绪为 s 的投资者的风险厌恶系数为

$$\gamma'=\gamma e^{-bs} \tag{6-3}$$

式中，s 为情绪因子；a，b 为正常数；r' 为受情绪影响的投资者对资产收益率的预期；γ' 为受情绪影响的投资者风险厌恶系数。

当投资者理性时（$s=0$），投资者对未来收益做出无偏估计，$E_s(r)=r$，其风险态度理性，$\gamma'=\gamma$；当投资者情绪乐观时（$s>1$），投资者高估预期收益，$E_s(r)>r$，其风险厌恶程度变小，$\gamma'<\gamma$；当投资者情绪悲观时（$s<1$），投资者低估预期收益，$E_s(r)<r$，其风险厌恶程度变高，$\gamma'>\gamma$。

行为投资者对于资产的评估通常存在一定的狭窄框定效应，为了方便建模，假设投资者情绪对投资者决策的影响具有强狭窄框定作用，即投资者对资产组合中的单个资产独立评估，投资者情绪对资产组合中的单个资产的影响各不相

同。具体而言，投资者对任一资产 n 具有不一致的情绪因子 s_n，任一资产 n 的情绪影响函数为 $f(s_n)=\mathrm{e}^{as_n}$，投资者对任意资产 n 的收益具有独立预期 r'_n，投资者对任意资产 n 具有不一致的风险厌恶系数 γ'_n。

如此就有投资者情绪影响函数矩阵：

$$\boldsymbol{F}=\begin{bmatrix} f(s_1) & 0 & \cdots & 0 \\ 0 & f(s_2) & \cdots & 0 \\ \vdots & \vdots & & \vdots \\ 0 & 0 & \cdots & f(s_N) \end{bmatrix}_{N\times N} \tag{6-4}$$

受情绪影响的投资者异质性风险厌恶系数矩阵为

$$\boldsymbol{A}=\begin{bmatrix} \gamma'_1 & 0 & \cdots & 0 \\ 0 & \gamma'_2 & \cdots & 0 \\ \vdots & \vdots & & \vdots \\ 0 & 0 & \cdots & \gamma'_N \end{bmatrix}_{N\times N}=\begin{bmatrix} \gamma f(s_1) & 0 & \cdots & 0 \\ 0 & \gamma f(s_2) & \cdots & 0 \\ \vdots & \vdots & & \vdots \\ 0 & 0 & \cdots & \gamma f(s_N) \end{bmatrix}_{N\times N}=\gamma\cdot\boldsymbol{F} \tag{6-5}$$

如果投资者遵循均值方差决策准则，其二次效用函数为

$$\boldsymbol{w}^{\mathrm{T}}\bar{\boldsymbol{r}}-\frac{\gamma}{2}\boldsymbol{w}^{\mathrm{T}}\boldsymbol{\Sigma}\boldsymbol{w} \tag{6-6}$$

式中，$\bar{\boldsymbol{r}}=[\bar{r}_1, \bar{r}_2, \cdots, \bar{r}_n, \cdots, \bar{r}_N]^{\mathrm{T}}$ 为资产期望收益向量，$\bar{r}_n$ 为第 n 种资产的期望收益率；$\boldsymbol{w}=[w_1, w_2, \cdots, w_n, \cdots, w_N]^{\mathrm{T}}$ 为投资策略向量，w_n 为投资于第 n 种资产的投资比例；$\boldsymbol{\Sigma}$ 为资产的协方差矩阵。该效用函数包括两部分，一部分是投资组合的预期收益，另一部分是投资组合的风险。如此，投资者的最优决策问题为在 $\sum_{n=1}^{N}w_n=1$ 的约束下寻求上述效用函数的最大化，实现收益最大化、风险最小化。

由于非理性投资者容易受到情绪的影响，使其对资产收益的预期产生偏差，同时对风险的厌恶程度随情绪变动而改变，则在上述二次效用函数决策框架下，具有情绪影响的投资者最优决策问题可描述为

$$\max\ \boldsymbol{w}^{\mathrm{T}}\boldsymbol{r}'-\frac{1}{2}\boldsymbol{w}^{\mathrm{T}}\sqrt{\boldsymbol{A}}\boldsymbol{\Sigma}\sqrt{\boldsymbol{A}}\boldsymbol{w} \tag{6-7}$$

其中，

$$\sqrt{\boldsymbol{A}}\boldsymbol{\Sigma}\sqrt{\boldsymbol{A}} = \gamma \begin{bmatrix} f(s_1)\sigma_1^2 & \sqrt{f(s_1)f(s_2)}\sigma_{12} & \cdots & \sqrt{f(s_1)f(s_N)}\sigma_{1N} \\ \sqrt{f(s_1)f(s_2)}\sigma_{21} & f(s_2)\sigma_2^2 & \cdots & \sqrt{f(s_2)f(s_N)}\sigma_{2N} \\ \vdots & \vdots & & \vdots \\ \sqrt{f(s_N)f(s_1)}\sigma_{N1} & \sqrt{f(s_N)f(s_2)}\sigma_{N2} & \cdots & f(s_N)\sigma_N^2 \end{bmatrix}_{N\times N}$$

$$= \gamma\sqrt{\boldsymbol{F}}\boldsymbol{\Sigma}\sqrt{\boldsymbol{F}} \tag{6-8}$$

在上述效用函数中，情绪投资者对资产收益和风险具有非同质预期，第一部分 $\boldsymbol{w}^{\mathrm{T}}\boldsymbol{r}'$ 为情绪投资者对资产收益的有偏预期，反映情绪投资者对资产收益的主观效用评价；第二部分为情绪投资者对资产风险的认知和主观效用评价，记 $\boldsymbol{\Sigma}' = \sqrt{\boldsymbol{F}}\boldsymbol{\Sigma}\sqrt{\boldsymbol{F}}$ 视为投资者受情绪影响后对客观风险的主观评价，称为情绪投资者的情绪认知风险矩阵。

于是，上述最优化问题等价于式(6-9)：

$$\begin{aligned} &\max\ \boldsymbol{w}^{\mathrm{T}}\boldsymbol{r}' - \frac{\gamma}{2}\boldsymbol{w}^{\mathrm{T}}\sqrt{\boldsymbol{F}}\boldsymbol{\Sigma}\sqrt{\boldsymbol{F}}\boldsymbol{w} \\ &\text{s.t. } \boldsymbol{w}^{\mathrm{T}}\boldsymbol{e}_{N\times 1} = 1 \\ &\qquad w_n \geqslant 0 \end{aligned} \tag{6-9}$$

式中，$\boldsymbol{w} = [w_1, w_2, \cdots, w_n, \cdots, w_N]^{\mathrm{T}}$ 为投资策略向量，w_n 为投资于第 n 种资产的投资比例；$\boldsymbol{r}' = [r'_1, r'_2, \cdots, r'_n, \cdots, r'_N]^{\mathrm{T}}$ 为受情绪影响的投资者对资产收益的预期向量，$r'_n = r_n \mathrm{e}^{as_n}$ 为受情绪 s_n 影响的投资者对第 n 种资产收益率的有偏预期；γ 为投资者理性风险厌恶系数；$\boldsymbol{F}$ 为投资者情绪影响函数矩阵；$\boldsymbol{\Sigma}$ 为资产的协方差矩阵，代表客观风险；$\sqrt{\boldsymbol{F}}\boldsymbol{\Sigma}\sqrt{\boldsymbol{F}}$ 为情绪投资者对资产客观风险的情绪认知风险矩阵；$\boldsymbol{e}_{N\times 1}$ 是所有元素均为 1 的 N 维列向量。

利用拉格朗日法求解上述最优化问题，构造拉格朗日函数：

$$L = \boldsymbol{w}^{\mathrm{T}}\boldsymbol{r}' - \frac{\gamma}{2}\boldsymbol{w}^{\mathrm{T}}\sqrt{\boldsymbol{F}}\boldsymbol{\Sigma}\sqrt{\boldsymbol{F}}\boldsymbol{w} - \lambda(\boldsymbol{w}^{\mathrm{T}}\boldsymbol{e}_{N\times 1} - 1) \tag{6-10}$$

式中，λ 为拉格朗日系数。

求取拉格朗日函数 L 的一阶条件：

$$\frac{\partial L}{\partial \boldsymbol{w}} = \boldsymbol{r}' - \gamma\sqrt{\boldsymbol{F}}\boldsymbol{\Sigma}\sqrt{\boldsymbol{F}}\boldsymbol{w} - \lambda\boldsymbol{e}_{N\times 1} = 0 \tag{6-11}$$

$$\frac{\partial L}{\partial \lambda}=\boldsymbol{w}^{\mathrm{T}}\boldsymbol{e}_{N\times 1}-1=0 \tag{6-12}$$

由此可得

$$\lambda=\frac{\boldsymbol{e}_{N\times 1}^{\mathrm{T}}(\sqrt{\boldsymbol{F}}\boldsymbol{\Sigma}\sqrt{\boldsymbol{F}})^{-1}\boldsymbol{r}'-\gamma}{\boldsymbol{e}_{N\times 1}^{\mathrm{T}}(\sqrt{\boldsymbol{F}}\boldsymbol{\Sigma}\sqrt{\boldsymbol{F}})^{-1}\boldsymbol{e}_{N\times 1}} \tag{6-13}$$

$$\boldsymbol{w}=(\gamma\sqrt{\boldsymbol{F}}\boldsymbol{\Sigma}\sqrt{\boldsymbol{F}})^{-1}\left[\boldsymbol{r}'-\left(\frac{\boldsymbol{e}_{N\times 1}^{\mathrm{T}}(\sqrt{\boldsymbol{F}}\boldsymbol{\Sigma}\sqrt{\boldsymbol{F}})^{-1}\boldsymbol{r}'-\gamma}{\boldsymbol{e}_{N\times 1}^{\mathrm{T}}(\sqrt{\boldsymbol{F}}\boldsymbol{\Sigma}\sqrt{\boldsymbol{F}})^{-1}\boldsymbol{e}_{N\times 1}}\right)\boldsymbol{e}_{N\times 1}\right] \tag{6-14}$$

情绪 s 通过情绪影响矩阵 $\boldsymbol{F}$ 对情绪投资者的资产最优配置策略产生影响，一方面，积极（消极）的情绪使投资者容易高估（低估）资产收益的预期；另一方面，积极（消极）的情绪影响投资者对风险的认知和投资者风险厌恶系数，使投资者风险厌恶程度降低（提高），改变投资者的效用满足感，从而做出与理性状态下的均值方差模型不一致的投资配置策略。

6.3.2　含无风险资产的情绪投资组合

为了进一步考量情绪对不同类型资产的配置影响，考虑仅存在无风险资产和一种风险资产的市场条件下，分析情绪投资者的投资组合策略。

假设无风险资产收益率为 r_{f}，风险资产收益率为 r，投资者配置于无风险资产和风险资产的比例分别为 w_{f} 和 w，则投资组合收益为

$$r_{\mathrm{p}}=w_{\mathrm{f}}r_{\mathrm{f}}+wr \tag{6-15}$$

在投资者情绪影响下的投资组合有偏预期收益为

$$r'_{\mathrm{p}}=E_{\mathrm{s}}(r_{\mathrm{p}})=w_{\mathrm{f}}E_{\mathrm{s}}(r_{\mathrm{f}})+wE_{\mathrm{s}}(r)=w_{\mathrm{f}}r_{\mathrm{f}}+wr\mathrm{e}^{as} \tag{6-16}$$

投资组合的以方差计量的风险为

$$\sigma_{\mathrm{p}}^{2}=\mathrm{Var}(r_{\mathrm{p}})=\mathrm{Var}(w_{\mathrm{f}}r_{\mathrm{f}}+wr)=w^{2}\sigma^{2} \tag{6-17}$$

则情绪投资者的二次效用函数为

$$U_{\mathrm{s}}=w_{\mathrm{f}}r_{\mathrm{f}}+wr\mathrm{e}^{as}-\frac{\gamma}{2}\mathrm{e}^{-bs}w^{2}\sigma^{2} \tag{6-18}$$

情绪投资者的最优化问题为

$$\max U_s = w_f r_f + w r e^{as} - \frac{\gamma}{2} e^{-bs} w^2 \sigma^2 \tag{6-19}$$

$$\text{s.t. } w_f + w = 1$$

求解上述最优化问题可得资产配置权重：

$$w = \frac{r e^{as} - r_f}{\gamma \sigma^2} e^{bs} \tag{6-20}$$

$$w_f = 1 - \frac{r e^{as} - r_f}{\gamma \sigma^2} e^{bs} \tag{6-21}$$

显然，当 $r e^{as} - r_f > 0$，即情绪 $s > \frac{1}{a} \ln \frac{r_f}{r}$ 时，$w_f < 1$，$w > 0$；当 $r e^{as} - r_f < 0$，即情绪 $s < \frac{1}{a} \ln \frac{r_f}{r}$ 时，$w_f > 1$，$w < 0$；当 $r e^{as} - r_f = 0$，即情绪 $s = \frac{1}{a} \ln \frac{r_f}{r}$ 时，$w_f = 1$，$w = 0$。

考虑情绪对投资组合配置权重的影响，对情绪因子进行一阶求导有：

$$\frac{\partial w}{\partial s} = \frac{r(a+b) e^{(a+b)s} - r_f b e^{bs}}{\gamma \sigma^2} = \frac{r(a+b) e^{as} - r_f b}{\gamma \sigma^2} e^{bs} \tag{6-22}$$

$$\frac{\partial w_f}{\partial s} = -\frac{r(a+b) e^{as} - r_f b}{\gamma \sigma^2} e^{bs} \tag{6-23}$$

当 $r(a+b) e^{as} - b r_f > 0$，有 $\frac{\partial w}{\partial s} > 0$ 和 $\frac{\partial w_f}{\partial s} < 0$，即情绪 $s > \frac{1}{a} \ln \frac{b r_f}{(a+b) r}$ 时，风险资产的配置比例随情绪递增，无风险资产的配置比例随情绪递减；当 $r(a+b) e^{as} - b r_f < 0$，有 $\frac{\partial w}{\partial s} < 0$ 和 $\frac{\partial w_f}{\partial s} > 0$，即情绪 $s < \frac{1}{a} \ln \frac{b r_f}{(a+b) r}$ 时，风险资产的配置比例随情绪递减，无风险资产的配置比例随情绪递增。

参照陈其安等[239]的做法，将情绪划分成四个区间，分别为过度悲观状态 $\left[s < \frac{1}{a} \ln \frac{b r_f}{(a+b) r}\right]$、相对悲观状态 $\left[\frac{1}{a} \ln \frac{b r_f}{(a+b) r} < s < \frac{1}{a} \ln \frac{r_f}{r}\right]$、相对乐观状态 $\left[\frac{1}{a} \ln \frac{r_f}{r} < s < s^*\right]$ 和过度乐观状态 $(s > s^*)$，如图 6-1 所示。由资

产配置比例的一阶条件可推知，当 $s>\frac{1}{a}\ln\frac{r_f}{r}$ 时，$\frac{\partial w}{\partial s}>0$，风险资产配置比例 $w>0$，且当 $s\to+\infty$ 时，$w\to+\infty$；特别是当 $s>s^*$ 时，$\frac{\partial w}{\partial s}>0$，风险资产配置比例 $w>1$，其中，s^* 为 $w=\frac{re^{as^*}-r_f}{\gamma\sigma^2}e^{bs^*}=1$ 的解；可以证明，$\frac{1}{a}\ln\frac{br_f}{(a+b)r}<\frac{1}{a}\ln\frac{r_f}{r}$，当 $\frac{1}{a}\ln\frac{br_f}{(a+b)r}<s<\frac{1}{a}\ln\frac{r_f}{r}$ 时，$\frac{\partial w}{\partial s}>0$，风险资产配置比例 $w<0$；当 $s<\frac{1}{a}\ln\frac{br_f}{(a+b)r}$ 时，$\frac{\partial w}{\partial s}<0$，风险资产配置比例 $w<0$。

据上述理论推导可知，在没有买空卖空交易约束条件下，投资者情绪对投资组合配置的影响可以归纳如下：

(1) 当投资者情绪处于乐观状态时，投资者的资产配置不同程度分布于无风险资产和风险资产间；随着投资者乐观情绪的不断上涨，投资组合中风险资产的配置比例将不断上升，而无风险资产的配置比例将逐步下降；特别是当投资者情绪极度乐观时，投资组合的风险资产配置比例将高于1，于是无风险资产的配

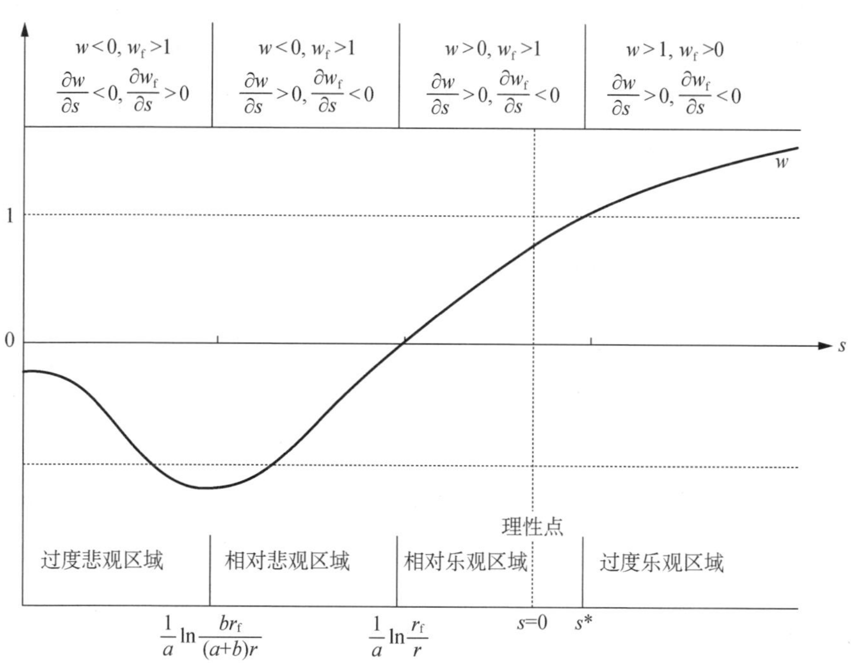

图6-8　投资者情绪与资产配置关系

置比例将低于 0,这意味着投资者愿意通过外部借贷来追求风险资产的高报酬。

(2) 当投资者情绪悲观时,投资者的风险资产配置比例将低于 0,而无风险资产的配置比例将高于 1;当投资者情绪处于相对悲观状态时,投资者卖空风险资产的数量将随着投资者悲观情绪的提高而增加;当投资者情绪处于过度悲观状态时,投资者卖空风险资产的数量将随着投资者悲观情绪的提高而减少。

通过理论建模,对投资者情绪与投资者资产配置策略进行了探讨,为了进一步研究投资者情绪与资产价格或收益的关系,下文首先基于损失厌恶特征构建了投资者损失厌恶情绪,并建立计量模型实证分析投资者情绪与资产收益的关系。

6.4 损失厌恶情绪与资产收益

6.4.1 损失厌恶情绪指标构建

在累积前景理论[60]中,将收益和损失定义为相对于行为决策者决策参照点的正负偏离程度,并通过损失厌恶系数对损失赋予更大的心理权重,当行为投资者遭受损失时,基于对损失的厌恶,他们对未来的预期会变得悲观,而当行为投资者获得收益时,损失厌恶情绪会被收益带来的满足感稀释。T. Feldman 等[237]认为,投资者获得正收益时,没有遭受损失,因此不存在损失厌恶情绪。例如,两个投资者分别获得 0.1%的收益和 10%的收益,对这两个投资者而言损失厌恶情绪值均为 0;但是,如果两个投资者的收益率分别为−0.1%和−10%,其损失厌恶程度是不同的,这将影响投资者的决策行为。因此,可以根据投资者对损失和收益的不对称感知来构造基于损失厌恶的情绪指标;根据 Yu 等[238]的研究结果,当投资者情绪乐观时,投资者可能会不太关注风险,此时的风险厌恶系数较小,甚至可能趋于 0;当投资者情绪低落时,投资者可能会特别关注风险,此时的风险厌恶系数增大。基于此认识,可以根据投资者对损失和收益的不对称感知来构造基于损失厌恶的情绪指标。

在构建损失厌恶情绪指标时,与 A. Frazzini 等[234]、王春[236]等的做法相同,采用开放式股票型证券投资基金数据作为基础数据,一方面是由于证券投资基金数据都是公开的,容易获取;另一方面是因为证券投资基金的损失,将给市场参与者带来看空情绪,这种看空情绪会驱使投资者为避免损失而倾向于赎回基金,基金经理人必须卖出持有的股票资产以筹措资金兑付基金投资者的赎回需求，这就形成了损失—看空—赎回—卖出股票的行为，产生反馈效应，投资者情绪可以迅速弥漫到整个市场，影响市场中投资者的决策[231, 237]。

T. Feldman 等[237]利用开放式股票型基金数据计算损失厌恶程度时，计算公式为：$Loss = \max(-r, 0)$。显然，上述损失厌恶情绪计算中将参照点设置成0，这与前景理论对参照点的设置一致，但忽视了行为投资者在决策时对多个参照点的锚定效应和参照依赖。前景理论将收益和损失定义为相对参照点的偏离程度，并揭示了行为决策者对同量级的损失和收益的心理感知价值是不相等的。但随着参照点理论研究的深入，前景理论局限地将参照点设置成单一不变，这与现实行为投资者决策心理不相符，相关研究表明行为投资者可能存在多个参照点[82]。Wang 等[75]提出了三参照点理论(TRP)，即将众多的参照点集成为符合人们决策心理且同时被大量研究证实的三类参照点，具体为底线(MR)、现状(SQ)和目标(G)，并将心理价值 x 划分为失败 ($x < MR$)，损失 ($MR \leqslant x < SQ$)，获益 ($SQ \leqslant x < G$) 和成功 ($x > G$) 四个价值区域，三参照点理论认为避免失败是最重要的，其次是获得成功，再次是在现状基础上有所上下。Wang 等[75]通过实验检验了该三类参照点对行为决策的影响最为显著，并在此基础上提出了基于三参照点的决策模型。

前景理论揭示了行为投资者对于损失和收益的不对称心理感知，三参照点拓展了前景理论的参照效应，为构建不同层次的损失厌恶提供了理论支撑，而不同层次的损失厌恶反映了行为投资者不同层次的内在心理诉求，以此构建具有多层次的损失厌恶情绪指标有助于从不同层面考察投资者损失厌恶情绪与股票价格的关系。虽然 Wang 等[75]提出的三参照点理论搭建了一个分析框架，对有关风险决策、参照点及影响因素、结果的风险分布等进行了综合研究，但在如何确定具体的三个参照点方面，并未给出具体统一的设定方法，需要根据不同问题和情景分析[241]。

考虑到数据的可得性和可操作性，本研究在构建三参照点时，将底线参照点 $\hat{r}^{f}$ 设置成无风险收益率，无风险收益采用银行定期存款(一年期)利率并进行月度折算后的同期月度收益率，反映资金的时间价值，体现投资者对投资安全性的心理诉求；现状参照 $\hat{r}^{s}$ 采用中证股票基金指数(H11021. CSI)历史收益率与底线参照点 $\hat{r}^{f}$ 的孰大值，其内在含义是现状应好于历史收益状况且不应低于无风险收益；目标参照点 $\hat{r}^{g}$ 采用市场收益率即中证基金指数(H11020. CSI)收益率与现状参照点 $\hat{r}^{s}$ 的孰大值，体现投资者追赶时髦的内在心理[187]，表明他们想要追求较高的风险报酬。上述参照点设计满足三参照点理论中 $\hat{r}^{f} \leqslant \hat{r}^{s} \leqslant \hat{r}^{g}$ 的假定。

在此基础上，根据不同参照点，按照如下步骤构建损失厌恶情绪：

(1) 计算出每只基金的月收益率 F_m；

(2) 选取参照点，计算相对不同参照点的偏离程度 $(F_m - \hat{r})$；

(3) 对每只基金相对参照点的正向偏离赋值为 0，对每只基金相对参照点的负向偏离取绝对值，构成损失程度，即

$$ls_m = \max(\hat{r} - F_m,\ 0) \tag{6-24}$$

(4) 行为金融理论认为，投资者存在严重的短视偏见，易得性偏差使得投资者在决策中对于近期损益赋予更多的心理感知权重，而对于过往的历史损益的心理感知则随着时间的推移递减。鉴于此，T. Friedman 等[242]利用时序指数加权公式，以 6 个月为周期，计算每只基金的损失率 $ls'_m(t)$，加权公式为

$$ls'_m(t) = \mathrm{e}^{-\eta h} ls'_m(t-h) + (1 - \mathrm{e}^{-\eta h}) ls_m(t) \tag{6-25}$$

其中，$\eta = 0.7$，$h = 1$。

(5) 以每只基金当期的总资产为权重，计算每一时间截面的损失厌恶情绪 LS，即

$$LS = \sum_{m=1}^{M} \left[A_m ls'_m(t) / \sum_{m=1}^{M} A_m \right] \tag{6-26}$$

根据参照点选择的不同，分别可以得到基于底线参照点 $(\hat{r} = r^{\mathrm{f}})$、现状参照点 $(\hat{r} = r^{\mathrm{s}})$ 和目标参照点 $(\hat{r} = r^{\mathrm{g}})$ 的损失厌恶情绪 LS^{f}，LS^{s} 和 LS^{g}，并求其平均值 TLS，即

$$TLS = \frac{1}{3}(LS^{\mathrm{f}} + LS^{\mathrm{s}} + LS^{\mathrm{g}}) \tag{6-27}$$

参照点是投资者在进行决策时的心理锚定，如同需求层次理论对人们需求层次的优次划分，三参照点理论搭建了一个具有次序的行为决策框架，不同层次的参照点是决策的标准或目标，共同影响行为人对决策结果的满意程度。基于参照点的损失厌恶是有限理性行为人重要的偏好特征，它反映了决策结果偏离参照标准后所带来的心理不满足感，在投资决策中，基于底线参照点的损失厌恶情绪 LS^{f} 反映投资结果无法满足投资者最低诉求带来的自我失败感，体现投资者对投资安全性的诉求；基于现状参照点的损失厌恶情绪 LS^{s} 是投资决策使现

状恶化导致的心理不满足感，体现投资者对现状改善的寻求；基于目标参照点的损失厌恶情绪 LS^g 是投资者无法追赶市场超额收益而带来的失落感，反映投资者无法获得成功实现抱负水平的情绪。因此，基于损失厌恶的情绪实质上是投资者的投资决策无法实现自我预期而带来的消极情绪，理论上而言，投资者损失厌恶情绪越严重，对市场的预期会越悲观，传导到市场层面就表现为情绪越低迷，资产收益越会降低。

6.4.2　模型设定

1. 研究思路

投资者情绪对于股票收益的影响效应研究主要集中在两方面，情绪对于股票市场所产生的系统性影响即总体效应，以及情绪对不同股票的差异性影响即横截面效应。一方面，为了研究情绪对股票市场的系统性影响，首先以上证指数收益率 r_{mkt} 研究损失厌恶情绪对股票收益的总体效应，考察当期损失厌恶情绪、前期损失厌恶情绪以及损失厌恶情绪变动对市场指数的收益影响，并在此基础上进一步考察损失厌恶情绪对市场收益和市场波动的影响。另一方面，利用上证50指数成分股的部分股票构造投资组合收益，并控制 Fama-French 三因子，将损失厌恶情绪作为一个定价因子进行横截面回归分析和面板回归分析；同时，为了研究损失厌恶情绪对不同风格股票的差异性影响，将不同风格指数收益率（以巨潮风格指数收益作为因变量）对损失厌恶情绪进行回归分析。

在情绪变量设计上，利用中国市场开放式股票型基金的收益数据构建基于不同层次参照点的损失厌恶情绪指标，并对不同层次的损失厌恶情绪与股票收益进行计量分析。

2. 总体效应

关于情绪的研究表明，积极的情绪促使投资者倾向于做出乐观的判断与决策，提高对股票预期回报率的估计而降低对风险的估计，进而积极地参与市场交易，推高资产价格产生赚钱效应，相反，消极的情绪使得投资者倾向于做出悲观的判断与决策，降低对资产预期回报的估计而提高对风险的估计，在这种情形下，受情绪影响的投资者会注重对风险的控制，风险规避程度提高，市场参与程度降低，导致市场交易量缩价跌。行为金融理论认为投资者对于损失和收益的心理感知存在不对称性，相较于收益，投资者对于损失更为敏感，因此投资者的情绪更容易受到损失的影响；基于损失厌恶的投资者情绪利用市场开放式股票型基金的损失率作为情绪构建指标，一方面，开放式股票型基金作为股票市场的重要参与者，基金遭受损失导致其投资者产生悲观情绪，影响基金对股票资产的持有，使情绪传导到股票市场，产生反馈效应；另一方面，基于损失厌恶的投资者情绪本质上是一种消极情绪，因此，总体而言损失厌恶情绪越高涨，股票收益应越低。

为了检验投资者损失厌恶情绪与股票收益之间的关系，设计线性回归模型分析投资者损失厌恶情绪对股票收益的影响，即

$$r_t = \beta_0 + \beta_1 LS_t + \varepsilon_t \tag{6-28}$$

由于投资者情绪一般具有高度持续的特点，即前期的情绪可能会对后期的股票收益产生影响，当损失厌恶情绪不断高涨，导致市场价格进一步降低，降到一定程度后又会吸引投资者入市投资，从而改变量缩价跌的状况，产生反转效应。因此，在上述线性回归模型中纳入滞后情绪变量，以考查前期损失厌恶情绪与股票收益的关系，即

$$r_t = \beta_0 + \beta_1 LS_t + \beta_2 LS_{t-1} + \varepsilon_t \tag{6-29}$$

鉴于投资者损失厌恶情绪的高持续性和情绪波动变化的特点，为了考察投资者损失厌恶情绪的同期变动对股票收益的影响，对情绪变量进行一阶差分，$\Delta LS_t = LS_t - LS_{t-1}$ 为当期情绪的变动增量，利用线性回归模型对当期情绪变动与股票收益关系进行回归分析，即

$$r_t = \beta_0 + \beta_1 \Delta LS_t + \varepsilon_t \tag{6-30}$$

考虑到随机扰动项存在条件异方差，因此引入 GARCH(1, 1)模型，波动率方程为

$$\sigma_t^2 = \gamma_0 + \gamma_1 \varepsilon_{t-1}^2 + \gamma_2 \sigma_{t-1}^2 \tag{6-31}$$

投资者情绪不是一成不变的，当损失厌恶情绪不断高涨，投资者的市场参与积极性就会受到打击，因此在投资决策中趋向保守和观望，导致股票收益降低，价格下跌；当损失厌恶情绪有所减缓，投资者对于市场的信心需要一段时间来修复，因此股票价格并不一定能迅速反弹，为了进一步分析投资者损失厌恶情绪不同方向的变动对股票收益的影响，引入哑变量 D_t，并设定以下线性回归方程：

$$r_t = \beta_0 + \beta_1 \Delta LS_t D_t + \beta_2 \Delta LS_t (1 - D_t) + \varepsilon_t \tag{6-32}$$

其中，$\Delta LS_t = LS_t - LS_{t-1}$，当 $\Delta LS_t > 0$ 时，$D_t = 1$，表示投资者损失厌恶情绪较上期恶化；当 $\Delta LS_t \leqslant 0$，$D_t = 0$，表明投资者损失厌恶情绪较上期有所缓和。

投资者情绪不仅影响资产价格和股票收益，还可能影响股票市场波动。基于损失厌恶的投资者情绪导致投资者对市场产生悲观预期，风险承受能力降低，对于多数风险厌恶者会减持股票等风险资产，抛售手中股票，使股票价格下挫，以规避损失，等待投资机会；对于少数风险寻求者而言，为了寻求更高的风险补偿，可能不断加仓增加市场交易，带有不同信念的投资者不断退出与进入，进而引起市场波动，当受情绪影响的噪声交易者信念增强的时候，其非理性因素促进股票市场的波动加剧，从而增加市场的风险，驱使理性交易者远离股票市场，这会降低股票市场的收益率。因此，损失厌恶情绪应该是市场收益率波动的重要原因之一。

已有研究证明股票收益与其波动率呈正相关，在研究波动率与股票收益方面，ARCH-M 模型应用较为广泛。在此基础上，建立 GARCH(1, 1)-M 模型，研究投资者情绪与股票超额收益和市场波动的关系；为了进一步考察投资者损失厌恶情绪变动如何影响股票收益的条件波动，借鉴 R. Beaumont 等[243]设定的模型，在波动率方程中加入前期损失厌恶情绪变量，以检验前期情绪对条件波动的影响，并引入哑变量 D_t，用以刻画不同方向的情绪波动，检验投资者损失厌恶情绪及其变动方向对股票收益和股票波动的影响关系，GARCH(1, 1)-M 模型设定如下：

$$r_t - r_{\mathrm{f}} = \beta_0 + \beta_1 \sigma_t + \beta_2 LS_t + \beta_3 LS_{t-1} + \varepsilon_t \tag{6-33}$$

$$\sigma_t^2 = \gamma_0 + \gamma_1 \varepsilon_{t-1}^2 + \gamma_2 \sigma_{t-1}^2 + \gamma_3 LS_{t-1}^2 D_{t-1} + \gamma_4 LS_{t-1}^2 (1 - D_{t-1}) \tag{6-34}$$

上述模型中，当期损失厌恶情绪应与超额收益率呈负相关，即高涨的当期损失厌恶情绪会减少股票超额收益率；反之，前期损失厌恶情绪应与超额收益率呈正相关，体现市场情绪的修复和收益的反转效应；在波动率方面，前期损失厌恶情绪对市场波动具有一定影响。

3. 横截面效应

现有关于投资者情绪的研究已表明，投资者情绪是影响股票价格的重要因素。为了检验投资者损失厌恶情绪是否会对股票组合收益产生影响，考察损失厌恶情绪对股票收益的横截面效应，选取上证 50 成分股中的 25 只成分股股票收益构造等权投资组合收益率 r_{p} 作为因变量，将损失厌恶情绪作为自变量，进行横截面回归。在横截面回归中，引入 Fama-French 三因子作为控制变量进行多元回归，以检验投资者损失厌恶情绪是否和三因子一样对股票组合收益产生显著影响。与上述模型相同，情绪变量考虑了基于不同参照点计算的多层次损失厌恶情绪，并考虑当期情绪与滞后一期情绪与股票组合收益的横截面关系，多元回归模型为

$$r_t = \beta_0 + \beta_1 LS_t + \beta_2 LS_{t-1} + \beta_3 RMRF_t + \beta_4 SMB_t + \beta_5 HML_t + \varepsilon_t \tag{6-35}$$

其中，$RMRF$，SMB，HML 分别为 Fama-French 三因子模型的市场风险溢价因子、规模溢价因子和价值溢价因子；LS 为基于损失厌恶的投资者情绪变量，根据参照点的不同分别为 LS^f，LS^s，LS^g 或 TLS，并同时考虑当期损失厌恶情绪和滞后一期的损失厌恶情绪。

在横截面效应研究中，考虑到投资者情绪对股票收益具有一定的持续性影响，因此，设定如下模型以考察中长期的投资者情绪对当前股票收益的影响，模型如下：

$$r_t = \beta_0 + \beta_1 LS_{t-k} + \beta_2 RMRF + \beta_3 SMB + \beta_4 HML + \varepsilon_t \tag{6-36}$$

式中，LS_{t-k} 为第 $(t-k)$ 期基于损失厌恶的投资者情绪变量，根据参照点的不同分别为 LS^f，LS^s，LS^g 或 TLS；鉴于投资者情绪对收益的影响可能存在滞后效应，因此设定 $k=6$，12，24，用以考察情绪与股票（组合）收益的预测关系；$RMRF$，SMB，HML 分别为 Fama-French 三因子模型的市场风险溢价因子、规模溢价因子和价值溢价因子。

4. *面板回归*

为了进一步考察研究投资者损失厌恶情绪对股票定价的横截面效应，利用构造投资组合收益的 25 只股票的收益数据，进行面板回归分析。在控制变量的选取上，采用现有关于实证资产定价研究中广泛应用的股票系统风险系数（$BETA$）、账面市值比（BtM）、市值规模（MV）等，其中对于市值规模因子取对数，这些因子与 Fama-French 模型中的三因子具有内在的统一性。面板回归模型为

$$r_{it} = \beta_0 + \beta_1 LS_t + \beta_2 BETA_{it} + \beta_3 \ln(MV_{it}) + \beta_4 MtB_{it} + \varepsilon_{it} \tag{6-37}$$

同样，情绪变量分别采用根据不同参照点计算的 LS^f，LS^s，LS^g 或 TLS，并同时考虑当期损失厌恶情绪和滞后一期的损失厌恶情绪。

6.4.3　数据与数据处理

1. 构建损失厌恶情绪数据

利用中国上市开放式股票型基金月度收益率数据和总资产数据作为构建损失厌恶情绪的基础数据，共计采用 249 只开放式股票型基金；分别以无风险收益率、中证股票基金指数(H11021.CSI)历史收益率、中证基金指数(H11020.CSI)收益率作为构建三参照点的基础数据，其中无风险收益率数据采用银行定期存款(一年期)利率并进行月度折算后的同期月度收益率；所有数据为月度数据，数据研究期为 2005 年 1 月到 2015 年 12 月共计 132 期。利用上述数据，按照本书 6.4.1 节的方法分别构建三参照点，并计算基于不同层次参照点的损失厌恶情绪 LS^f，LS^s 和 LS^g，并求其平均值 TLS。上述开放式股票型基金月度收益率数据和总资产数据来自 Resset 金融数据库，无风险收益率、中证股票基金指数收益率和中证基金指数收益率数据均来自 Wind 数据库。

2. 股票收益数据

为了研究损失厌恶情绪对股票收益率的总体效应和横截面效应，分别选取上证指数(000001.SH)收益率和上证 50 指数部分成分股收益率进行研究。具体而言，利用上证指数月度收益率 r_{mkt} 作为考察情绪对股票收益的总体效应的对象，数据研究期为 2005 年 1 月到 2015 年 12 月共计 132 期。利用上证 50 指数部分成分股月度收益率 r_p 研究情绪对股票收益的横截面效应；上证 50 指数是根据科学客观的方法，挑选上海证券市场规模大、流动性好的最具代表性的 50 只股票组成样本股，以便综合反映上海证券市场最具市场影响力的一批龙头企业的整体状况，具有显著的代表性。但由于上证 50 指数成分股每半年调整一次，每次调整比例约为 10%，为保证研究数据的全面性和样本的稳定性，实证研究中依据上证 50 指数 2014 年 12 月公布的入选样本股名单，从中剔除入选次数较少的股票，剔除数据缺失严重或数据连续性不强的股票，保留在上证 50 指数历次调整名单中保持相对稳定的个股，最后得到 25 只股票。这 25 只股票长期位列上证 50 指数样本股名单，且上市时间早，具有良好的数据持续性。利用这 25 只股票月度收益率按等权方法构建投资组合收益率 r_p，数据研究期为 2005 年 1 月到 2015 年 12 月共计 132 期。所有股票收益数据均来自 Wind 数据库。

在实证研究前对数据进行描述性统计，并进行正态分布检验和平稳性检验，情绪指标和股票组合收益的 Jarque-Bera 检验值均高度显著，拒绝正态分布原假设，情绪指标和收益数据均拒绝存在单位根原假设，是平稳时间序列数据。主要变量的描述性统计结果见表 6-1。

表 6-1　主要变量的描述性统计

统计量	LS^{f}	LS^{s}	LS^{g}	TLS	r_{mkt}	r_{p}
均值	0.023 857 5	0.032 445 9	0.034 646 1	0.030 316 5	0.011 726 6	0.023 234
标准差	0.026 294 4	0.034 653 7	0.033 778	0.031 121	0.088 253 7	0.091 893 2
最小值	0.000 277 5	0.000 281 4	0.001 986 1	0.000 849 1	−0.246 317	−0.262 024 5
中位数	0.016 039	0.020 886 8	0.022 648 2	0.019 169 2	0.012 949 5	0.030 675 3
最大值	0.128 021 6	0.160 563 8	0.161 298 1	0.146 103 7	0.274 467	0.226 060 5
偏度	1.748 733	1.829 796	1.908 964	1.818 584	−0.187 711 3	−0.402 667 9
峰度	6.024 964	6.010 415	6.278 061	5.942 173	3.727 781	3.627 782
Jarque-Bera 检验	117.6***	123.5***	139.3***	120.4***	3.688	5.735*
ADF 检验	−5.439***	−4.912***	−4.925***	−5.104***	−9.721***	−9.776***

注：*** $p<0.01$，** $p<0.05$，* $p<0.1$ 为显著性水平。

3. 其他变量数据

股票风格指数收益采用巨潮风格指数月度收益数据，该收益数据从规模与价值两个维度进行交叉设计，共形成6类风格指数，分别为小盘成长(SG)、小盘价值(SV)、中盘成长(MG)、中盘价值(MV)、大盘成长(LG)、大盘价值(LV)等，研究期为2005年1月到2015年12月共计132期，数据均来源于Wind数据库。

Fama-French三因子模型的市场风险溢价因子（*RMRF*）、规模溢价因子（*SMB*）和价值溢价因子（*HML*）采用市场样本构造的三因子数据，数据来源于Resset金融数据库；股票系统风险系数（*BETA*）、账面市值比（*BtM*）、市值规模（*MV*）数据也来源于Resset金融数据库，并对市值规模因子取对数。

6.5　实证结果与分析

6.5.1　总体效应

利用上证综指收益率 r_{mkt} 和基于不同参照点计算的损失厌恶情绪及其滞后项进行回归分析，检验了损失厌恶情绪对股票市场收益的影响，线性回归模型即式(6-28)和式(6-29)的实证结果列于表6-2。

从表6-2可以看出，不同层次损失厌恶情绪对股票收益具有显著的总体效应影响。具体而言，线性回归模型即式(6-28)的结果显示，当期损失厌恶情绪与股票市场收益率呈显著负相关，即当期损失厌恶情绪越严重，当期市场收益越低；线性回归模型即式(6-29)在式(6-28)的基础上纳入了滞后一期的损失厌恶情绪，以检验前期损失厌恶情绪对股票市场收益的影响，结果显示当期损失厌恶情绪与股票市场收益率呈显著负相关，而前期损失厌恶情绪与股票市场收益率呈显著正相关，这表明前期损失厌恶情绪与当期损失厌恶情绪共同影响股票市场收益，损失厌恶情绪对股票市场收益的影响具有高持续性，且前期损失厌恶情绪会对当期市场收益产生反转效应。从影响程度上看，当期损失厌恶情绪对股票市场收益的影响程度相较于前期损失厌恶情绪的影响程度要小(从系数的绝对值上比较)，这反映出损失厌恶情绪对股票收益的持续性影响具有一定的衰减性。此外，从基于不同参照点计算的不同层次损失厌恶情绪变量的回归系数可以看出，基于底线参照点的损失厌恶情绪 LS^{f} 的回归系数绝对值显著大于基于目标、基于现状参照点的损失厌恶情绪 LS^{g}，LS^{s} 的回归系数绝对值，而 LS^{g} 的系数绝对值又略大于 LS^{s} 的系数绝对值，这表明相较于基于目标和基于现状参

表 6-2　损失厌恶情绪对上证指数收益的影响回归结果

投资者情绪	LS^{f}	LS^{f}	LS^{s}	LS^{s}	LS^{g}	LS^{g}	TLS	TLS
模型	式(6-28)	式(6-29)	式(6-28)	式(6-29)	式(6-28)	式(6-29)	式(6-28)	式(6-29)
变量	r_{mkt}	r_{mkt}	r_{mkt}	r_{mkt}	r_{mkt}	r_{mkt}	r_{mkt}	r_{mkt}
LS_{t}	−2.449***	−3.294***	−1.773***	−2.571***	−1.787***	−2.587***	−2.017***	−2.833***
	(0.201)	(0.229)	(0.160)	(0.195)	(0.167)	(0.205)	(0.175)	(0.207)
LS_{t-1}		1.354***		1.159***		1.163***		1.225***
		(0.229)		(0.195)		(0.205)		(0.207)
β_{0}	0.070 1***	0.058 4***	0.069 3***	0.058 1***	0.073 6***	0.061 7***	0.072 9***	0.061 0***
	(0.007 13)	(0.006 69)	(0.007 60)	(0.007 04)	(0.008 07)	(0.007 59)	(0.007 58)	(0.007 07)
样本数	132	131	132	131	132	131	132	131
R^{2}	0.532	0.635	0.485	0.600	0.468	0.579	0.506	0.616

注：括号内为标准误差，*** $p<0.01$，** $p<0.05$，* $p<0.1$ 为显著性水平。

照点的损失厌恶情绪，基于底线参照点的损失厌恶情绪对股票收益的影响程度更大，体现“安全第一”的投资准则，揭示了投资者决策对底线安全的诉求、目标抱负的寻求和现状维持与改善的决策心理的优次顺序，这与三参照点理论“避免失败是最重要的，其次是获得成功，再次是在现状基础上有所上下”的理论预期一致。

投资者损失厌恶情绪对股票收益具有持续性影响，为了考察投资者损失厌恶情绪的同期变动对股票收益的影响，将上证指数收益率 r_{mkt} 对情绪变量的一阶差分 ΔLS_t 进行回归分析，由于回归方程的随机扰动项存在条件异方差(对采用基于不同参照点的情绪变量 ΔLS_t^{f}，ΔLS_t^{s}，ΔLS_t^{g} 和 ΔTLS_t 作为因变量的回归方程的随机扰动项进行 LM 检验，p 值分别为 0.052 2，0.095 0，0.096 4 和 0.082 8，显著拒绝无条件异方差原假设)，因此利用 GARCH(1，1)模型进行分析。同时，为了进一步考察不同方向情绪变动对收益的影响，在回归方程中引入哑变量 D_t。模型即式(6-30)、式(6-31)和模型即式(6-32)的回归结果列于表 6-3。

从模型即式(6-30)、式(6-31)的结果可知，无论是基于哪种参照点的损失厌恶情绪，当期损失厌恶情绪的变动增量对股票市场收益具有显著的负向影响，即当期损失厌恶情绪变动增量越大，股票市场收益越低，这与线性回归模型即式(6-28)的结论一致。模型即式(6-32)中引入了哑变量 D_t，当 $\Delta LS_t > 0$ 时，$D_t = 1$，表示投资者损失厌恶情绪较上期恶化；当 $\Delta LS_t \leqslant 0$ 时，$D_t = 0$，表明投资者损失厌恶情绪较上期有所缓和；从模型即式(6-32)的回归结果可知，$\Delta LS_t D_t$ 的回归系数显著为负，且其绝对值显著大于模型即式(6-30)、式(6-31)中 ΔLS_t 的回归系数绝对值，说明当期损失厌恶情绪恶化会显著降低股票市场收益；相反，$\Delta LS_t(1 - D_t)$ 的回归结果显示，当期损失厌恶情绪有所缓和或改善，并不能显著影响股票市场收益率；这说明损失厌恶情绪的正向变动会导致更低的股票市场收益，而损失厌恶情绪的反向变动则不会对股票市场收益产生显著影响，其内在逻辑在于，损失厌恶情绪本质上是一种消极的情绪，当损失厌恶情绪进一步高涨恶化时，这会导致投资者对未来的悲观预期，造成市场恐慌，纷纷抛售股票，造成股价下跌；当损失厌恶情绪有所缓和改善时，市场投资者由于存在损失趋避心理，大多采取观望态度，故需要一定的时间修复市场信心。

现有研究表明，投资者情绪不仅影响股票市场收益，也是股票市场波动的重要因素之一。损失厌恶情绪对股票市场收益具有显著的影响，为了检验损失厌恶情绪对市场收益及市场波动的作用机制，设计 GARCH(1，1)-M 模型，以股票市场收益率 r_{mkt} 和无风险收益率 r_{f} 之差计算的超额收益率作为因变量，并在

表 6-3 损失厌恶情绪变动对上证指数收益的影响回归结果

投资者情绪	LS^f	LS^f	LS^s	LS^s	LS^g	LS^g	TLS	TLS
模型	式(6-30)，式(6-31)	式(6-32)	式(6-30)，式(6-31)	式(6-32)	式(6-30)，式(6-31)	式(6-32)	式(6-30)，式(6-31)	式(6-32)
变量	r_{mkt}	r_{mkt}	r_{mkt}	r_{mkt}	r_{mkt}	r_{mkt}	r_{mkt}	r_{mkt}
ΔLS_t	-2.453^{***}		-2.091^{***}		-2.085^{***}		-2.223^{***}	
	(0.262)		(0.286)		(0.301)		(0.290)	
$\Delta LS_t D_t$		-3.865^{***}		-2.915^{***}		-2.940^{***}		-3.254^{***}
		(0.357)		(0.321)		(0.330)		(0.337)
$\Delta LS_t(1-D_t)$		0.019 8		−0.329		−0.307		−0.219
		(0.468)		(0.411)		(0.424)		(0.434)
β_0	−0.000 966	$0.040\ 8^{***}$	0.000 966	$0.035\ 8^{***}$	0.001 36	$0.035\ 4^{***}$	0.000 515	$0.037\ 7^{***}$
	(0.006 01)	(0.007 39)	(0.006 36)	(0.007 98)	(0.006 68)	(0.008 01)	(0.006 37)	(0.007 79)
ε_{t-1}^2	0.421^{***}		0.381^{***}		0.370^{***}		0.395^{***}	
	(0.124)		(0.117)		(0.115)		(0.120)	
σ_{t-1}^2	0.528^{***}		0.559^{***}		0.557^{***}		0.542^{***}	
	(0.131)		(0.147)		(0.150)		(0.143)	
γ_0	$0.000\ 524^{*}$		0.000 520		0.000 585		0.000 550	
	(0.000 315)		(0.000 323)		(0.000 363)		(0.000 335)	
样本数	131	131	131	131	131	131	131	131
对数似然函数值	176.355 8		172.696 1		170.363 7		173.465 3	
R^2		0.497		0.426		0.415		0.450

注：括号内为标准误差，*** $p<0.01$，** $p<0.05$，* $p<0.1$ 为显著性水平。

波动率方程中加入前期损失厌恶情绪变量和哑变量 D_t，检验投资者损失厌恶情绪及其变动方向对股票收益和股票市场波动的关系。GARCH(1, 1)-M 模型即式(6-33)和式(6-34)的实证结果列于表 6-4。

表 6-4　损失厌恶情绪对上证指数收益及波动的影响实证结果

投资者情绪	LS^f	LS^s	LS^g	TLS
模型	式(6-33)，式(6-34)	式(6-33)，式(6-34)	式(6-33)，式(6-34)	式(6-33)，式(6-34)
变量	r_{mkt}	r_{mkt}	r_{mkt}	r_{mkt}
LS_t	−3.359***	−2.734***	−2.753***	−2.859***
	(0.132)	(0.126)	(0.117)	(0.126)
LS_{t-1}	1.873***	1.633***	1.653***	1.710***
	(0.106)	(0.139)	(0.126)	(0.123)
σ_t	0.928***	1.070***	0.928***	0.893**
	(0.360)	(0.413)	(0.360)	(0.390)
β_0	−0.001 64	−0.014 7	−0.006 65	−0.006 56
	(0.018 2)	(0.020 6)	(0.018 5)	(0.019 1)
ε_{t-1}^2	0.420***	0.341***	0.386***	0.397***
	(0.139)	(0.095 5)	(0.104)	(0.118)
σ_{t-1}^2	0.305**	0.488***	0.466***	0.426***
	(0.139)	(0.093 5)	(0.087 9)	(0.102)
$LS_{t-1}^2 D_{t-1}$	−0.275**	−0.240**	−0.358**	−0.235*
	(0.121)	(0.118)	(0.145)	(0.129)
$LS_{t-1}^2(1-D_{t-1})$	−1.354**	−1.012	−1.179**	−0.975
	(0.605)	(0.685)	(0.597)	(0.631)
γ_0	−6.037***	−6.383***	−5.861***	−6.298***
	(0.481)	(0.527)	(0.627)	(0.569)
样本数	131	131	131	131
对数似然函数值	216.812 4	213.640 3	209.779 4	214.892 3

注：括号内为标准误差，*** $p<0.01$，** $p<0.05$，* $p<0.1$ 为显著性水平。

从表 6-4 的结果可知，损失厌恶情绪及其滞后项对股票市场收益的影响与模型即式(6-33)和式(6-34)一致，当期损失厌恶情绪与股票市场超额收益率呈显著负相关，前期损失厌恶情绪与股票市场超额收益率呈显著正相关，当期损失厌恶情绪对股票市场超额收益率的影响大于前期损失厌恶情绪对其的影响，进一步证实了损失厌恶情绪与股票收益的关系；同时，基于不同参照点的损失厌恶情绪对股票市场超额收益率的影响程度不同，基于底线参照点的损失厌恶情绪对超额收益率的影响程度更大，反映出投资者对于投资安全性的重视程度。

从波动率方程可以看到，股票市场条件波动率与前期的随机扰动项 ε_{t-1}^2 具有一定正相关性，存在 ARCH 效应，与前期的条件波动率 σ_{t-1}^2 呈显著正相关，存在显著的 GARCH 效应；计量分析结果显示，$LS_{t-1}^2 D_{t-1}$ 和 $LS_{t-1}^2(1-D_{t-1})$ 的系数为负且多数具有显著性意义，无论是采取哪种损失厌恶情绪，前期损失厌恶情绪与当期市场条件波动均呈负相关，表明在前期损失厌恶情绪对当期市场条件波动反向调整效应，这可能是因为损失厌恶情绪导致市场预期更加悲观，更多的投资者趋向于保守的投资策略，场外的投资者徘徊观望以等待更好的投资时点，场内的投资者或早已调整仓位，或因“处置效应”，售盈持亏，使成交量萎缩，市场低迷；虽然 $LS_{t-1}^2 D_{t-1}$ 和 $LS_{t-1}^2(1-D_{t-1})$ 对市场条件波动的影响方向一致，但影响程度却存在明显的不对称效应，$LS_{t-1}^2 D_{t-1}$ 的系数绝对值显著低于 $LS_{t-1}^2(1-D_{t-1})$ 的系数绝对值，说明在前期情绪有所缓和的条件下，前期损失厌恶情绪可以更大程度地修正市场条件波动。究其缘由是因为本质上损失厌恶情绪是一种消极情绪，当前期情绪进一步高涨，会加剧投资者恐慌心理，造成非理性波动，进而减小前期损失厌恶情绪对市场条件波动的调整作用；当前期情绪有所缓和时，给市场上遭受损失的投资者释放出积极信号，重建投资者信心并驱使投资者减少恐慌性抛售，起到稳定市场的作用。

在条件波动率方程中，采用不同参照点的损失厌恶情绪其系数和显著性水平有所差异，对 $LS_{t-1}^2 D_{t-1}$ 而言，基于不同参照点的损失厌恶情绪的系数分别为在 10%的显著性水平下显著，其系数大小略有差异；但对 $LS_{t-1}^2(1-D_{t-1})$ 而言，基于底线参照点和目标参照点的损失厌恶情绪的系数在 10%的显著性水平下显著，而基于现状参照点的损失厌恶情绪并未具有显著性意义，其 p 值为 0.140；基于底线参照点的 $LS_{t-1}^2 D_{t-1}$ 的系数绝对值小于基于目标参照点的 $LS_{t-1}^2 D_{t-1}$ 的系数绝对值，而对 $LS_{t-1}^2(1-D_{t-1})$ 而言则正好相反，说明不同参照点损失厌恶情绪的不同方向变动对市场条件波动也存在差异性。

股票市场波动率 GARCH-M 项 (σ_t) 与市场超额收益率呈高度显著正相关，表明“创造空间效应”的存在，所谓“创造空间效应”是指噪声交易者信念波动增强会增加市场的波动，这种信念的波动使得理性交易者远离市场，从而增加噪声交易者的期望收益[236]，这也反映了资本市场上风险与收益匹配关系。如果股票的风险源于市场波动率，而损失厌恶情绪又会对股票收益和市场条件波动产生影响，说明情绪是影响股票收益和风险的重要因素之一，这与主流研究的结论一致。此外，前述实证研究结果表明前期损失厌恶情绪对股票市场收益会产生反转效应，这与陆静等[231]的研究结论相同，但并没有发现显著的“持有更多效应”[236, 244]。

6.5.2　横截面效应

实证研究中，为了分析损失厌恶情绪对股票收益的横截面效应，利用上证 50 成分股遴选后的 25 只股票收益构造等权投资组合收益率 r_p 作为因变量进行回归分析，同时也考虑了同期和滞后一期的损失厌恶情绪对股票收益的影响，并在回归方程中控制了 Fama-French 三因子模型的市场风险溢价因子（$RMRF$）、规模溢价因子（SMB）和价值溢价因子（HML）。股票组合收益对损失厌恶情绪的回归结果列于表 6-5。

表 6-5 的回归结果显示，总体而言，不同层次的损失厌恶情绪 LS^f，LS^s，LS^g 和 TLS 与同期股票投资组合收益率呈显著负相关，说明损失厌恶情绪会影响同期股票组合收益，损失厌恶情绪越严重，市场情绪越悲观，导致股票价格下跌，股票组合收益率降低，滞后一期的损失厌恶情绪对股票组合收益率具有反转效应，这与模型即式(6-28)、式(6-29)和式(6-33)、式(6-34)的结论完全一致，损失厌恶情绪对同期股票价格具有显著的横截面效应；对模型加入 Fama-French 三因子进行横截面回归，情绪变量和三因子的回归系数显著，与上述实证研究结论和理论预期相一致，且模型的拟合优度增加，说明损失厌恶情绪与 Fama-French 三因子一样能够很好地解释股票收益；从不同参照点的损失厌恶情绪系数来看，基于底线参照点的损失厌恶情绪对股票组合收益影响程度更大，基于目标参照点和现状参照点的损失厌恶情绪对股票组合收益的影响程度相近，这进一步验证了三参照点对投资者决策心理的优次顺序。

同样利用模型即式(6-35)，分别将小盘成长（SG）、小盘价值（SV）、中盘成长（MG）、中盘价值（MV）、大盘成长（LG）、大盘价值（LV）等 6 类巨潮风格指数收益率作为因变量，并控制 Fama-French 模型的三因子，检验风格指数收益与损失厌恶情绪的关系。风格指数对损失厌恶情绪的回归结果列于表 6-6，限于篇幅，仅列出情绪变量为 TLS 的回归结果。

表 6-6 结果显示，当模型即式(6-35)中未控制三因子时，当期损失厌恶情绪与前期损失厌恶情绪系数显著且影响方向相反，从系数绝对值来看，中、小盘的

表 6-5 损失厌恶情绪对上证 50 股票组合收益的影响的横截面回归结果

投资者情绪	LS^f	LS^f	LS^f	LS^s	LS^s	LS^s	LS^g	LS^g	LS^g	TLS	TLS	TLS
模型	式(6-35)	式(6-35)	式(6-35)	式(6-35)	式(6-35)	式(6-35)	式(6-35)	式(6-35)	式(6-35)	式(6-35)	式(6-35)	式(6-35)
变量	r_p	r_p	r_p	r_p	r_p	r_p	r_p	r_p	r_p	r_p	r_p	r_p
LS_t	−2.533***	−3.539***	−0.578***	−1.808***	−2.733***	−0.340***	−1.811***	−2.736***	−0.331***	−2.061***	−3.015***	−0.413***
	(0.211)	(0.231)	(0.138)	(0.170)	(0.201)	(0.110)	(0.178)	(0.213)	(0.109)	(0.185)	(0.213)	(0.120)
LS_{t-1}		1.612***	0.393***		1.345***	0.244***		1.346***	0.238***		1.434***	0.289***
		(0.232)	(0.096 1)		(0.201)	(0.081 2)		(0.213)	(0.082 2)		(0.214)	(0.086 9)
$RMRF$			0.885***			0.915***			0.920***			0.906***
			(0.032 2)			(0.031 7)			(0.030 7)			(0.031 9)
SMB			−0.268***			−0.270***			−0.271***			−0.269***
			(0.044 8)			(0.046 6)			(0.046 6)			(0.046 1)
HML			−0.246***			−0.265***			−0.269***			−0.259***
			(0.060 8)			(0.062 6)			(0.062 4)			(0.062 1)
β_0	0.083 7***	0.069 5***	0.018 0***	0.081 9***	0.068 8***	0.016 3***	0.086 0***	0.072 0***	0.016 3***	0.085 7***	0.071 6***	0.017 1***
	(0.007 48)	(0.006 75)	(0.003 15)	(0.008 06)	(0.007 28)	(0.003 18)	(0.008 60)	(0.007 91)	(0.003 30)	(0.008 04)	(0.007 29)	(0.003 27)
样本数	132	131	131	132	131	131	132	131	131	132	131	131
R^2	0.525	0.657	0.955	0.465	0.606	0.952	0.443	0.579	0.952	0.487	0.624	0.953

注：括号内为标准误差，*** $p<0.01$，** $p<0.05$，* $p<0.1$ 为显著性水平。

系数绝对值大于大盘股，价值股的系数绝对值小于成长股，说明中、小盘成长股更容易受到损失厌恶情绪的影响，这与陆江川等[233]的研究结论相似；在控制三因子后，损失厌恶情绪对股票风格指数收益的解释能力大大削弱，当期损失厌恶情绪和前期损失厌恶情绪仅对成长性类型股票收益产生显著影响，这可能因为成长股的公司一般处于快速发展期，相较于成熟公司的价值股其价格更容易受到非理性因素的影响。

表 6-6　损失厌恶情绪 *TLS* 对不同风格指数收益的影响的横截面回归结果

	成长型	价值型	成长型	价值型	成长型	价值型	成长型	价值型
LS_t								
大盘股	−2.055***	−1.961***	−3.026***	−2.824***	−0.045 1	0.075 9	−0.330**	0.017 4
中盘股	−2.193***	−2.154***	−3.235***	−3.064***	−0.137	0.087 6	−0.382**	0.087 6
小盘股	−2.095***	−2.054***	−3.191***	−3.069***	−0.060 3	0.071 5	−0.350**	0.007 94
LS_{t-1}								
大盘股			1.462***	1.297***			0.290***	0.064 0
中盘股			1.565***	1.365***			0.243*	−0.172
小盘股			1.644***	1.523***			0.279**	0.055 8
Fama-French 三因子					控制	控制	控制	控制

注：括号内为标准误差，*** $p<0.01$，** $p<0.05$，* $p<0.1$ 为显著性水平。

表 6-7 列出了股票投资组合收益与投资者情绪之间的预测关系，分别选取 $k=6$，12，24 这三种情况研究损失厌恶情绪对未来股票价格的影响。总体而言，前第 6 期和前第 12 期的损失厌恶情绪对未来股票投资组合收益具有显著影响，而前第 24 期的损失厌恶情绪对未来股票投资组合收益的回归系数并不显著，说明投资者损失厌恶情绪对股票价格的影响会随着时间消逝，这符合行为金融理论预期。同时，观察具有显著性的回归系数发现，前期损失厌恶情绪与未来股票组合收益呈正相关，这意味着前期投资者损失厌恶情绪越严重，市场情绪越低迷，未来股票投资组合收益越有可能出现反转效应；与同期关系回归结果一样，基于底线参照点的损失厌恶情绪 LS^f 对股票组合收益的预测能力比基于现状参照和目标参照的损失厌恶情绪 LS^s，LS^g 表现得更稳健。此外，从回归结果可知，仅考虑情绪因子的回归模型在横截面效应预测关系所得的结论与总体效应预测关系所得的结论一致；所不同的是，在总体效应上，前期损失厌恶情绪对股票价格的预测能力会被其他控制变量削弱，但在横截面效应上，对模型加入控

表 6-7　上证 50 成分股组合收益与投资者情绪预测关系

投资者情绪		LS^f	LS^f	LS^s	LS^s	LS^g	LS^g	TLS	TLS
模型		式(6-36)	式(6-36)	式(6-36)	式(6-36)	式(6-36)	式(6-36)	式(6-36)	式(6-36)
变量	预测周期	r_p	r_p	r_p	r_p	r_p	r_p	r_p	r_p
	6	−0.102	0.145*	−0.230	0.130**	−0.254	0.127**	−0.219	0.139**
		(0.345)	(0.077 3)	(0.267)	(0.060 1)	(0.275)	(0.062 0)	(0.297)	(0.066 8)
	12	0.994***	0.049 0	0.644**	0.058 9	0.663**	0.059 2	0.772**	0.059 8
		(0.351)	(0.084 3)	(0.278)	(0.064 8)	(0.287)	(0.067 0)	(0.308)	(0.072 5)
	24	0.051 5	0.065 8	0.066 6	0.070 2	0.047 5	0.074 2	0.058 8	0.074 3
		(0.369)	(0.086 4)	(0.290)	(0.067 6)	(0.298)	(0.069 4)	(0.322)	(0.075 1)
Fama-French 三因子			控制		控制		控制		控制

注:括号内为标准误差,*** $p<0.01$, ** $p<0.05$, * $p<0.1$ 为显著性水平。

表 6-8　上证 50 成分股组合收益与投资者情绪的回归系数统计

投资者情绪	LS^f				LS^s				LS^g				TLS			
预测周期 k	0	6	12	24	0	6	12	24	0	6	12	24	0	6	12	24
显著	25	2	16	1	25	5	14	3	25	4	13	3	25	3	15	2
显著比例	100%	8%	64%	4%	100%	20%	56%	12%	100%	16%	52%	12%	100%	12%	60%	8%
正号	0	23	9	24	0	20	11	22	0	21	12	22	0	22	10	23
正号比例	0%	92%	36%	96%	0%	80%	44%	88%	0%	84%	48%	88%	0%	88%	40%	92%

制变量后，前期损失厌恶情绪对股票投资组合收益存在不同程度的预测能力，前第 6 期的投资者损失厌恶情绪与未来股票投资组合收益具有一定的相关性。

为了更全面地分析横截面效应，参照陆静等[231]的做法，对投资组合个股层面进行分析。利用构建投资组合收益的 25 只上证 50 成分股收益分别对损失厌恶情绪进行回归，并对回归结果进行统计，统计结果列于表 6-8。从表 6-8 可知，在个股层面上，损失厌恶情绪对同期股票收益具有显著影响，损失厌恶情绪越高涨，意味着市场情绪越悲观，这将导致股票收益降低；前 12 期损失厌恶情绪对未来股票收益的预测能力具有显著影响，对多数股票而言，未来股票价格受到前期情绪的影响，会产生价格反转效应。

6.5.3　面板回归

对于总体效应和横截面效应的研究显示，损失厌恶情绪是影响股票价格的重要因素，在此基础上，将投资者损失厌恶情绪作为一个定价因子，采用现有关于实证资产定价研究中广泛应用的股票系统风险系数（$BETA$）、账面市值比（BtM）、市值规模（MV）等因素作为 Fama-French 模型三因子的面板数据代理变量，其中对于市值规模因子取对数，利用面板数据对投资者损失厌恶情绪与股票收益之间的关系进行深入分析。考虑到面板回归模型即式(6-37)的随机扰动项存在强烈的组间异方差和同期相关，采用全面广义最小二乘法(GFLS)进行估计，面板回归结果列于表 6-9。

表 6-9 的回归结果显示，当期损失厌恶情绪及其滞后一期损失厌恶情绪对股票收益具有显著影响，且影响方向相反，当期损失厌恶情绪的影响程度大于前期损失厌恶情绪；系统风险系数（$BETA$）、账面市值比（BtM）与股票收益均有高度显著相关性，其中 $BETA$ 系数为正，说明风险与收益相匹配的关系，BtM 系数为负，表明账面市值比越高，平均收益水平越低，这与主流研究结论一致；市值规模［$\ln(MV)$］的系数为正，在仅纳入当期损失厌恶情绪的模型中具有弱显著性，而在同时考虑当期和前期损失厌恶情绪的模型中该因素并不显著，说明市值规模对股票收益的影响有限；从不同参照点的损失厌恶情绪系数来看，与前述实证结果相类似。通过面板回归，再次验证了损失厌恶情绪对股票收益具有显著的横截面效应，损失厌恶情绪与风险因子、价值因子、规模因子共同影响股票定价。

表 6-9 损失厌恶情绪对上证 50 股票收益的影响面板回归结果

投资者情绪	LS^f	LS^f	LS^s	LS^s	LS^g	LS^g	TLS	TLS
模型	式(6-37)	式(6-37)	式(6-37)	式(6-37)	式(6-37)	式(6-37)	式(6-37)	式(6-37)
变量	r_{it}	r_{it}	r_{it}	r_{it}	r_{it}	r_{it}	r_{it}	r_{it}
LS_t	−2.205***	−3.315***	−1.624***	−2.556***	−1.638***	−2.557***	−1.835***	−2.823***
	(0.158)	(0.170)	(0.125)	(0.145)	(0.130)	(0.153)	(0.137)	(0.154)
LS_{t-1}		1.493***		1.199***		1.192***		1.293***
		(0.170)		(0.145)		(0.153)		(0.154)
$BETA$	0.010 1***	0.009 46***	0.010 1***	0.009 60***	0.010 2***	0.009 69***	0.010 1***	0.009 46***
	(0.003 28)	(0.003 32)	(0.003 36)	(0.003 48)	(0.003 38)	(0.003 50)	(0.003 34)	(0.003 43)
BtM	−0.058 9***	−0.064 4***	−0.071 1***	−0.078 1***	−0.071 3***	−0.077 6***	−0.067 8***	−0.074 3***
	(0.008 53)	(0.008 49)	(0.009 07)	(0.009 18)	(0.009 10)	(0.009 24)	(0.008 90)	(0.008 96)
$\ln(MV)$	0.002 80*	0.001 84	0.003 07*	0.002 26	0.003 19*	0.002 42	0.003 00*	0.002 12
	(0.001 58)	(0.001 52)	(0.001 64)	(0.001 63)	(0.001 66)	(0.001 65)	(0.001 62)	(0.001 59)
β_0	0.019 0	0.035 7	0.019 2	0.032 8	0.020 5	0.032 4	0.022 0	0.036 9
	(0.039 0)	(0.037 6)	(0.040 5)	(0.040 1)	(0.040 9)	(0.040 7)	(0.040 0)	(0.039 2)
样本数	3 300	3 275	3 300	3 275	3 300	3 275	3 300	3 275
样本股个数	25	25	25	25	25	25	25	25

注:括号内为标准误差,*** $p<0.01$,** $p<0.05$,* $p<0.1$ 为显著性水平。

6.6 本章小结

行为金融的相关研究发现，投资者情绪等非理性因素对股票价格收益具有显著影响，有限理性的行为投资者在投资决策过程中具有典型的损失厌恶偏好和参照依赖，投资者在遭受损失后产生厌恶心理，对未来产生悲观预期，传导到市场上产生看空情绪，影响股票价格和资产回报率。在此理论框架下，利用投资者损失厌恶偏好和三参照点理论，构建不同层次的损失厌恶情绪，设计计量分析模型对损失厌恶情绪与股票收益的关系进行实证分析，检验其总体效应和横截面效应的表现。研究发现，损失厌恶情绪对股票收益具有显著的总体效应和横截面效应；当期损失厌恶情绪与股票收益呈负相关，前期损失厌恶情绪与股票收益呈正相关，损失厌恶情绪对股票收益具有反转效应；损失厌恶情绪恶化会导致更低的收益回报率；前期损失厌恶情绪对市场条件波动的影响具有显著不对称效应，进而呈现"创造空间效应"；损失厌恶情绪是股票定价不可忽略的因子之一，中、小盘股和成长股的收益更容易受到损失厌恶情绪的影响。此外，通过对不同参照点损失厌恶情绪进行研究，其结果验证了三参照点理论中对投资者决策影响的优次顺序的结论。

本章对损失厌恶情绪与资产收益关系的实证研究，全面考察了总体效应、横截面效应和面板效应，研究了损失厌恶情绪与资产收益的同期关系和预测关系，同时还对损失厌恶情绪进行了波动率建模，对不同风格投资组合收益与情绪的关系进行研究，多角度实证分析了损失厌恶情绪对资产定价的作用机制。本章基于投资者损失厌恶的行为偏好和投资者情绪对股票价格产生影响假设，结合最新的三参照点理论，创新性地设计了具有层次损失厌恶的投资者情绪指标，并通过实证研究分析不同层次损失厌恶情绪与股票价格的关系，一方面验证了广泛存在于行为投资者中的损失厌恶偏好，拓展了投资者情绪与股票价格的研究范畴；另一方面，在损失厌恶情绪研究框架中首次纳入多重参照效应，为三参照点理论的应用提供了一种可行的操作方法，并在实证研究中验证了损失厌恶情绪的参照依赖效应。损失厌恶情绪是投资者众多情绪的一种，本质上而言损失厌恶情绪是一种消极情绪，正如前景理论所揭示的投资者对损失与收益具有不对称心理感知，研究中只关注损失部分的情绪而忽视收益引起的积极情绪，结果可能有失偏颇，因此未来的研究可以关注超额收益所带来的投资者积极情绪对股票价格的影响。

第7章　结论与展望

标准金融理论借鉴哲学的“理性”概念，将具有高度复杂思维活动的投资者精炼成“完全理性人”，以此假设为前提建立了统一的现代金融理论模型和分析范式，奠定了现代投资组合和资产定价理论的基石。然而，“理性王国”中精美的理论和模型却对现实世界的“金融异象”解释效力不足，因而研究不得不溯本求源，对“完全理性人”这一假设予以思考。行为金融理论肇始于对复杂“人性”的探究，承认投资者的“有限理性”，借鉴心理科学研究成果，从投资者偏好和信念两条路径对金融市场“异象”进行有力剖析，并逐步发展成行为金融学派。

本书基于行为金融学的视角，从前景理论损失厌恶这一核心特征切入，一方面，基于损失厌恶偏好构建了行为投资组合模型来研究投资者行为资产配置策略，另一方面，基于投资者损失厌恶情绪，研究其对资产定价的作用。具体而言，本书从动态损失厌恶的形式、心理账户框定下的多重参照损失厌恶、前景理论价值函数与其下偏二阶矩、投资者损失厌恶情绪四个角度研究了行为投资组合和行为资产定价问题。

7.1　主要研究结论

(1) 基于动态损失厌恶的行为投资组合研究，通过构建线性和二次非线性的三类损失厌恶模型，设计一种静态情景和四种动态情景，对不同类型的损失厌恶模型在不同损失厌恶系数、不同参照点下的行为资产配置进行研究。研究发现：损失厌恶对投资者的行为资产配置会产生影响，不同类型的损失厌恶产生的影响不尽相同；当投资者的损失厌恶系数越大，三种损失厌恶投资组合模型中低风险资产的配置比例会越高；基于损失厌恶的投资组合模型优于传统的投资组合模型；线性前景理论模型在投资绩效方面比线性损失厌恶模型更为稳健；静态情景下非线性损失厌恶模型优于线性损失厌恶模型，而在动态情景下线性损失厌恶模型略优于非线性损失厌恶模型；在动态情景下前期的损益情况会在一定程度上影响后期的资产配置绩效;同时,基于损失厌恶的投资组合模型具有较好的稳健性。

(2) 基于心理账户与损失厌恶的行为投资组合研究,通过引入三参照点理论,构建基于三参照点的多心理账户损失厌恶行为投资组合模型,考察了单心理账户和多心理账户行为投资组合在不同损失厌恶系数、不同参照点、不同心理账户资金配置和不同市场状态下的最优资产配置策略和投资组合绩效。研究发现:损失厌恶模型更加关注下侧损失风险,在构建资产配置时,更偏好收益较好而下侧损失较小的资产;心理账户的设置反映行为投资者的偏好,越注重安全性的投资者越偏好低风险资产,而寻求实现抱负水平的投资者更偏好高收益资产;多心理账户框架的行为投资者关注潜力寻求和抱负实现,但依然遵循"安全第一"的投资准则;损失厌恶系数越大行为投资者配置于高风险资产的比例降低而配置于低风险资产的比例相应上升;在市场上升阶段,多心理账户模型与单心理账户模型具有相似的、积极的投资策略,而在市场下降阶段,二者都趋向于保守投资,但在低风险资产的选择上略有不同;遵循损失厌恶模型进行投资决策时,适度提升目标寻求减小风险厌恶,有助于取得更好的投资绩效。

(3) 基于前景价值与下偏二阶矩的行为投资组合研究,利用前景理论价值函数和下偏二阶矩分别度量行为投资者对收益与损失的价值感知和风险感知,以区间数的方式将三参照点理论与前景理论参照效应相结合,建立基于前景价值与下偏二阶矩的行为投资组合优化模型,并利用市场数据对资产组合有效前沿进行研究。研究发现:基于前景价值和下偏二阶矩的投资组合模型具有与传统均值方差模型或均值半方差模型相似的有效前沿,收益随着风险的逐步增大呈现边际递减效应;前景价值和下偏二阶矩的投资组合模型的有效前沿比较上,较低的参照点的有效前沿位于较高参照点有效前沿左上方,说明投资者的风险容忍度越大,越有可能取得较好的组合收益,这与风险收益匹配原则一致;不同模型在投资绩效表现上,前景价值和下偏二阶矩的投资组合模型的夏普比率与均值方差模型的夏普比率相差不大,但在欧米伽比率上总体好于均值方差模型和均值半方差模型,说明前景价值和下偏二阶矩的行为投资组合模型相对于传统模型具有一定的优越性。

(4) 投资者损失厌恶情绪与资产定价研究,首先在均值方差模型框架下设计情绪影响函数并构建情绪投资组合模型,研究行为资产配置策略;然后基于损失厌恶特征设计投资者情绪,通过计量经济学模型研究投资者非理性因素对资产定价的作用。研究发现:损失厌恶情绪对股票收益具有显著的总体效应和横截面效应；当期损失厌恶情绪与股票收益呈负相关，前期损失厌恶情绪与股票收益呈正相关，损失厌恶情绪对股票收益具有反转效应；损失厌恶情绪对股票收益的影响具有一定持续性和衰减性，长期情绪对股票收益具有一定正向预测作用；损失厌恶情绪恶化会导致更低的收益回报率；前期损失厌恶情绪对市场条件波动的影响具有显著不对称效应，进而呈现“创造空间效应”；损失厌恶情绪是股票定价不可忽略的因子之一，中、小盘股和成长股的收益更容易受到损失厌恶情绪的影响；此外，针对不同参照点损失厌恶情绪的研究表明基于三参照点的不同情绪对股票收益影响具有优次顺序。

综上研究结论可以发现，作为行为投资者最为典型的特征，损失厌恶对行为投资者的资产组合和资产价格具有重要影响，不同类型的损失厌恶形式对投资组合的影响方式和程度各不相同；投资者损失厌恶程度越严重其投资决策越倾向于保守并显著影响其投资绩效；投资者心理参照点和损失厌恶系数具有动态特征，反映前期损益情况对行为资产配置的影响；投资者的心理账户划分反映投资者的偏好，多重参照点共同影响投资者资产决策行为，投资者既关注潜力寻求和抱负实现，又始终关注投资的安全性；基于前景价值和下偏二阶矩的行为投资组合模型与传统均值方差模型具有内在相通之处，但又呈现出一定的优越性，有效捕捉投资者的前景理论偏好特征对行为资产配置的影响；市场上的损失厌恶情绪对投资者决策和资产收益产生显著影响，这种影响在时间上呈现持续性和衰减性，在截面上表现为差异性；投资者损失厌恶情绪是资产定价不可忽视的因素。通过系统性研究，揭示并验证了损失厌恶对行为投资组合和资产定价的作用，主要结论符合行为金融理论预期，与既有研究成果具有一致性，丰富了行为金融领域特别是关于损失厌恶的研究成果。

7.2 研究局限与展望

本书围绕损失厌恶行为特征，通过建立投资组合优化模型和计量经济学模型对行为资产配置和定价问题进行了系统性研究。书中对动态损失厌恶、心理账户、多重参照效应、前景理论偏好和投资者损失厌恶情绪等核心行为金融概念的设计和应用进行了探索，拓展现有研究的广度和深度，具有一定创新性和研究意义。但尚有一些局限和不足之处，这是未来研究的方向。

（1）关于损失厌恶形式的进一步研究。本书中利用下偏矩对损失厌恶进行度量，在研究过程中仅考虑了线性形式和二次非线性形式，但是否还有其他表达形式以及其背后的行为经济学含义需要做更深入的研究；针对私房钱效应、禀赋效应等，本书构建了四种动态损失厌恶系数和动态参照点分别进行了研究，但动态情景的研究并不仅仅局限于这四种情景，关于动态情景下的投资组合研究值得进一步探索。

(2) 关于多重参照效应与心理账户的进一步研究。考虑投资者的多重参照效应是本书的核心创新点和突出贡献之处，特别是首次在投资组合研究中引入最新的三参照点理论并据此设计了具备可操作性和数据可得性的三参照点。由于已有研究中鲜有关于三参照点在行为投资组合中的应用，虽然本书设计了三参照点并进行了尝试性应用，但在本书的研究过程中三参照点主要以相对独立的形式出现，导致投资组合模型复杂和计算量庞大，因此关于三参照点乃至多重参照点的研究是未来一个值得探索的方向，这方面的研究需更多借鉴行为科学和心理科学的研究成果；本书借鉴行为决策的研究成果尝试以区间数形式对三参照点进行集成，但区间数是否可以切实反映投资者的三参照点偏好仍需进一步验证，且在区间数转化为确定实数时易导致一定数据信息的缺失。此外，心理账户的形成机制和划分标准学界仍然莫衷一是，这极大限制了其在行为金融领域的应用，本书尝试对参照点理论与心理账户理论进行糅合，但不可否认参照点只是心理账户成因之一，心理账户还可能与投资者财富状况、风险偏好等因素相联系，对此也需要进一步深入研究。

(3) 关于投资者异质性偏好的进一步研究。前景理论S形价值函数曲线最直接的内涵便是投资者对于收益和损失的不一致偏好，在损失域内表现为风险寻求，而在收益域内表现为风险厌恶，本书对前景理论进行线性简化并构建了线性损失厌恶模型，虽然有助于简化研究问题的复杂度且不影响结论的一般性，但考虑投资者异质性风险态度是当前和未来研究的一个重点，在这方面的研究可以借鉴UPM-LPM模型的思路；在对前景理论进行应用时，现有研究多集中于价值函数的应用，对前景理论权重函数的考虑较少，这主要是因为权重函数的计算极其复杂，而且客观概率经权重函数转化后的主观概率与客观概率差异不大，对研究结果似乎不会产生太大影响，但权重函数反映了人们认知不足对概率产生的扭曲，对于研究极端事件和第三代前景理论所研究的偏好逆转具有不可忽视的作用，因此，未来对权重函数的研究和应用应引起重视。

(4) 关于投资者损失厌恶情绪的进一步研究。目前关于投资者情绪的研究不胜枚举，但基于损失厌恶的投资者情绪的相关研究却较为少见，而损失厌恶情绪只是诸多情绪中的一种，因此可以借鉴现有研究中情绪指标的构建方法，将损失厌恶情绪指标与其他情绪指标进行主成分分析,构建综合情绪指标,使研究更为全面;另外,本书在设计损失厌恶情绪指标时,仅考虑了位于参照点下侧的损失部分,而未纳入参照点上侧的收益信息,故而在未来的研究中可以基于前景理论价值函数对投资者损失厌恶情绪指标进行改良。

(5) 多期行为投资组合问题的研究。当前,多期资产动态配置问题已经成为主流金融学研究的热点,本书对损失厌恶在行为投资组合和资产定价方面的研究尚局限于单期资产组合问题中,因此,考虑基于损失厌恶的多期资产配置行为投资组合问题是未来的重要研究方向。

行为金融理论纷繁复杂,本书仅就损失厌恶及其密切相关行为特征进行了探索性研究,未来的研究应在已有研究基础上拓宽研究视野,完善行为金融理论体系。

7.3 行为金融对投资管理的启发

1. 前景理论启发

前景理论揭示了人们在判断选择和决策过程中的诸多行为特征,对于投资管理实践具有重要的借鉴意义。资本市场上的价格与波动本质反映的是投资者的预期与行为,遵循非贝叶斯准则的人们,在瞬息万变的证券市场容易被客观信息和主观经验影响导致丧失原本的理智与判断标准,影响投资者的价值判断和心理概率。在进行投资决策的过程中,充分利用好“拇指法则”和“小数定律”,需要克服和消除常见的认知偏差,通过加强学习与训练进一步提高对信息的分析和处理能力,在投资实践中善于总结经验教训。

2. 制定止损策略

机构投资者一般都会对持有资产设定止损点,一旦触及止损点便可以考虑卖出,以避免更大损失。所谓止盈止损策略是指投资者在投资过程中设定一个合理的获利或亏损的“了结点”,当证券价格上涨或下挫到“了结点”时,投资者将持有股票卖出以实现“落袋为安”或“止损保本”的策略和方法。前景理论告诉我们,投资者对损失更为敏感,处置效应的存在令人“售盈持亏”,实现收益也许并不难,但是承认投资失败并在止损点平仓止损,也许并不是每个人都可以做到的。由于资本市场的不确定性,证券投资的风险颇高,理性投资者在进行投资时更应该注重避免更大的损失。因此,止损策略的关键是合理确定止损点,并拥有足够的决策力在损失达到一定程度时克服心理障碍进行平仓止损。在沪深市场的现实投资活动中，众多散户并不擅长及时止损，以至于账面浮亏严重。

3. 资产分层管理

“不要把鸡蛋放在同一个篮子中”，投资组合理论早已阐明分散投资的重要性。资产分层管理是对分散投资理论的一个深化和延展。

行为投资组合理论认为投资者构建投资组合，是基于对不同资产风险程度认识和投资者个人目的，从而形成一种金字塔式的行为投资组合，如同马斯洛的需求层次理论，在投资组合金字塔中人们通常会将各层次的资产组合与投资者特定的财富渴求水平和风险偏好相联系。第一层账户通常是为了避免贫穷而设立，体现安全性，所以其投资对象通常偏好于短期国债、货币基金等具有稳定收益率和较低风险的资产；高层次的账户是为了实现财富增值、实现富裕而设立，通常偏好配置股票等高收益资产。

在投资管理中，无论是机构投资者还是个人投资者都不应该将所有资金放在同一类资产上。市场上的机构投资者在投资时不会将所有资金用来买同一只股票，不会只配置一个行业的股票，持有股票的同时也会投资债券，还会手握一定现金，对资金进行分类使用。机构投资者对于不同标的资产也会设定不同的收益目标和风险管控策略，实现资产分层管理。同样，对于个人投资者而言，用于股票投资的资金是在保证日常衣食住行生活水准的前提下的余钱，我们并不提倡所谓的“卖房炒股”，也许那是一次暴富机会，但失败所带来的后果是致命的。

4. 消息发布管理

信息对资本市场的影响举足轻重，一则好消息可能激起股价涨停，一则坏消息可能导致股价连续跌停。因此，资本市场信息管理至关重要。根据前景理论，关于信息发布，人们总结出以下几个策略。

(1) 好消息分开发布策略。如果你有几个好消息要发布，应该把它们分开发布。根据前景理论，分别经历两次获得所带来的高兴程度之和要大于把两个获得加起来一次所带来的高兴程度。

(2) 坏消息合并发布策略。如果你有几个坏消息要公布，应该把它们一起发布。因为根据前景理论，两个损失结合起来所带来的痛苦要小于分别经历这两次损失所带来的痛苦之和。

(3) 混合发布策略。如果你有一个大大的好消息和一个小小的坏消息，应该把这两个消息一起告诉别人。这样的话，坏消息带来的痛苦会被好消息带来的快乐所冲淡，负面效应也就少得多。如果你有一个大大的坏消息和一个小小的好消息，应该分别公布这两个消息。这样的话，好消息带来的快乐不至于被坏消息带来的痛苦所淹没，人们还是可以享受好消息带来的快乐。

5. 反向投资与惯性交易策略

过度反应和反应不足是资本市场存在的两个显著效应，由于对资本市场过度反应的修正，过去的输者证券组合在未来的表现会超越市场平均水平，从而产生长期超常回报现象。因此，实施反向投资策略就是在选股过程中买进过去一段时期市场表现较差的股票而卖出过去一段时间表现较好的股票，抓取反转效应带来的套利机会，实现超额回报。

与反转效应不同，资本市场上还存在显著的动量效应，即一定期限内，某只股票或某个证券组合在前一段时间内涨幅较好，在其后的一段时间内这只股票或该证券组合仍然维持较好市场表现。如果某只股票或某个证券组合在前一段时期内涨幅较好，因为动量效应的存在，在投资中可以通过惯性交易策略进行获利。惯性交易策略预先对证券收益和交易量设定过滤规则，当证券收益与交易量同时满足过滤规则就买下或卖出证券。中国沪深市场存在明显的动量效应，利用股票或证券组合在一定时期内的连续上扬或下挫，采取趋势交易策略，买入过去表现较好的股票或卖出过去表现较差的股票进行套利的投资，也就是投资中常常讲的“追涨杀跌”。

反向投资策略和惯性交易策略是基于反转效应和动量效应的客观实在，由于投资者普遍存在保守性心理偏差，对资本市场上信息反应不一，反应过度造成反转效应，而动量效应是由于反应不足导致，所以说惯性交易策略和反向投资策略并不矛盾，反向投资策略是一种长期投资策略而惯性策略则是中短期策略。但是在实施反向投资策略和惯性交易策略时首先要通过研究选取好标的证券，并在适当时间介入。

6. 成本平均策略和时间分散策略

成本平均策略是指投资者根据证券价格分批次买入标的证券。前景理论揭示了投资者并非都是风险厌恶的，等量损失给投资者引起的痛苦感大于等量收益给投资者带来的快乐感。因此，投资者在进行证券投资时，应制定适当的持股计划，根据不同价格分批、分阶段投资，适度摊薄成本，增加安全边际，扩大盈利空间。成本平均策略并不建议投资者频繁交易进行短时间内的低买高卖，因为交易越频繁就越容易犯错。

一般认为，证券投资风险随着投资期限的延长而降低，时间分散化策略便是基于股票投资风险随投资期限的延长而降低的信念实施的投资策略。时间分散化策略是建议投资者在年轻时较大比例地投资股票，随着年龄增长逐渐减少股票投资比例的一种长期投资策略。实施时间分散化投资策略，需要投资者拥有足够的耐心和良好的投资素养。

7. 小盘股策略

小盘股投资策略在国外已被广泛应用，如 Fuller&Thaler 基金管理公司就使用小盘股投资策略取得了不错的业绩。相关实证研究表明，小盘股存在显著的一月效应，因此一种有效的投资策略就是在一月初买进小公司股票而在一月底卖出小公司股票。对于中国股市而言，虽然不存在明显的一月效应，但依靠小盘股进行套利获利的投资者不在少数，由于小盘股流通市值较小，容易受到市场主力资金的控制，导致在市场行情较好的情况下具有较高的收益率。实施小盘股投资策略，需要对标的证券进行深入研究，避免基本面风险。

参 考 文 献

[1] BURRELL O K. Possibility of an experimental approach to investment studies[J]. Journal of Psychology and Financial Markets，2001，2(1)：57-61.

[2] THALER R H. Mental accounting and consumer choice[J]. Marketing Science，1985，4(3)：199-214.

[3] SHILLER R J，FRIEDMAN F B M. Stock Prices and Social Dynamics[J]. Brookings Papers on Economic Activity，1984(2)：457-510.

[4] THALER R H. Advances in behavioral finance[M]. New York：Russell Sage Foundation，2005.

[5] 饶育蕾，刘达锋.行为金融学[M].上海：上海财经大学出版社，2003.

[6] 李心丹.行为金融理论：研究体系及展望[J].金融研究，2005(1)：175-190.

[7] KAHNEMAN D，TVERSKY A. Prospect theory：an analysis of decision under risk[J]. Econometrica，1979，47(2)：263-292.

[8] BLACK F. Noise[J]. Journal of Finance，1984，41(3)：529-543.

[9] SHEFRIN H，STATMAN M. Behavioral portfolio theory[J]. The Journal of Financial and Quantitative Analysis，2000，35(2)：127-151.

[10] 饶育蕾，盛虎.行为金融学[M].北京：机械工业出版社，2010.

[11] MARKOWITZ H M. Portfolio selection[J]. Journal of Finance，1952，7(1)：77-91.

[12] 郑振龙，陈志英.现代投资组合理论最新进展评述[J].厦门大学学报(哲学社会科学版)，2012(2)：17-24.

[13] 吴世农，陈斌.风险度量方法与金融资产配置模型的理论和实证研究[J].经济研究，1999(9)：30-38.

[14] 卫海英，张国胜.投资风险的特性分析及其计量方法的变革[J].统计研究，2002(10)：44-49.

[15] KONNO H，YAMAZAKI H. Mean-absolute deviation portfolio optimization model and its applications to Tokyo stock market[J]. Management Science，1991，37(5)：519-531.

[16] HARLOW W V. Asset allocation in a downside-risk framework[J]. Financial Analysts

Journal, 1991, 47(5): 28-40.
[17] STONE B K. A general class of three-parameter riskmeasures[J]. Journal of Finance, 1973, 28(3): 675-685.
[18] HARLOW W V, RAO R K S. Asset pricing in a generalized mean-lower partial moment framework: theory and evidence[J]. Journal of Financial and Quantitative Analysis, 1989, 24(3): 285-311.
[19] 汪贵浦,王明涛.Harlow下偏矩证券组合优化模型的求解方法研究[J].系统工程理论与实践,2003,23(6):42-47.
[20] 刘锐.基于CVaR的动态规划模型及其在投资组合中的应用[D].广州:华南理工大学,2010.
[21] ARTZNER P, DELBAEN F, EBER J H, et al. Coherent measure of risk[J]. Mathematical Finance, 1999, 9(3): 203-228.
[22] 林辉,何建敏.VaR在投资组合应用中存在的缺陷与CVaR模型[J].财贸经济,2003(12):46-49.
[23] ROCKAFELLAR R T, URYASEV S. Conditional value-at-risk for general loss distributions[J]. Journal of Banking & Finance, 2002, 26(7):1443-1471.
[24] 邓勇.组合选择和资本资产定价[D].广州:暨南大学,2007.
[25] 田利辉,王冠英.西方资产定价学说和我国股票市场发展[J].南开学报(哲学社会科学版),2014(2):127-135.
[26] MERTON R C. An intertemporal capital asset pricing model[J]. Econometrica, 1973, 41(5): 867-887.
[27] BREEDEN D T. An intertemporal asset pricing model with stochastic consumption and investment opportunities[J]. Journal of Financial Economics, 1979, 7(3): 265-296.
[28] 臧旭恒.消费资本资产定价理论:回顾与评述[J].产业经济评论,2006(2):126-154.
[29] ROSS S A. The arbitrage theory of capital asset pricing[J]. Journal of Economic Theory, 1976, 13(3): 341-360.
[30] FAMA E F, FRENCH K R. Common risk factors in the returns on stocks and bonds[J]. Journal of Financial Economics, 1993, 33(1): 3-56.
[31] FAMA E F, FRENCH K R. Multifactor explanations of asset pricing anomalies[J]. Journal of Finance, 1996, 51(1): 55-84.
[32] JEGADEESH N, TITMAN S. Retums to buying winners and selling losers: implications for stock market efficiency[J]. Journal of Finance, 1993, 48(1): 65-91.
[33] CARHART M M. Persistence in mutual fund performance[J]. Journal of Finance, 1997, 52(1): 57-82.

[34] HAUGEN R A, BAKER N. Commonality in the determinants of expected stock returns [J]. Journal of Financial Economics, 1996, 41(3): 401-439.
[35] TITMAN S, WEI K C, XIE F X. Capital investment and stock returns[J]. Journal of Financial and Quantitative A nalysis, 2004, 39(4): 677-700.
[36] 沈艺峰.资本资产定价五因子模型:演变与未来研究方向[J].财务研究,2015(6):17-30.
[37] FAMA E F, FRENCH K R. A five-factor asset pricing model[J]. Journal of Financial Economics, 2015, 116(1): 1-22.
[38] CAMPBELL J Y. Asset pricing at the millennium[J]. Journal of Finance, 2000, 55(4): 1515-1567.
[39] 肖辉,吴冲锋.随机折现因子分析[J].工业工程与管理,2004(3):71-73.
[40] 张新.中国金融学面临的挑战和发展前景[J].金融研究,2003(8):36-44.
[41] 陈彦斌,周业安.行为资产定价理论综述[J].经济研究,2004(6):117-127.
[42] HANSEN L P. Large Sample Properties of Generalized Method of Moments Estimators [J]. Econometrica, 1982, 50(4):1029-1054.
[43] 张圣平,熊德华,张峥,等.现代经典金融学的困境与行为金融学的崛起[J].金融研究,2003(4):44-56.
[44] 谭松涛.行为金融理论:基于投资者交易行为的视角[J].管理世界,2007(8):140-150.
[45] SHLEIFER A. VISHNY R W. The limits of arbitrage[J]. Journal of Finance, 1997, 52 (1): 35-55.
[46] BRADFORD DE LONG J, SHLEIFER A, SUMMERS L H, et al. Noise trader risk in financial markets[J]. Journal of Political Economy, 1990, 98(4): 703-738.
[47] 胡义华.资产定价理论演变研究[D].武汉:武汉大学,2005.
[48] BARBERIS N, THALER R. A survey of behavioral finance[J]. Handbook of the Economics of Finance, 2003, 1(03):1053-1128.
[49] 饶育蕾,张轮.行为金融学[M]. 2 版.上海:复旦大学出版社,2005.
[50] 李静.基于行为金融学的股票市场投资者行为研究[D].北京:中国社会科学院,2012.
[51] LICHTENSTEIN S, FISCHHOFF B, PHILLIPS L D. Calibration of probabilities: the state of the art to 1980[M].// Decision Making and Change in Human Affairs. Springer Netherlands, 1977.
[52] HIRSHLEIFER D. Investor psychology and asset pricing[J]. Journal of Finance, 2001, 56(4): 1533-1597.
[53] GERVAIS S, ODEAN T. Learning to be overconfident[J]. Review of Financial Studies, 2001, 14(1): 1-27.
[54] THALER R. Toward a positive theory of consumer choice[J]. Journal of Economic

Behavior and Organization，1980，1(1)：39-60.

[55] KAHNEMAN D，TVERSKY A. The psychology of preferences [J]. Scientific Amercian，1982，246(1)：160-173.

[56] THALER R H. Mental accounting matters[J]. Journal of Behavior Decision Making，1999，12(3)：183-206.

[57] SHEFRIN H M，THALER R H. Mental accounting，saving，and self-control[M]//In G.loewenstein J.elster (Eds)，Choice over time：287-330.

[58] KAHNEMAN D，TVERSKY A. Choices，values，and frames [J]. American Psychologist，1984，39(4)，341-350.

[59] 周静，徐富明，刘腾飞，等.心理账户基本特征的影响因素[J].心理科学进展，2011，19(1)：124-131.

[60] TVERSKY A，KAHNEMAN D. Advances in prospect theory：cumulative representation of uncertainty[J]. Journal of Risk and Uncertainty，1992，5(4)：297-323.

[61] SCHMIDT D R. The prospects of taxpayer agreement with aggressive tax advice[J]. Journal of Economic Psychology，2001，22(2)：157-172.

[62] SCHMIDT U，STARMER C，SUGDEN R. Explaining preference reversal with third-generation prospect theory[R]. The Center for Decision Research and Experimental Economics，School of Economics，University of Nottingham，2005.

[63] SCHMIDT U，STARMER C，SUGDEN R. Third-generation prospect theory[J]. Journal of Risk Uncertainty，2008，36(3)：203-223.

[64] HARRISON G W，RUTSTRÖM E E. Expected utility theory and prospect theory：One wedding and a decent funeral[J]. Experimental Economics，2009，12(2)：133-158.

[65] 曾建敏.实验检验累积前景理论[J].暨南大学学报(自然科学版)，2007，28(1)：44-47，65.

[66] 宋华东.基于前景理论的资产证券化模型与实证研究[D].大连：大连理工大学，2010.

[67] MAGGI M A. Loss aversion and perceptual risk aversion[J]. Journal of Mathematical Psychology，2006，50(4)：426-430.

[68] NEUMAN E，NEUMAN S. Reference-dependent preferences and loss aversion：A discrete choice experiment in the health-care sector[J]. Judgment and Decision Making，2008，3(2)：162-173.

[69] DE GIORGI E G，POST T. Loss aversion with a state-dependent reference point[J]. Management Science，2011，57(6)：1094-1110.

[70] AERTS W，CAMPENHOUT G V，CANEGHEM T V. Clustering in dividends：Do

managers rely on cognitive reference points? [J]. Journal of Economic Psychology, 2008, 29(3): 276-284.

[71] CHIYACHANTANA C N, YANG Z F. Reference Point Adaptation and Disposition Effect: Evidence from Institutional Trading [C]. Financial Management Association Asian Conference, 2010.

[72] APESTEGUIA J, BALLESTER M A. A theory of reference-dependent behavior[J]. Economic Theory, 2009, 40(3): 427-455.

[73] 苏淞,黄劲松.参照价格理论研究新进展[J].经济学动态,2013(3):148-157.

[74] 李海军,徐富明,相鹏,等.基于预期理论的参照依赖[J].心理科学进展,2013, 21(2): 317-325.

[75] WANG X T, JOHNSON J G. A tri-reference point theory of decision making under risk [J]. Journal of Experimental Psychology: General, 2012, 141(4): 743-756.

[76] LOPES L L. Between hope and fear: the psychology of risk [J]. Advance in Experimental Social Psychology, 1987, 20(3): 255-295.

[77] 王晓田,桑轲.薪酬预期与选择:基于三参照点理论的验证与探讨[J].心理科学,2009, 32(3):691-693.

[78] HURLY A T. The twin threshold model: risk-intermediate foraging by rufous hummingbirds, Selasphorus rufus[J]. Animal Behaviour, 2003, 66(4): 751-761.

[79] KAPLAN H S, GANGESTAD S G. Life history theory and evolutionary psychology [M]//In D. M. Buss (Ed.), The Handbook of Evolutionarily Psychology. New York: Wiley, 2005. 528-551.

[80] ROY A D. Safety first and the holding of assets[J]. Econometrica, 1952, 20(3): 431-449.

[81] WANG X T. Decision heuristics as predictors of public choice[J]. Journal of Behavioral Decision Making, 2008, 21(1): 77-89.

[82] KOOP G J, JOHNSON J G. The use of multiple reference points in risky decision making[J]. Journal of Behavioral Decision Making, 2012, 25(1): 49-62.

[83] MEHRA R, PRESCOTT E C. The equity premium: A puzzle[J]. Journal of Monetary Economics, 1985, 15(2):145-161.

[84] CAMPBELL J Y, COCHRANE J H. By force of habit: a consumption-based explanation of aggregate stock market behavior[J]. Journal of Political Economy, 1999, 107(2):205-251.

[85] FAMA E F, FRENCH K R. Permanent and temporary components of stock prices[J]. Journal of Political Economy, 1988, 96(2): 246-273.

[86] TELSER L G. Safety first and hedging[J]. The Review of Economic Studies, 1955, 23(1): 1-16.

[87] 姜继娇,杨乃定.多心理账户下的群体投资决策规则优化研究[J].管理工程学报,2005,19(4):126-129.

[88] SHEFRIN H, STATMAN M. Behavioral capital asset pricing theory[J]. Journal of Financial and Quantitative Analysis, 1994, 29(3): 323-349.

[89] BARBERIS N, HUANG M, SANTOS T. Prospect theory and asset prices[J]. Quarterly Journal of Economics, 2001, 116(1): 1-53.

[90] WURGLER J. Introduction: a special issue on investor sentiment[J]. Journal of Financial Economics, 2012, 104(2): 227.

[91] 高大良.投资者情绪对股票市场收益的影响研究[D].长沙:湖南大学,2013.

[92] 丁韶华,陈庭强,何建敏,等.DSSW模型的交易者行为风险度量方法[J].北京理工大学学报(社会科学版),2012, 14(3):39-43, 55.

[93] 陈其安,赖琴云,陈亮,等.基于噪音交易者的风险定价模型及其应用[J].系统工程理论与实践,2010, 30(3):385-395.

[94] BARBERIS N, SHLEIFER A, VISHNY R. A model of investor sentiment[J]. Journal of Financial Economics, 1998, 49(3): 307-343.

[95] DANIEL K, HIRSHLEIFER D, SUBRAHMANYAM A. Investor Psychology and security market under and overreaction[J]. Journal of Finance, 1998, 53(6):1839-1885.

[96] HONG H, STEIN J C. A unified theory of under-reaction, momenutm trading and overreaction in asset markets[J]. Journal of Finance, 1999, 54(6): 2143-2184.

[97] THALER R H. The end of behavioral finance[J]. Financial Analysts Journal, 1999, 55(6): 12-17.

[98] 张维,赵帅特,熊熊,等.计算实验金融、技术规则与时间序列收益可预测性[J].管理科学,2008, 21(3):74-84.

[99] ROGER L, STACEY ST. A model of financial fragility[J]. Journal of Economic Theory, 2001, 99(1-2): 220-264.

[100] 吴冲锋,宋军.金融复杂性[J].系统工程,2002, 20(4):1-6.

[101] LE BARON B. Agent-based computational finance[M]//In Judd K, Tesfatsion L, eds. The Handbook of Computational Economics II: Agent-based Computational Economics. Amsterdam: North Holland, 2006.

[102] 张维,赵帅特.基于ACF的行为金融研究局限及未来研究方向[J].现代财经:天津财经大学学报,2008, 28(10):9-13.

[103] TESFATSION L. Agent-based computational economics: Growing economics from the

bottom-up[J]. Artificial Life, 2002, 8(1): 55-82.

[104] ARTHUR W B, HOLLAND J H, LEBARON B, et a1. Asset pricing under endogenous expectations in an artificial stock market[J]. Social Science Electronic Publishing, 1997, 23(9): 1487-1516.

[105] LEBARON B, ARTHUR W B, PALMER R. Time series properties of all artificial stock market[J]. Journal of Economic Dynamics and Control, 1999, 23(9-10): 1487-1516.

[106] LEVY M, LEVY H, SOLOMOM S, et a1. Microscopic simulation of financial markets: from investor behavior to market phenomena[M]. San Diego: Academic Press, 2000.

[107] 张维,李悦雷,熊熊,等.计算实验金融的思想基础和研究范式[J].系统工程理论与实践,2012, 32(3):495-507.

[108] LEVY M, LEVY H, SOLOMOM S. Simulation of the stock market: the effects of microscopic diversity[J]. Journal de Physique, 1995, 5(8): 1087-1107.

[109] LUX T. Herd behavior, bubbles and crashes[J]. The Economic Journal, 1995, 105 (431): 881-896.

[110] LUX T. The socio-economic dynamics of speculative markets: interacting agents, chaos, and the fat tails of return distributions[J]. Journal of Economic Behavior & Organization, 1998, 33(2): 143-165.

[111] CHEN S H, LIAO C C. Agent-based computational modeling of the stock price-volume relation[J]. Information Sciences, 2005, 170(1): 75-100.

[112] CHEN S H, YEH C H. On the emergent properties of artificial stock markets: the efficient market hypothesis and the rational expectations hypothesis[J]. Journal of Economic Behavior & Organization, 2002, 49(2): 217-239.

[113] PASCUAL J A, PAJARES J, LOPEZ-PAREDES A. Explaining the statistical features of the Spanish stock market from the bottom-up[J]. Advances in Artificial Economics, 2006, 584(VI): 283-294.

[114] CHEN S H, HUANG Y C. Risk preference, forecasting accuracy and survival dynamics: simulation based on a multi-asset-agent-based artificial stock market[J]. Journal of Economic Behavioral & Organization, 2008, 67(3-4): 702-717.

[115] GODE D K, SUNDER S. Allocative efficiency of markets with zero-intelligence trader: market as a partial substitute for individual rationality[J]. Journal of Political Economy, 1993, 101(1): 119-137.

[116] RABERTO M, CINCOTTI S, FOCARDI S M, et al. Agent-based simulation of a

financial market[J]. Physica A: Statistical Mechanics and Its Applications, 2001, 229(1-2): 319-327.

[117] 张维,刘文财,王启文,等.面向资本市场复杂性建模:基于 Agent 计算实验金融学[J].现代财经:天津财经学院学报,2003, 23(1):3-7, 16.

[118] 应尚军,魏一鸣,范英,等.基于元胞自动机的股票市场复杂性研究:投资者心理与市场行为[J].系统工程理论与实践,2003, 23(12):18-24, 31.

[119] 刘兴华,杨建梅.多样性和归纳推理与证券市场动力机制[J].系统工程理论与实践,2007, 27(5):35-41.

[120] 张永杰,张维,熊熊.投资策略与投资收益:基于计算实验金融方法的研究[J].管理科学学报,2010, 13(9):107-118.

[121] 杨敏,马进胜.基于主体的人工股市建模及其实证研究[J].管理科学学报,2010, 13(5):91-96.

[122] 马超群,杨密,邹琳.基于异质行为演化的人工金融市场及其非线性特征研究[J].财经理论与实践,2011, 32(2):2-7.

[123] PENDERSEN C S. Derivatives and downside risk[J]. Derivatives Use, Trading & Regulation, 2001, 7(3): 251.

[124] JARROW R A, ZHAO F. Downside loss aversion and portfolio management[J]. Management Science, 2006, 52(4): 558-566.

[125] CUMOVA D, NAWROCKI D. Asymmetric LPM model for heuristic mean-semivariance analysis[J]. Journal of Economics and Business, 2011, 63(3): 217-236.

[126] ESTRADA J. Mean-semivariance optimization: a heuristic approach[J]. Journal of Applied Finance, 2008, 18(1): 57-72.

[127] HOLTHAUSEN D M. A risk-return model with risk and return measured as deviations from a target return[J]. American Economic Review, 1981, 71(1):182-188.

[128] CUMOVA D, NAWROCKI D. Portfolio optimization in an upside potential and downside risk framework[J]. Journal of Economics and Business. 2014, 71: 68-89.

[129] 李腊生,刘磊,李婷.基于投资者异质性的投资组合选择与证券市场价格[J].统计研究,2013, 30(2):40-48.

[130] ROMAN D, MITRA G. Portfolio selection models a review and new directions[J]. Wilmott Journal, 2009, 1(2): 69-85.

[131] 舒建平,应松宝,黄建宏.证券风险度量理论方法的评述[J].系统工程理论方法应用,2006, 15(4):305-311, 317.

[132] 张惜丽.多种测度下的投资组合选择模型与算法研究[D].广州:华南理工大学,2011.

[133] 陈浩武.长期投资者资产配置决策理论及应用研究[D].上海:上海交通大学,2007.

[134] 常浩.连续时间投资组合优化理论方法研究[D].天津:天津大学,2012.
[135] 张峥,徐信忠.行为金融学研究综述[J].管理世界,2006(9):155-167.
[136] 徐绪松,马莉莉.基于后悔规避的投资组合模型及其实证分析[J].技术经济,2008, 27(1):94-98.
[137] 徐绪松,宋奇,马莉莉.基于代表性偏差的行为投资组合模型及实证[J].系统工程理论与实践,2012, 32(1):34-40.
[138] 张一喆.基于改进一般失望模型的投资组合与资产定价研究[D].哈尔滨:哈尔滨工业大学,2013.
[139] BARBERIS N, HUANG M. Mental accounting, loss aversion and individual stock returns[J]. Journal of Finance, 2001, 56(4): 1247-1292.
[140] BERKELAAR A B, KOUWENBERG R, POST T. Optimal portfolio choice under loss aversion[J]. The Review of Economics and Statistics, 2004, 86(4): 973-987.
[141] GOMES F J. Portfolio choice and trading volume with loss-averse investors[J]. Journal of Business, 2005, 78(2): 675-706.
[142] SCHMIDT U, ZANK H. Linear cumulative prospect theory with application to portfolio selection and insurance demand[J]. Decisions in Economics and Finance, 2007, 30(1): 1-18.
[143] GIORGI E D, HENS T. Prospect theory and mean-variance analysis: does it make a difference in wealth management? [J]. Investment Management and Financial Innovation, 2009, 6(1): 122-129.
[144] HE Xuedong, ZHOU Xunyu. Portfolio choice under cumulative prospect theory: an analysis treatment[J]. Management Science, 2011, 57(2): 315-331.
[145] FORTIN I, HLOUSKOVA J. Optimal asset allocation under linear loss aversion[J]. Journal of Banking & Finance, 2011, 35(11): 2974-2990.
[146] 金秀,王佳,高莹.基于动态损失厌恶投资组合模型的最优资产配置与实证研究[J].中国管理科学,2014, 22(5):16-23.
[147] 金秀,王佳.基于动态损失厌恶投资组合优化模型及实证研究[J].运筹与管理,2014, 23(1):188-195.
[148] 徐绪松,马莉莉,陈彦斌.考虑损失规避的期望效用投资组合模型[J].中国管理科学,2007, 15(5):42-47.
[149] 周嘉南,黄登仕.损失厌恶能否解释"好消息提前,坏消息延后"[J].管理科学学报,2009, 12(6):125-138.
[150] 孙春花,李腊生.损失厌恶偏好与资产组合选择研究[J].数学的实践与认识,2014, 44(3):21-30.

[151] FORTIN I, HLOUSKOVA J. Optimal asset allocation under quadratic loss aversion [R]. Vienna: Institute for Advanced Studies, 2012.

[152] SIEGMANN A, LUCAS A. Discrete-time financial planning models under loss-averse preferences[J]. Operations Research, 2005, 53(3): 403-414.

[153] LUCAS A, SIEGMANN A. The effect of shortfall as a risk measure for portfolios with hedge funds[J]. Journal of Business Finance & Accounting, 2008, 35(1-2): 200-226.

[154] ZHANG Wenlang, SEMMLER W. Prospect theory for stock markets: empirical evidence with time-series data[J]. Journal of Economic Behavioral & Organization, 2009, 72(3): 835-849.

[155] 米辉,张曙光.不完全市场下考虑损失厌恶的连续时间投资组合选择[J].运筹学学报, 2012, 16(1):1-12.

[156] FORTIN I, HLOUSKOVA J. Downside loss aversion: Winner or loser? [J]. Mathematical Methods of Operations Research, 2015, 81(2): 181-233.

[157] 王佳,金秀,苑莹,等.基于损失厌恶和模糊厌恶的分布鲁棒投资组合模型[J].系统工程理论与实践,2016, 36(2):288-296.

[158] GIORGI D E, HENS T. Making prospect theory fit for finance[J]. Finance Markets Portfolios Management, 2006, 20(3): 339-360.

[159] 胡支军,叶丹.基于损失厌恶的非线性投资组合问题[J].中国管理科学,2010, 18(4): 28-33.

[160] 邹燕,郭菊娥.对期望理论的两个重要推进:损失厌恶系数λ及参考点研究[J].运筹与管理,2007, 16(5):87-89.

[161] BARBERIS N, HUANG M. Preferences with frames: a new utility specification that allows for the framing of risks[J]. Journal of Economic Dynamics & Control, 2009, 33 (8): 1555-1576.

[162] BAUCELLS M, WEBER M, WELFENS F. Reference-point formation and updating [J]. Management Science, 2011, 57(3): 506-519.

[163] BEST M J, GRAUER R R, HLOUSKOVA J, et al. Loss-aversion with kinked linear utility functions[J]. Computational Economics, 2014, 44(1): 45-65.

[164] TVERSKY A, KAHNEMAN D. The framing of decisions and the psychology of choice[J]. Science, 1981, 211(4481): 453-458.

[165] HASTINGS J S, SHAPIRO J M. Fungibility and consumer choice: evidence from commodity price shocks[J]. Quarterly Journal of Economics, 2013, 128(4): 1449-1498.

[166] THALER R H, JOHNSON E J. Gambling with the house money and trying to break

even：the effects of prior outcomes on risky choice[J]. Management Science，1990，36(6)：643-660.

[167] THALER R H. Mental accounting and consumer choice：anatomy of a failure[J]. Marketing Science，2008，27 (1)：12-14.

[168] CHATTERJEE S，HEATH T B，MIN J. The susceptibility of mental accounting principles to evaluation mode effects[J]. Journal of Behavioral Decision Making. 2009，22(2)：120-137.

[169] 陈慧.心智账户理论综述:实证、因素与应用[J].南方经济，2015(1):104-116.

[170] HENDERSON P W，PETERSON R A. Mental accounting and categorization[J]. Organizational Behavior and Human Decision Processes，1992，51(1)：92-117.

[171] KIVETZ R. Advances in research on mental accounting and reason-based choice[J]. Marketing Letters，1999，10(3)：249-266.

[172] 李爱梅.心理账户与非理性经济决策行为的实证研究[D].广州:暨南大学，2005.

[173] CHEEMA A，SOMAN D. Malleable mental accounting：the effect of flexibility on the justification of attractive spending and consumption decision[J]. Journal of Consumer Psychology，2006，16(1)：33-44.

[174] KIM H M. The effect of salience on mental accounting：how integration versus segregation of payment influences purchase decisions[J]. Journal of Behavioral Decision Making，2006，19(4)：381-391.

[175] 李爱梅，凌文辁.心理账户:理论与应用启示[J].心理科学进展，2007，15(5):727-734.

[176] 马永开，唐小我.行为证券组合投资决策方法研究[J].系统工程学报，2003，18(1):71-76，82.

[177] 茅力可.金融市场中投资者心理账户的研究[D].武汉:华中科技大学，2005.

[178] LIM SONGYA SEONGYEON. Do investors integrate losses and segregate gains? Mental accounting and investor trading decisions[J]. Journal of Business，2006，79(5)：2539-2573.

[179] 欧阳洪，肖东生.基于需求层次理论的资本资产定价模型[J].系统工程，2007，25(2)：74-80.

[180] 彭飞，史本山，黄登仕.基于下偏矩风险的行为投资组合模型研究[J].管理科学学报，2008，11(6):95-102，111.

[181] DAS S，MARKOWITZ H，SCHEID J，et al. Portfolio optimization with mental accounts[J]. Journal of Financial and Quantitative Analysis，2010，45(2)：311-334.

[182] BAPTISTA A M. Portfolio selection with mental accounts and background risk[J]. Journal of Banking & Finance，2012，36(4)：968-980.

[183] ALEXANDRE G J, BAPTISTA A M. Portfolio selection with mental accounts and delegation[J]. Journal of Banking & Finance, 2011, 35(10): 2637-2656.
[184] 于淑静.考虑决策者心理账户的证券组合投资模型研究[D].沈阳:东北大学,2012.
[185] 何贵兵,于永菊.决策过程中参照点效应研究述评[J].心理科学进展,2006, 14(3):408-412.
[186] DIRIS B F, PALM F C, SCHOTMAN P C. Long-term strategic asset allocation: an out-of-sample evaluation[J]. Management Science, 2015, 61(9): 2185-2202.
[187] 邹燕,郭菊娥.资本资产定价研究:基于损失厌恶、追赶时髦和习惯形成的新进展[J].运筹与管理,2008, 17(1):128-130, 143.
[188] 姚海洋,李仲飞.基于非参数估计框架的期望效用最大化最优投资组合[J].中国管理科学,2014, 22(1):1-9.
[189] 李仲飞,袁子甲.参数不确定性下资产配置的动态均值方差模型[J].管理科学学报,2010, 13(12):1-9.
[190] 刘瑞霞,邬冬华,凌和良.不确定性条件下判断和决策的新领域:前景理论[J].运筹与管理,2005, 14(2):14-18.
[191] 彭飞.基于行为金融的资产选择模型研究[D].成都:西南交通大学,2005.
[192] 洪江.客观的风险度量与风险偏好研究[D].杭州:浙江大学,2011.
[193] ANG A, BEKAERT G, LIU JUN. Why stocks may disappoint[J]. Journal of Financial Economics, 2005, 76(3): 471-508.
[194] 边慎,蔡志杰.期望效用理论与前景理论的一致性[J].经济学(季刊),2005, 5(1): 265-276.
[195] DE GIORGI E G, HENS T, RIEGER M O. Financial market equilibrium with cumulative prospect theory[J]. Journal of Mathematical Economics, 2010, 46(5): 633-651.
[196] 饶贵添.股票市场价值函数实证研究[D].长沙:长沙理工大学,2010.
[197] ZHU L. L., SHUGUANG Z. Investment decision under constraint of loss aversion [C]// International Conference on Information Management. IEEE, 2010, 3: 28-31.
[198] 余成波.建立在前景理论基础上的资本资产定价模型[D].杭州:浙江大学,2004.
[199] 张海峰.前景理论、波动不对称性与资产定价[D].天津:天津大学,2011.
[200] 张维,张海峰,张永杰,等.基于前景理论的波动不对称性研究[J].系统工程理论与实践,2012, 32(3):458-465.
[201] 熊晶晶,史本山.基于价值函数的行为风险投资组合模型[J].技术经济,2011, 30(2): 66-70.
[202] 张海峰,张维,邹高峰,等.中国市场条件下前景理论的实证分析[J].西安电子科技大学

学报(社会科学版),2011, 21(3):84-89.

[203] FOO T, ENG S. Asset allocation in a downside risk framework[J]. Journal of Real Estate Portfolio Management, 2000, 6 (3): 213-223.

[204] BAWA V S, LINDENBERG E B. Capital market equilibrium in a mean-lower partial moment framework[J]. Journal of Financial Economics, 1977, 5(2): 189-200.

[205] FISHBURN P C. Mean-risk analysis with risk associated with below-target returns[J]. The American Economic Review, 1977, 67(2): 116-126.

[206] ROCKAFELLAR R T, URYASEV S. Conditional value-at-risk for general loss distributions[J]. Journal of Banking & Finance, 2002, 26(7): 1443-1471.

[207] 方勇,孙绍荣.下偏矩方法在行为投资组合优化中的应用[J].系统工程,2008, 26(7): 103-107.

[208] 刘勇军.多期模糊投资组合优化模型及算法研究[D].广州:华南理工大学,2013.

[209] 黄薏舟,文平.基于均值-二阶矩分析方法的投资组合方法[J].统计与决策,2014(21): 76-79.

[210] AYUB U, SHAH S Z A, ABBAS Q. Robust analysis for downside risk in portfolio management for a volatile stock market[J]. Economic Modelling, 2015, 44:86-96.

[211] BARBERIS N, HUANG M, THALER R H. Individual preferences, monetary gambles, and stock market participation: a case for narrow framing[J]. The American Economic Review, 2006, 96(4): 1069-1090.

[212] JANISZEWSKI C, LICHTENSTEIN D R. A range theory account of price perception [J]. Journal of consumer research, 1999, 25(4): 353-368.

[213] SPIEGLER R. Monopoly pricing when consumers are antagonized by unexpected pricing increases: a cover version of the Heidhues-Koszegi-Rabin Model[J]. Economic Theory, 2012, 51(3): 695-711.

[214] ORDONEZ L D, CONNOLLY T, COUGHLAN R. Multiple reference points in satisfaction and fairness assessment[J]. Journal of Behavioral Decision Making, 2000, 13(3): 329-344.

[215] YAGER R R, XU ZESHUI. The continuous ordered weighted geometric operator and its applications to decision making[J]. Fuzzy Sets and Systems, 2006, 157(10): 1393-1402.

[216] 汪新凡.三参数区间数数据信息集成算子及其在决策中的应用[J].系统工程与电子技术,2008, 30(8):1468-1473.

[217] TVERSKY A, KAHNEMAN D. Advances in prospect theory: cumulative representation of uncertainty[M]. Cambridge: Cambridge University Press, 2000:

44-65.

[218] 池丽旭，庄新田.我国投资者情绪对股票收益影响：基于面板数据的研究[J].管理评论，2011，23(6)：41-48.

[219] BROWN G W，CLIFF M T. Investor sentiment and asset valuation[J]. The Journal of Business，2005，78(2)：405-440.

[220] LAWRENCE E R，MCCABE G，PRAKASH A J. Answering financial anomalies：sentiment-based stock pricing [J]. Journal of Behavioral Finance，2007，8 (3)：161-171.

[221] STAMBAUGH R F，YU JIANGFENG，YUAN YU. The short of it：investor sentiment and anomalies[J]. Journal of Financial Economics，2012，104(2)：288-302.

[222] 王美今，孙建军.中国股市收益、收益波动与投资者情绪[J].经济研究，2004(10)：75-83.

[223] 蒋玉梅，王明照.投资者情绪与股票收益：总体效应与横截面效应的实证研究[J].南开管理评论，2010，13(3)：150-160.

[224] 熊伟，陈浪南.股票特质波动率、股票收益率与投资者情绪[J].管理科学，2015，28(5)：106-115.

[225] BAKER M P，WURGLER J A. Investor sentiment and the cross-section of stock returns[J]. Journal of Finance，2006，61(4)：1645-1680.

[226] 姚德权，黄学军，杨光.中国机构投资者情绪与股票收益关系研究[J].湖南大学学报(社会科学版)，2010，24(6)：46-50.

[227] 宋泽芳，李元.投资者情绪与股票特征关系[J].系统工程理论与实践，2012，32(1)：27-33.

[228] 文凤华，肖金利，黄创霞，等.投资者情绪特征对股票价格行为的影响研究[J].管理科学学报，2014，17(3)：60-69.

[229] 马若微，张娜.我国股票市场投资者情绪 SENT 指数的构建：基于上证 A 股公司的面板数据[J].中央财经大学学报，2015(7)：42-49.

[230] CORREDOR P，FERRER E，SANTAMARIA R. Investor sentiment effect in stock markets：Stock characteristics or country-specific factors? [J]. International Review of Economics & Finance，2013，27：572-591.

[231] 陆静，周媛.投资者情绪对股价的影响：基于 AH 股交叉上市股票的实证分析[J].中国管理科学，2015，23(11)：21-28.

[232] KUMAR A，LEE C M C. Retail investor sentiment and return comovements[J]. The Journal of Finance，2006，61(5)：2451-2486.

[233] 陆江川，陈军.投资者情绪对股票横截面收益的非对称影响研究[J].预测，2012，31

(5):52-57，63.

[234] FRAZZINI A，LAMOUT O A. Dumb money：mutual fund flows and the cross-section of stock returns[J]. Journal of Financial Economics，2008，88(2)：299-322.

[235] BEN-REPHAEL A，KANDEL S，WOHL A. Measuring investor sentiment with mutual fund flows[J]. Journal of Financial Economics，2012，104(2)：363-382.

[236] 王春.投资者情绪对股票市场收益和波动的影响:基于开放式股票型基金资金净流入的实证研究[J].中国管理科学,2014，22(9):49-56.

[237] FELDMAN T. A more predictive index of market sentiment[J]. Journal of Behavioral Finance，2010，11(4)：211-223.

[238] YU JIANGFENG，YUAN YU. Invertor sentiment and the mean-variance relation[J]. Journal of Financial Economics，2011，100(2)：367-381.

[239] 陈其安,朱敏,赖琴云.基于投资者情绪的投资组合模型研究[J].中国管理科学,2012，20(3):47-56.

[240] 谢军,高斌.基于投资者情绪的市场均衡分析[J].运筹与管理,2015，24(6):211-216.

[241] 王晓田,王鹏.决策的三参照点理论:从原理到应用[J].心理科学进展,2013，21(8)：1331-1346.

[242] FRIEDMAN D，ABRAHAM R. Bubbles and crashes：gradient dynamics in financial markets[J]. Journal of Economic Dynamics and Control，2009，33(4)：922-937.

[243] BEAUMONT R，VAN DAELE M，FRIJNS B，et al. Investor sentiment，mutual fund flows and its impact on returns and volatility[J]. Managerial Finance，2008，34(11)：772-785.

[244] DE LONG J B，SHLEIFER A，SUMMERS L H，et al. Positive feedback investment strategies and destabilizing rational speculation[J]. Journal of Finance，1990，45(2)：379-395.